# CARNETS
# DE SOL

EAN : 9782373011470
ISBN : 978-2-37301-147-0


Site Internet : www.editions-jpo.com
Email : shop@editions-jpo.com

Révision : Valérie Eveillé.

Bertrand Roux

# CARNETS DE SOL

Éditions JPO

*Je ne vole pas avec les aigles, je gratte avec les poulets…*

*Tracteur léger d'aérodrome Tracma TD 1500.*

*À Christian, qui n'a pas eu le temps de déployer ses ailes.*

*À mon épouse, embarquée bien malgré elle dans ces aventures.*

*À Monsieur Nicolas, pour qui j'ai eu le plus profond respect.*

*À tous les anciens des 15.093, 03.093, 02.093, 02.033, 2E.005, BSA, 2A.125 et DTFAS.*

*À tous mes camarades PN. Qu'ils se souviennent du premier pistard qui les a fait partir...*

*À saint Éloi*[1].

1. Saint patron des mécaniciens (entre autres).

## AVERTISSEMENT

Le présent ouvrage est né sur un coup de tête, doublé aussi un peu d'un de coup de colère, j'admets.

Dans le monde de l'aéronautique, il y a ceux qui volent... et ceux qui font voler ceux qui volent. Si le pilote demeure le chevalier du ciel, l'officier mécanicien restera son écuyer. Rarement mise en valeur, la carrière d'officier mécanicien est pourtant riche de rencontres, d'anecdotes, d'échanges, de réussites, d'échecs, d'angoisses mais surtout de l'exaltation de voir un avion décoller.
Comme le dit la devise de l'École de l'air reprise de Guynemer, c'est souvent « Faire face », notamment aux responsabilités, de celle de confier un avion à un pilote dont la sécurité dépend de celui qui ne vole pas. Mais c'est également de celles du commandement d'hommes et de femmes qui attendent légitimement que vous soyez leur guide.
Cette vie est exigeante mais exaltante. Exigeante de par la rigueur, la compétence, la vigilance, les sacrifices, les savoir-faire et les savoir-être... mais exaltante de par les opérations, les exercices, les déploiements, les pannes à traiter et la plénitude conférée par le sourire d'un pilote au retour de mission.

Mon phrasé est ce qu'il est et je veux bien confesser qu'il ne sied peut-être pas à un officier supérieur, de par ses familiarités, ses à-peu-près syntaxiques, ses libertés prises avec la langue française. Peu me chaut, l'authenticité aura gagné ce que la stylistique et la concordance des temps auront perdu.

Ce livre est un témoignage brut, principalement centré sur la maintenance aéronautique telle que je l'ai connue, à une époque qui est aujourd'hui révolue. Je n'ai jamais cherché à l'inscrire dans une quelconque réflexion plus large sur le métier d'officier et les charges inhérentes à la fonction.

Il n'est pas non plus à relier avec quelque analyse de fond que ce soit, sur la Défense en général et l'Armée de l'air en particulier.

# Préambule en guise d'introduction

Après trente-deux ans passés sous l'uniforme, je suis surpris de constater combien des souvenirs que je croyais enfouis au plus profond d'une « case mémoire oubliée » sont en fait restés infiniment proches et vivaces, et combien ce « plus de » quart de siècle au service de l'Armée de l'air est passé comme un trait de lumière. Lorsque sans se concerter, deux de mes anciens subordonnés m'ont contacté pour me saluer et me témoigner leur sympathie avant leurs départs en retraite, une bouffée d'images, de situations, d'émotions, de personnages, a brusquement resurgi du passé avec une étonnante acuité. Nostalgie empreinte de liens parfois passionnels qui unissent des hommes que rien ne prédestinait à se rencontrer, liens qui se font et défont au gré des affectations, car le militaire bouge beaucoup... Quatorze garnisons en ce qui me concerne, ça en fait des lieux et des tronches !... Qu'incidemment une bulle de nostalgie douce-amère vienne crever la surface du présent n'a rien de très surprenant. Non, ce qui m'étonne c'est que le film de ces trente-deux ans m'apparaisse comme un continuum étonnamment clair et lisible, quasiment sans trou... Un de mes anciens chefs, bouffi de prétention et toujours prompt à faire étalage de sa pseudoscience, aurait dit « connexe », mais nous en reparlerons...

Je me surprends plus encore d'avoir eu cette idée folle de vouloir écrire sur le parcours qui fut le mien. Encore « qu'écrire » me paraisse bien noble... Peut-être que « commettre » eut été plus juste ? Qui cela peut-il bien intéresser ? Au-delà de l'idée même, le constat de mon audace d'avoir franchi le pas ne laisse pas de m'étonner...

Passionné « d'aviation » - puis d'aéronautique, petite nuance quand même - depuis mes plus tendres années, comme j'imagine bien des garçons de mon âge, je fus bercé par les récits palpitants des aviateurs du siècle dernier. Plus que le romantisme d'un Saint-Exupéry, c'est bien évidemment les as de la Seconde Guerre mondiale qui ont suscité chez moi « l'envie de l'air », sans d'ailleurs que je susse vraiment de quoi il retournait. Combien m'ont emmené dans leurs cockpits pour des combats victorieux, des voltiges improbables, des retours au terrain couronnés des lauriers de la gloire... Clostermann, Mouchotte, Sauvage... mais aussi Galland, Rudel, Sakaï... Clichés sans doute un peu puérils, mais qui gardent pour moi toute leur saveur, même à la cinquantaine passée !

Las, une myopie héréditaire m'a condamné à ne faire partie que des obscurs, des « sans-grade », de ceux dont on dit qu'ils ne sont que des « rampants », dans la littérature qui croit savoir de quoi elle parle... Mais la passion est depuis le début demeurée intacte, inoxydable comme l'aluminium des carlingues[1]. Folie débordante qui m'a poussé à dévorer nombre de récits haletants de pilotes émérites, au point d'en faire collection. Récemment encore, il m'arrivait lors de mes week-ends d'astreinte de commandement au sein de l'état-major des Forces aériennes stratégiques, de laisser mes pas me guider vers les étals des bouquinistes, acquérir quelques nouvelles aventures pas encore vécues...

Mais voilà, il ne s'agit pratiquement que de récits de... *pilotes*, des « branleurs de manche » dit-on plus grossièrement dans le microcosme aéronautique ! Dieu sait si j'ai le plus grand respect pour « la gent volatile » et que sans elle, pas d'aviation qui tienne... Et Dieu sait aussi que « je n'ai pas le permis » comme je me plais souvent à le dire... mais que seraient ces héros des airs s'ils n'avaient pas eu des mécaniciens pour préparer leurs machines et tout simplement les « brêler[2] » dans leurs cabines ?... Dès ses premiers balbutiements, l'aviation française - *militaire* pour le coup - a enfanté d'un tandem que l'on croyait indissociable : le pilote et son mécano. J'utilise l'imparfait à dessein, et j'aurai l'occasion d'y revenir. Pour autant, et c'est

1. Même si je sais que l'aluminium s'oxyde très bien...
2. L'opération de « brêlage » consiste à aider le pilote ou le navigateur à s'installer dans son cockpit et ajuster les différentes sangles du siège éjectable.

factuel : où est-il question de mécaniciens dans la littérature ? Où diable peut-on bien voir des « graisseux » – quel qu'en soit le corps de métier – dans les films ou feuilletons à succès ? À qui ces figures emblématiques que sont Tanguy et Laverdure débriefent-ils leurs pannes ? A-t-on vu quiconque entretenir les avions dans le film *Les Chevaliers du ciel* ? L'académie de *Top Gun* serait-elle exempte de techniciens ? Et pourquoi diable faut-il que les (trop) rares apparitions cinématographiques de cet animal qu'est « le mécano » (voir la série TV *Têtes brûlées* ou le film *Pearl Harbor*) ne le réduise de façon caricaturale à un être fruste et bourru, tout juste bon à patauger dans le cambouis avec sa clef de 12 ?... Certes, on évoque parfois incidemment l'existence de ce personnage lors de certains reportages... mais quel ratio de temps d'image et de parole ?... La question vaut réponse tant l'injustice est flagrante. Quand on regarde de près les coûts de maintenance en aéronautique, c'est-à-dire le nombre d'heures de travail de « rampants » pour une heure de vol, et ce quel que soit le type d'appareil, on voit bien que l'avion appartient plus au mécanicien qu'à son pilote ! Il est grand temps de remettre les pendules à l'heure !

Alors, puisque j'ai eu la chance de pas mal battre la semelle sur les parkings aéronautiques, j'ai choisi de raconter simplement quelques-unes de mes expériences. Cela aura au moins le mérite, sur un plan strictement personnel, d'ordonner mes souvenirs pour quand le gâtisme se rappellera à moi. J'ai essayé d'être le plus honnête possible. Je sais bien qu'avec le temps, la mémoire enjolive les choses. Je fais d'avance mon *mea culpa* et si d'aucuns se reconnaissent dans ces brèves aventures et identifient quelques « arrangements » avec l'Histoire, cela aura été bien involontaire, en tout cas certainement pas le fruit d'un calcul[3]. Dans ce bref récit, je n'ai jamais cherché à mettre mon action en avant (pourtant assurément souvent brillante, voire empreinte de génie !). Pour autant, je ne pense pas devoir être taxé d'aboulie ou de pusillanimité. Je confirme même que le rôle de l'officier reste majeur dans la fonction technique, mais dans ces lignes que j'ai pris plaisir à livrer, j'ai décidé de rester dans l'ombre, n'ayant jamais milité pour le vedettariat... question de nature, sans doute. Loin d'être une ode à la gloire de la fonction

3. Tout au plus confessé-je quelques menus aménagements avec la chronologie pour plus de fluidité...

technique en tant que telle, j'ai simplement choisi - peut-être aussi par facilité - de dérouler le fil d'une carrière somme toute très classique, presque « ancienne formule » d'ailleurs, car les choses ont énormément changé en la matière, en braquant le projecteur çà et là sur quelques saynètes proches de l'anecdote, et ce pour essayer de rendre le récit plus plaisant. J'espère avoir réussi. S'il m'est arrivé d'égratigner l'institution à laquelle je le rappelle, j'ai consacré ma vie professionnelle et à laquelle j'ai continué d'adhérer jusqu'au terme de ma carrière, il n'était absolument pas dans mon idée de régler des comptes ou de livrer mon analyse sur l'organisation ou les orientations de l'armée de l'air. Il y a d'autres tribunes pour cela. En fait, j'ai juste voulu rendre hommage à tous ceux qui apportent - toujours trop discrètement - leur petite pierre au grand édifice de cette jeune institution[4], sans pour autant connaître les feux de la rampe.

J'ai volontairement occulté les noms des acteurs de cette petite comédie. Sans doute en ai-je oublié quelques-uns, mais je profite du couvert de l'anonymat afin de ne mettre personne en porte-à-faux. Je garde une admiration et une affection sincères pour le personnel mécanicien que j'ai eu sous mes ordres. Assurément, il a bien dû y avoir dans cette joyeuse galerie de portraits quelques filous, truqueurs ou « blaireaux », mais finalement, tous étaient attachants et à n'en pas douter, les véritables individus « défavorablement connus comme tels » se sont comptés sur les doigts d'une main de bûcheron luxovien ! En tout cas, tous étaient de remarquables professionnels, preuve de la qualité de la formation dans l'armée de l'air.

Lors de son discours de départ, un général mécanicien, évoquant ce que furent sa carrière et les liens qu'il avait pu tisser avec ses subordonnés, eut cette formule que je trouve admirable de justesse et de concision : « des gens ordinaires, extraordinaires ».

En revanche, je n'aurais pas forcément une approche aussi amène et affectueuse pour un (petit) nombre de cadres soi-disant de haut niveau, et je garde en mémoire le souvenir vivace de quelques sombres personnages, pour qui je conserve un profond ressentiment, en dépit de la haute idée qu'ils avaient certainement d'eux-mêmes, installés qu'ils étaient dans leurs

4. 80 ans c'est jeune, par rapport aux autres armées...

certitudes imbéciles. J'ai essayé autant que faire se peut d'éviter d'évoquer leur souvenir nauséeux car je ne suis pas là pour régler des comptes. La vie est ainsi faite, les élites de l'âme ne sont peut-être pas là où on les croit...

Passé ce moment de pur fiel gratuit pour solde de tout compte, j'espère que cet opuscule saura susciter des vocations. Dans la jeunesse tout d'abord, pour qu'elle découvre la noblesse de la fonction technique et qu'elle sache combien ce métier est passionnant, riche de vraies émotions, porteur de vraies valeurs. Mais j'en appelle aussi à tous les officiers mécaniciens de l'armée de l'air, en activité ou en retraite, car je ne doute pas que bien de mes camarades auront eu des carrières infiniment plus palpitantes que la mienne, et qu'ils doivent avoir nombre d'aventures à raconter, fleurant bon le kérosène, l'hydraulique, la poudre, la sueur et la graisse... J'espère avoir su éviter l'écueil de la vieille barbe qui raconte ses guerres. Au-delà de mes aventures personnelles, j'ai surtout cherché à montrer, par le biais d'anecdotes, quelles sont les grandes forces de notre personnel mécanicien. Compétence technique, initiative, adaptabilité, conscience professionnelle : autant de qualités que peuvent nous envier bien des armées étrangères et qui, heureusement pour notre institution, lui permettent de mener à bien ses missions en tout temps, en tout lieux et en toute sécurité... démontrant au passage que des moyens comptés ne sont pas exclusifs d'une forte capacité opérationnelle.

J'ai eu la chance de pouvoir rester près d'une vingtaine d'années en contact direct avec le milieu opérationnel, en unité navigante ou technique, sur base ou en organisme de direction. Je connais bien cet animal bizarre qu'est le mécano, qui vit dans un monde rugueux où les hommes de cœur se révèlent vraiment... Et tous mes mécanos se sont un jour révélés : parfois rugueux, toujours de cœur.

Plus de trente ans sont passés depuis que j'ai endossé l'uniforme pour la première fois. À cette époque, un colonel (devenu plus tard un général fameux) s'adressa à la nouvelle promotion que je venais d'intégrer, en nous assurant qu'il en avait connus qui, au terme de leur carrière, avaient pu être désabusés voire déçus. En revanche, il nous assura qu'il n'avait jamais connu qui que ce soit qui regrettât sa vie opérationnelle. Je suis bien forcé d'admettre qu'il avait raison...

Dernier avertissement : les quelques anecdotes que je livre parfois sur un ton volontairement badin ne doivent aucunement laisser croire que l'Armée de l'air n'est qu'un joyeux aéroclub de luxe où l'insouciance le dispute à l'amusement. Bien au contraire, le seul maître mot qui prévale à mon sens est celui de « professionnalisme », même s'il n'est pas incompatible avec une certaine humeur primesautière. L'Armée de l'air est encore une armée jeune : elle vient de fêter ses quatre-vingts ans, une gamine ! Puisse-t-elle garder encore longtemps son esprit adolescent. Enfin, il faut bien être conscient que c'est bien la prescription qui m'autorise à livrer certaines aventures et que si le lecteur avisé débusque quelques manquements à la déontologie, j'en assume la pleine responsabilité. Quant à l'évocation récurrente des « manifestations de convivialité » qui ont largement émaillé ma carrière et qui de nos jours sont plus qu'encadrées voire prohibées, j'assume pleinement y avoir vu là une méthode de management efficace, quoique peu académique. Je renvoie donc les sycophantes hygiénistes à leur austérité.

# Première partie

# Naissance d'une vocation

Tout a commencé sur un poste de télévision en noir et blanc. Notre Johnny national y entonnait le générique du célèbre feuilleton des « Chevaliers du ciel » qui, « *dans un bruit de tonnerre* »... on connaît la suite. Et moi je restais béat devant le Mirage III C qui enclenchait son moteur-fusée pour s'approcher « *à deux pas du soleil* »... Et moi de passer mon temps à le dessiner à l'école, à dévorer la bande dessinée qui offrait l'avantage de présenter les moindres détails de cet avion mythique... Et moi de me mettre mes mains sur le visage en forme de masque à oxygène et d'essayer d'attraper le phrasé usité par les pilotes de combat, sabir réservé à une élite dans laquelle je chercherai un jour à m'immiscer... Et moi de me faire acheter (je devais avoir dans les 12 ans) *le* blouson vert qui ressemblait furieusement à celui de mes héros télévisuels de l'époque... Bref le terreau était là, assurément fertile. Le choc le plus brutal eut lieu peu de temps après. Alors que je furetais dans le bureau de mon père, je dénichais par hasard *Le Grand Cirque* et *Feux du ciel* de Pierre Clostermann. Une explosion dans la tête ! Ce fut LA révélation... Je ne pense pas être le seul dans ce cas, mais à l'époque, il me semblait que ces livres avaient été écrits pour moi. C'était décidé, il fallait que je devienne pilote. Mais pas d'avion de ligne, bien sûr... Il me fallait de l'avion de chasse, l'idéal aurait été un Spitfire, mais le modèle ne se faisait plus. Mes parents regardaient avec bienveillance cette passion naissante et grandissante (« *cause toujours mon fils* » !), parfois agacés par une documentation envahissante, une décoration de chambre assez orientée « Musée de l'air », et une fâcheuse tendance à n'avoir que peu de sujets de conversation, hormis encore et toujours les avions, et tout ce qui est susceptible de voler, si possible avec des cocardes...

Au passage je rends ici hommage à mon professeur de latin de ma classe de seconde. Costume gris, pull écru à col roulé, grosse serviette sous le bras. Une démarche toujours alerte, bien qu'en fin de carrière. Outre une érudition proprement confondante, cet homme aujourd'hui malheureusement disparu, était d'une patience et d'une bienveillance infinies, ce qui m'arrangeait bien, moi qui avait horreur du latin et qui n'en foutait pas une. Sauf que, du jour où j'appris qu'il avait servi dans les groupes lourds des FAFL[1] durant la Seconde Guerre Mondiale et mené des missions de guerre au-dessus de l'Allemagne en Hallifax[2], le prof tant critiqué, moqué, brocardé s'est élevé en modèle. Monsieur Nicolas, je salue ici votre Mémoire.

En classe de terminale, ayant déposé un dossier pour une inscription en classes estudiantines dans un lycée militaire, j'allai passer une visite médicale au CEMPN[3] de Marseille afin d'être intégré dans le corps des préparationnaires au prestigieux monde des « volants ». L'ophtalmo se montra compréhensif et un brin protecteur :

— Aïe aïe aïe, Monsieur Roux... Qu'est-ce qui vous arrive ? Je crains que cela ne suffise pas.

— Parce que ça ne va pas ?

— Hélas non, vous avez une myopie plus que latente, et là, on ne peut pas faire grand-chose...

Le ciel me tombait sur la tête ! Tout s'écroulait ! Tout ce qui me motivait pour me projeter dans un futur plein de promesses devenait inutile... La fin du monde... C'est vrai que je m'en doutais un peu, voyant un peu flou de loin... On me parla vaguement de la possibilité de faire « mécano navigant » sur hélicoptère mais sans plus... Sur hélicoptère ? En plus ! Quasiment une machine agricole[4] !

Le retour à la maison fut empreint du désespoir le plus noir : ma destinée prestigieuse s'évanouissait et rejoignait la cohorte des projets forcément minables de mes camarades de classe... Il a quand même bien fallu se remettre à préparer le bac, mais pour

1. Forces aériennes françaises libres.

2. Bombardier quadrimoteur britannique. Les équipages des FAFL, intégrés à la RAF, payèrent un lourd tribut durant le second conflit mondial.

3. Centre d'expertise médicale du personnel navigant.

4. Je précise pour les hélicoptéristes éventuels que ce jugement hâtif n'était que le fruit de l'inexpérience et que j'ai le plus grand respect pour ceux qui œuvrent sur des machines dont la mécanique du vol m'a toujours paru étrangement compliquée !

« quoi faire » ? Prof de maths ? Médecin ? Ingénieur ? En quoi d'ailleurs ? Tout était fade, forcément fade... J'en étais rendu à redevenir un élève standard, sans vision claire sur son avenir, aux projets professionnels plus ou moins flous.

Par le plus grands des hasards, je tombai sur un article dans une revue spécialisée évoquant un personnage jusque-là inconnu : l'officier mécanicien. Je ne fus pas long pour me documenter sur le sujet, et tel le Phénix, je renaquis de mes cendres ! Bon, « officier », cela ne devait pas être *trop* mal, et « mécanicien » cela devait pouvoir dire « avion ». J'avoue que jusque-là, je n'avais pas vraiment le moyen d'appréhender objectivement le côté strictement militaire de la chose !

Alors ce fut le douloureux chemin des classes préparatoires, avec pour seul objectif la réussite au concours de l'École de l'air de Salon-de-Provence, le reste m'apparaissant d'une insipidité crasse.

La chose se produisit en 1984, année où ma mère reçut dans la boîte aux lettres le papier signé du général V., précisant que j'étais admis – oui, admis ! – dans le corps des officiers mécaniciens[5]...

Comme j'ai toujours été long à la détente, ma brillante réussite dans cette prestigieuse école s'opéra en fait en deux temps. La première année, je fus effectivement reçu dans le corps des Bases qui comprenait quelques spécialités ne m'inspirant pas trop : commando, infrastructure, renseignement... À l'issue des épreuves orales, je restais en embuscade, sur la liste complémentaire des officiers mécaniciens. Forcément, je me renseignais régulièrement sur ma (lente) progression vers les cimes du classement... Un officier de la direction du personnel (dénomination de l'époque) m'assura qu'il n'y avait aucun problème, compte tenu de ma place et du taux de désistement, ce n'était qu'une question d'heures et je n'avais plus qu'à boucler ma valise. Fatalitas ! J'échouai aux portes du jardin d'Eden, à *une* place près... On est du signe des loosers ou on ne l'est pas ! Bien évidemment, on me fit l'article pour intégrer comme basier, me faisant même miroiter les éventuelles possibilités d'un changement de corps en cours de scolarité,

5. Aujourd'hui on dit Officier des systèmes aéronautiques... Sans doute plus noble...

mais je me gaffais de l'entourloupe et finalement dû me résigner à repiquer ma Maths Spé. Au passage, j'avais été passablement refroidi par l'ambiance que j'avais cru percevoir sur la base de Brétigny-sur-Orge sur laquelle se tenaient les oraux d'admissions et les épreuves sportives. Était-ce la torpeur estivale de juillet ou le rythme habituel de la base ? Bref, j'avais trouvé l'ambiance somme toute assez pesante, en tout cas assez loin des images d'Épinal que je m'étais faites... Le doute s'instillait peu à peu et ce n'est que suite à une longue réflexion se concluant par : « Non, ça ne peut pas être *que* ça » que je repartais de plus belle vers ma destinée azurée.

# Les tendres années : l'École de l'air

Débarqués à Salon-de-Provence avec mon camarade Christian un dimanche après-midi de septembre 1984, l'avenir était plein de promesses... mais aussi mâtiné d'un peu de trouille, il faut bien l'avouer. Durant le voyage, nous avions rencontré dans le train quelques camarades qui rejoignaient le même destin, ce qui nous permit en devisant, d'oublier un peu notre angoisse liée à l'inconnu et les adieux toujours un peu chargés d'émotion sur les quais de gare. Beaucoup de fantasmes alimentaient les conversations... En fait, on se faisait des films, en racontant beaucoup d'inepties ! Après une brève découverte des environs et un dîner en ville en compagnie de l'oncle de Christian, il a bien fallu « y aller » et se présenter au poste de garde... Début du *show*...

Pris en charge par ce qui je crois me souvenir, devait être un élève de seconde année (un « aspi » – mais à l'époque je ne savais pas ce que cela recouvrait), nous avons parcouru le trajet entre l'entrée de la base aérienne 701 et le bâtiment des élèves de première année (le *Brocard*[1]) dans la 4L du service de « semaine », découvrant la base dans le mince pinceau des phares jaunes... Forcément empreints d'une culture scientifique exclusive qui flattait notre ego (nous sortions de classe prépa, tout de même !), de deviner tous ces bâtiments dans la pénombre nous laissait à penser que nous débarquions dans une immense école d'ingénieurs, et que toutes ces bâtisses ne pouvaient être que des laboratoires... Nous n'avions aucune idée de ce que pouvait être une base aérienne !

1. Tous les bâtiments de l'École de l'air portent le nom d'un aviateur prestigieux.

Les premiers jours furent consacrés aux fondamentaux de la vie militaire : perception du paquetage (j'étais devenu un vrai militaire ! on me donnait un treillis, un casque et des rangers !...), coiffeur, formalités administratives, découverte des camarades... Mais aussi visite médicale, où le Dr B. eut la délicatesse de me dire (textuellement[2]) : « Vous êtes trop gros, et dans l'Armée de l'air, on n'aime pas les gros ». Le ton était donné. Il faut dire que mes années d'étudiant avaient un tantinet altéré ma condition physique par manque de sport, et que les dernières vacances avaient surtout donné lieu à force bringues et libations, malmenant d'autant plus un corps rendu déjà replet par les années estudiantines...

Pour délicat que fut son diagnostic, j'ai pu constater qu'il avait quand même « un peu raison » lorsque peu de temps après devaient débuter ce qui s'appelait dans notre jargon salonnais la Pepida[3], autrement dit les « bahutages »... Pratiques bien évidemment ultra-archi-prohibées de nos jours (pas de bizutages puisque c'est interdit...), mais toujours très bien formatées et encadrées à l'époque, et qui avaient surtout le mérite de souder la promotion, chose essentielle dans le monde militaire. Mon but n'est pas d'écrire un livre sur l'École de l'air, j'évoque incidemment ces souvenirs avec émotion car ce premier contact reste à mon avis un temps fort dans la carrière de tout jeune officier. Globalement, les choses étaient simples : il suffisait de courir, ramper, faire des pompes, des abdos, des marches de nuit, tenter de récupérer son paquetage essaimé un peu partout, manger avec un lance-pierre, dormir peu, faire accessoirement quelques clowneries... et puis courir, ramper, faire des pompes... un peu fatigant à la longue, surtout pour moi, diagnostic médical oblige. J'étais encore bien loin d'assouvir ma passion aéronautique, mais en tout état de cause, le premier mois, je subissais et j'en bavais...

***

Les premières semaines furent bien évidemment dédiées à l'acquisition des fondamentaux de toute vie militaire, qui doit se

2. À plusieurs reprises, j'utiliserai cet adverbe (ou l'adjectif « textuel ») dans le texte. Certaines phrases m'ont tellement marqué que j'ai pu les restituer absolument in extenso... Certes, j'aurais pu mettre [sic].
3. Acronyme barbare pour : Période d'entraînement physique intensif de début d'année... Tout un programme !

reproduire à peu près à l'identique dans toutes les armées du monde... Tout commence par marcher au pas (il suffit de savoir compter jusqu'à deux), avec des rangers qui font un peu mal aux pieds au début... Mais enfin, quelque temps après nos brillants débuts sous l'uniforme, vint la découverte du vol. Il faut dire qu'on était un peu là pour ça, quand même. À cette époque, ceux qui avaient eu la chance d'avoir été incorporés dans le corps des « PN[4] » devaient passer au travers d'une première sélection en vol, puis devaient passer par plusieurs périodes bloquées d'activités aériennes durant l'année. Au cours de ces périodes d'entraînement et d'apprentissage, les « PNN » devaient également connaître les joies de l'air. Hosanna !

Rapidement, le subtil distinguo PN/PNN nous apparut, du moins à nous les « mécanos ».

Tout d'abord, les « apprentis » PN avaient eu droit au « blouson PN », cuir pleine fleur, superbement coupé (surtout avec la petite « pochounette » sur la manche qui faisait infiniment « pro »), élément de mode indispensable à toute virée sur Salon ou Aix-en-Provence, car il vous posait un homme. Le PNN avait droit à son blouson « BTF », le fameux blouson vert kaki « temps froid », tout moche mais chaud, avec lequel il était impensable de sortir en ville sauf à vouloir passer pour un clodo...

Petit aparté au passage : dans toute l'Armée de l'air durant de nombreuses années, tant que le cuir était de mise, les PN – *tous* grades confondus – se trimbalaient souvent en blouson de vol, même pour le service courant, alors que c'était théoriquement prohibé, le blouson de vol étant un effet... *de vol*, comme son nom l'indique !... Depuis l'avènement des nouveaux blousons, bien coupés mais en tissu vert émeraude, la mode a changé[5]... Le mécano lui, aimait bien son blouson PNN, même sur la chemise bleue (du temps où on avait encore des chemises bleues... d'aviateurs[6] !). Ce blouson bien chaud[7] était pratique sur les parkings et surtout, il était robuste et ne craignait pas l'univers salissant du monde de la technique (cette observation était surtout vraie pour les périodes hivernales... aux beaux jours,

4. PN : Personnel navigant (pilote, navigateur), par opposition à PNN : Personnel non navigant (mécaniciens, basiers).

5. Quoique le blouson en cuir soit récemment revenu à la mode... ça va, ça vient...

6. Rationalisation oblige, de nos jours la mode est à la chemise blanche... comme celle des marins ! Tout fout le camp...

7. Ce blouson s'appelle encore le BTF : Blouson temps froid.

je me suis souvent fait sermonner par mon épouse pour avoir sali mes chemises avec de la graisse ou de l'hydraulique). De toute façon, le blouson vert, on ne le porte plus et s'il fait froid, on est prié de mettre la gabardine bleu marine, seyante pour faire le dandy mais pas pratique pour ramper dans un tunnel de réacteur...

Revenons à Salon et aux PN. « Ils » étaient dotés (donc ils conservaient en propre) de magnifiques combinaisons de vol cintrées, qui moulaient leurs corps d'athlètes... Quant à eux, les PNN se voyaient refiler (à rendre en fin de formation svp) de vieilles « combardes » sans doute rescapées de la guerre d'Indochine, plutôt larges, un peu défraîchies, coupées façon sac à patates... Le PN avait ses chaussures de vol, à laçage et double fermeture à glissière... Nous, nous avions nos pompes de tous les jours, chaussures « basses, noires à coutures non apparentes », modèle « fonctionnaire de base », c'est selon... J'informe le lecteur que de nos jours, et sans doute depuis la nuit des temps, le PN aime tellement sa combinaison de vol qu'il la garde souvent pour aller déjeuner... même si elle fouette un peu le rance avec la transpiration et qu'elle a de grosses auréoles de sel dans le dos... Forcément, il est sans doute censé pouvoir décoller au coup de sifflet bref... du moins j'imagine. Le PNN lui, quel que soit son grade, est prié de se laver ses grosses mains calleuses et de se changer avant d'aller manger : pas de cravate, pas de bouffe !

Pour ses voyages et ses nombreuses missions opérationnelles de par le monde, le jeune PN pouvait ranger des affaires dans sa « valise PN », bien pratique car elle ne prenait pas trop de place en se pliant en deux, et qu'on pouvait y loger la grande tenue sans la froisser... Le PNN devait se contenter du « sac PNN », tout simple, dans lequel il était facile de bourrer sa tenue, et qui servait avantageusement d'amortisseur aux valises des PN quand on chargeait une palette de bagages dans un Transall... Plus tard dans la carrière, le PN se verra doté d'un « chrono PN », superbe montre qui avait le double avantage de donner l'heure et d'en classer l'heureux propriétaire dans la caste de « ceux qui en ont »... Cet outil professionnel était un tel prolongement des individus que certains indélicats omettaient parfois de le restituer... sans doute un oubli regrettable, mais assurément un tour de passe-passe logistique pour l'officier mécanicien qui devait en assurer la gestion ! De toute façon de nos jours, on trouve mieux et moins cher dans le commerce, et les avions sont suffisamment équipés pour que l'on puisse se passer d'un tel accessoire de mode !

***

Retour sur Salon. Lors des premières journées de vol, il fallait tout d'abord ouvrir les hangars, et tout le monde présent unissait ses efforts pour mettre en branle les lourdes portes métalliques. Bien entendu, les mécanos (et les « basiers », ne les oublions pas) participèrent – au début – à la manœuvre. Alors nous apparut, bien ordonné dans cette immense cathédrale d'acier kaki, le parc de Cap 10, petites machines racées sur lesquelles nos camarades allaient faire leurs premières armes. La seconde phase de la manœuvre consistait à sortir les appareils, en prenant bien soin de ne pas les emboutir les uns les autres... Je ne suis pas sûr qu'après un ou deux exercices de ce type, les mécanos continuèrent de mordre dans la combine...

En ce qui nous concerne, nous apprîmes que nous aurions la chance d'avoir droit à un apprentissage en planeur. Extraordinaire ! Rebelote, il fallait procéder à l'ouverture d'un autre hangar... mais malheureusement, point de PN en vue pour nous aider, ils étaient pris... sans doute accaparés par leurs moniteurs ? Puis il fallait sortir les fameux planeurs, avec tout autant de précautions sinon plus que pour les Cap 10, car ces frêles machines sont assurément fragiles. Sauf qu'il est plus facile de pousser un petit avion de voltige qu'un planeur à l'envergure démesurée, pour lequel le moindre déplacement du fuselage se traduit par un débattement disproportionné en bout de plume[8]. De plus, un planeur a le bon goût d'avoir un train d'atterrissage monotrace, si bien qu'il faut le soutenir en permanence sinon il s'affaisse d'un côté... Gare à ne pas le faire tomber, car les responsables de l'activité avaient parfois le bon goût d'être aussi sympas qu'un grizzly assis par mégarde sur une fourmilière !...

Après, c'était l'opération consistant à tracter deux planeurs à la fois (si possible sans les faire se télescoper), à l'aide d'un antique « tube HY » Citroën totalisant au bas mot cinq millions de kilomètres... Cahin-caha, nous remontions la piste en herbe

8. La « plume » ou l'aile. Le bout de plume correspond donc au bout d'aile, encore appelé « saumon ».

spéciale planeurs, suivant la ligne des petits cônes jaunes... Vicissitudes de la vie militaire ou pas, c'était déjà un premier pas dans un monde insoupçonné, celui de l'Aéronautique.

Ces journées de vol avaient pour nous quelque chose de magique. Outre le fait de nous soustraire pour un temps à notre encadrement direct et aux règles de vie assez strictes des écoles militaires, le plaisir d'être au plein air, dans cette merveilleuse région salonaise où il fait souvent beau, le panorama offert par le terrain de la BA 701, les décollages des élèves de troisième année sur les Fouga[9] de la Division des vols... et les premiers envols parfois hésitants de nos camarades de promotion, constituaient un baume revigorant, nous permettant d'occulter nos petits malheurs d'élèves-officiers de première année... Les « atterros » des PN de la promo étaient aussi parfois un spectacle délectable : je me souviens d'une prise de terrain en Cap 10 de celui qui deviendra colonel pilote aux nombreuses missions opérationnelles, qui se traduisit par un certain nombre de rebonds et de coups de gaz anarchiques, signe d'un léger manque de maîtrise de la bête...

Puis vient le jour fatal du premier vol dans ce maudit planeur...

***

C'était un matin de fin d'été aux allures d'automne, il ne faisait pas bien beau... Un vent froid soufflait du nord, mais n'arrivant pas à dégager le ciel de nuages sombres.

Nous avions eu droit à une petite leçon magistrale sur les fondamentaux du vol à voile : aérologie, principe des ascendances thermiques, effets primaires des gouvernes... Hormis la météo, l'affaire s'annonçait plutôt sympa. Bizarrement, je ne pouvais m'empêcher de penser de façon fort prétentieuse aux exploits d'Adolf Galland, figure emblématique de la Luftwaffe, qui avait confirmé le savoir-faire de l'école allemande en matière de planeur, en établissant un certain nombre d'exploits avant-guerre. Soixante-dix ans plus tôt, les planeurs volaient déjà, c'est bien que la technique devait être maîtrisée, me rassurais-je...

9. Le Fouga Magister était un élégant avion-école biplace, très sûr, reconnaissable entre mille grâce à son empennage « papillon » (en « V »).

Bien sûr, il avait fallu sacrifier au cérémonial du hangar et du tractage, mais les choses prenaient corps.

Les planeurs furent placés en « bout de bande[10] », face au vent et appuyés sur une aile, derrière le remorqueur – une « Abeille » – qui nous avait rejoints puis avait coupé son moteur. Une légère angoisse commençait néanmoins à sourdre... L'adjudant S. assura les PPV[11] des machines, visite somme toute assez simple et rapide, permettant de s'assurer que tout était intègre, correctement monté, que la batterie était chargée... Rapide briefing sur la tenue du planeur derrière le remorqueur... Surtout ne pas monter, sinon « tout le monde va au tas »... surtout ne pas descendre, sinon ça le ferait décrocher et « tout le monde va au tas »... Charmant, moi qui croyais que c'était *cool*... Le premier d'entre nous s'installa, le remorqueur mit en route et tout ce bel équipage s'envoya en l'air. Vu du sol, ça avait l'air *encore* abordable... Le froid commençait à sérieusement me gagner, quand vint mon tour. Je n'avais pas vraiment réalisé que le planeur était revenu, remis en place au seuil de piste et reconfiguré pour le vol. Le remorqueur attendait, moteur tournant et pétaradant, tout comme l'adjudant qui m'enjoignait joyeusement de me « magner » ! D'abord, le parachute... Pour quoi faire, grands dieux ? Comment ça marche ? Ah bon, il y a une poignée ? Bon, c'est simple. Puis monter dans le... « planeur » ! Parce que ça vole vraiment ce machin-là ?! Il s'agit d'un vénérable « Bijave », machine assurément performante et sécurisante... dans les années cinquante ! Moi, je pense qu'il est bon pour le Musée de l'air ! Ou plutôt non, la benne à ordures ! Certes, il a une verrière en plastoc qui ressemble à celle d'un vrai avion, mais bon, ça ne me rassure pas pour autant ! Installation précautionneuse à bord, tant cet engin ressemble à une maquette en papier mâché ; sanglage, prise de contact avec la cabine : des compteurs, un manche, des palonniers... ça y est, j'y suis ! Je suis aux commandes d'une machine volante... ou censée l'être (sans oublier que nous sommes encore au sol !). Fermeture de la verrière – ça branle un peu – ajustement du casque radio :

— Vous m'entendez ?

— Euh...

— Parlez plus fort ! Vous m'entendez bien ?!

10. L'extrémité de la piste, assimilée à une bande de terrain.

11. PPV : Préparation pour le vol. Visite technique consistant à s'assurer que la machine est apte au vol.

— Oui, oui...
— Bon, je fais le décollage, vous me suivez aux commandes !
— Oui, oui...
— Remorqueur de Bijave, décollage
— Reçu, répond le remorqueur.

Je vois et j'entends le moteur de l'Abeille monter dans les tours, les brins d'herbe nous percutent, ça pue un peu les gaz brûlés... et soudain, ça bouge ! L'attelage commence à avancer, puis accélérer, puis s'emballer... Ça tremble, ça secoue, il y a tout qui bringuebale, la vue se brouille un peu... toutes les mottes d'herbe me claquent les miches, tous les trous de taupes me filent un coup de pompe au fondement et soudain : on se soulève, on vole !... mais toujours attachés à l'Abeille... qui s'élève à son tour !... et nous, on suit, tirés par LE câble, cordon ombilical nous assurant de notre voyage vers les cieux azurés... Enfin pas trop, ça souffle, il fait moche. Je suis surpris par le bruit de l'affaire : malgré le casque, le vent relatif fait un boucan assourdissant... L'Abeille est secouée de soubresauts dus aux rafales de vent, et nous prenons les mêmes coups de raquettes avec quelques secondes de retard. Le remorqueur vire à droite, et le Bijave suit tant bien que mal. Le problème est qu'il a bien fallu incliner la bête et là, j'avoue un certain inconfort dans cette coquille de noix, ballottée sur des flots déchaînés ! Il faut dire que le fuselage entoilé ne m'inspire guère confiance en matière de solidité... Je m'aperçois que je n'ai même pas pris une seconde pour observer l'École de l'air d'en haut, accaparé que je suis, comme hypnotisé, par cet avion qui se détache dans la grisaille et qui s'évertue à nous tirer comme un chien en laisse.
— Bon, ça va toujours ?
— Euh... oui, oui (sans vraiment trop de conviction).
— Bon, on va larguer... Vous allez tirer sur la poignée et on va manœuvrer pour que le remorqueur comprenne bien.
— Oui, oui.
— Alors on largue !

Je tire sur la poignée, on ressent nettement la décélération, le remorqueur s'écarte d'un bond... et le moniteur nous fait faire un putain de virage incliné à gauche, que je m'y attendais pas et que... Bon Dieu ! j'ai cru qu'on allait se vautrer !... Puis c'est le retour en vol rectiligne, les ailes à plat, un léger sifflement nous indique qu'on vole ! Oui, on vole ! Je reconnais de loin les bâtiments de l'École de l'air et la PO[12], la grand-place qui nous est interdite, l'autoroute A7 qui autrefois, avant cette vie de fous, était synonyme de vacances... Ce bref moment de calme relatif est assez sympa, pour nouveau qu'il est... Bon ça secoue un tant soit peu, mais ça va... quelques observations déroutent un brin : les voitures sur l'autoroute vont plus vite que nous ! Coup d'œil au « badin[13] » : on se traîne à 80 km/h ! Vitesse sol ou vitesse aéro ? Pas le temps de réfléchir, mon instructeur se montre d'autorité pédagogue : explication rapide sur les instruments... bille, badin, vario, bon les commandes maintenant : on tire, ça monte, on pousse ça descend... d'une simplicité biblique...

« À vous les commandes ! » Tétanisé sur le manche, j'essaie d'aller tout droit...

— Bon, on va voir autre chose. On vous a expliqué le décrochage ?

(le quoi ? !!!)

— Euh, non...

— Bon, c'est simple, on va ralentir le planeur, et vous allez voir comme il décroche... Et ensuite vous allez voir, il revole tout seul...

Mais qu'est-ce qu'il me dit ?... Je sens le manche qui me comprime la cuisse, le Bijave pointe mollement son gros nez rond vers le ciel menaçant... les bruits des filets d'air s'évanouissent peu à peu... puis c'est le silence quasi absolu, on reste suspendu dans l'air pour une seconde d'éternité... Et soudain tout bascule ! Le « Bijave-tout-mou » se tétanise, vibre un peu, s'ébroue, effectue une ruade, et bascule d'un coup cul par-dessus tête ! L'horizon défile, glisse vers le haut de la verrière, le gris-bleu du ciel laisse la place au marron-vert du sol ! Et la terre est là, droite comme un mur ! Le bruit des filets d'air enfle d'un coup, on pique droit sur le sol !... C'est sûr, cette fois on va se péter la gueule, se planter droit dans la planète ! Pourquoi mourir aujourd'hui ?!... Alors le vieux fauve s'essouffle vite, une légère pression me plaque sur le siège, le ciel réapparaît, le bruit se calme... Malgré le froid, je suis en nage, le palpitant à 200 pulsations, une seule envie : se barrer ! Mais bon, pour l'instant je suis toujours prisonnier de cette cage à poulets...

12. P.O. pour place Pelletier d'Oisy. Place d'armes de l'École de l'air, que les élèves de première année n'ont pas le droit de traverser.

13. Indicateur de vitesse, du nom de l'ingénieur Badin.

— Bon, vous avez vu, ça vole tout seul.

— ... (et comment que j'ai vu !)

— Bon, l'inconvénient, c'est qu'on a perdu de l'altitude, et avec cette météo pourrie, il n'y a pas trop de pompes[14] pour remonter.

*Tant mieux*, me dis-je *in petto*... on sera plus vite posés !

— Bon, je fais l'atterrissage, vous me suivez aux commandes.

— Oui, oui (et comment, je vais même t'aider à pousser sur le manche, espère !).

Il était temps. Mine de rien, je me caille un peu avec ma superbe « combarde » en sac postal et mes pompes « out of mode complet »... Le moniteur, lui, est équipé comme un vrai pro : blouson de cuir, chaussures de vol... la totale...

— Bon, attention à la hauteur... L'angle par rapport à la piste... un coup d'aérofreins (bien repérée la commande, elle me servira plus tard... parfois pour écourter des vols ! Pour le coup, je plaidais l'erreur de manipulation !)... on laisse glisser... on retient la bête... on refuse le sol, ne pas tirer... On fonce, on s'enfonce, on va s'asseoir par terre ! Et poum, posés ! Curieusement, c'est assez souple... On roule, ça tremblote, ça secoue moins, ça s'arrête... Le fidèle Bijave s'appuie sur son aile gauche... C'est fini !

— Bon, ça vous a plu ?

— Super ! (tu parles, Charles...)

Je sors rapidement de l'habitacle en essayant de ne rien casser... mes gants et mon tee-shirt sont trempés, malgré le vent froid qui s'est renforcé... Fin du sketch, le fidèle Bijave aura encore été assez sympa pour emmener deux passagers dans sa panse de papier...

Tout bien considéré, aurais-je été à la hauteur pour devenir pilote si mes yeux m'en avaient laissé l'opportunité ?...

14. Ascendances thermiques qui permettent au planeur de regagner de l'altitude.

*Un exemplaire de l'abominable Bijave, aujourd'hui punaisé au mur comme un vulgaire insecte.*

*Et la petite Abeille de retour de vol... (© SIRPA Air)*

***

Fort heureusement, toutes les expériences aériennes ne furent pas aussi douloureuses. Je confesse même qu'il m'est arrivé de savourer quelques vols en planeur, quand l'instructeur était détendu et la météo clémente... Mais j'ai quand même beaucoup plus apprécié les (trop rares) vols moteur, qui furent également riches d'anecdotes...

Après bien des batailles, nous, les PNN, avions obtenu le droit de faire « un » tour en Cap 10. Enfin nous allions connaître la joie de se retourner la crêpe, à l'instar de nos camarades pilotes, dans ce magnifique tagazou de voltige. J'insiste sur le « un », et il fallait le déguster, tandis que nos camarades commissaires[15] étaient gratifiés à la même époque d'une progression presque complète (encore qu'il en est qui préférèrent rester en chambre potasser leurs cours d'histoire ou d'économie... *no comment*). Personnellement, j'ai eu la chance de partir en vol avec le major T., un ancien du Jaguar, avec des états de services impressionnants. Ce vol fut du bonheur pur jus. Après le décollage, nous rejoignîmes l'axe de voltige... dont un bon moment en vol dos (!), puis j'ai eu droit à la démonstration souple des figures de base : barrique, tonneau, boucle, renversements, vrille... Même pas malade ! Inutile de préciser la joie qui m'animait à l'issue du retour au terrain. Mais je crois que ce ne fut pas le cas pour tout le monde : notre camarade L., mécano de son état, pensait sans doute faire un vol sympa lui aussi. Mais il fut cueilli à froid par un moniteur un peu revêche, qui exigea de lui qu'il connût les procédures de mise en route à l'égal des PN, alors qu'il ne s'agissait que d'un vol d'info ! Le pauvre s'est « fait pourrir » tout le vol... Pas facile pour un mécano de se déguiser en chevalier du ciel !

***

À cette époque, où les budgets étaient quand même « ce qu'ils étaient », acculturer les jeunes esprits que nous étions aux choses du monde opérationnel – la vraie vie somme toute – demeurait l'un des soucis du commandement. Je ne crois pas trop me tromper en disant que la majorité d'entre nous ne pensait qu'au jour béni où nous quitterions Salon pour rejoindre les unités, bien évidemment navigantes, et de combat si possible. *Vae victis* pour les malheureux (ou les inconscients) qui préféreraient s'épanouir dans les unités « sol ». Personnellement, ma plus grande crainte était de ne pas finir officier mécano sur avion, mais « télec[16] », c'est-à-dire œuvrant dans les fils et les télécommunications plutôt que dans les tuyaux et le carburant. Avec le recul, je m'empresse d'ajouter que cette vision des choses était passablement débile et simpliste, considérant que les mécanos et les télecs étaient généralement alternés dans les escadrons

15. Les commissaires sont des officiers chargés des questions administratives et financières.

16. La spécialité de télémécanicien était plus particulièrement tournée vers les systèmes tels que radar, équipements de navigation ou de communication, à la différence de la spécialité mécanicien, plutôt orientée cellule et moteur. Sur le terrain, en escadron, les deux se rejoignaient de façon indifférenciée.

(de combat) et que de toute façon, il est des carrières de télecs en tout point admirables... Néanmoins, ma théorie m'a conduit plus ou moins consciemment à bien « planter » mes UV[17] d'électronique et d'informatique, disciplines qui de toute façon me parurent toujours absconses... Quelque dix ans plus tard, alors devenu professeur à l'École de l'air à mon tour, je notais que les mentalités avaient changé, et que c'était un esprit exactement inverse qui prévalait chez les jeunes... avec au passage une préférence des élèves pour les petits véhicules diesel plutôt que les coupés sport ! À mon époque (locution qui me classe d'office dans le club des « vieux cons »), on parlait Mirage et GTI ; une décennie plus tard on causait épargne retraite et HDI... Les temps changent...

Quoi qu'il en soit, la promotion de première année bénéficiait à l'époque d'un « tour de France » des bases aériennes. La manip' qui se tenait avant les permissions d'été, avait pour but de nous faire découvrir différentes facettes de cette vraie Armée de l'air qui nous était promise. L'accent était mis sur les activités opérationnelles, avec çà et là quelques incidences sur des activités périphériques de soutien. Le gros de la troupe voyageait en Nord 2501 Noratlas (encore appelée « la Grise », avion de transport bipoutre bimoteur), escorté par une nuée de quelques Cap 10 qui permettaient aux apprentis pilotes de se faire les dents sur des étapes de navigation. Un Mousquetaire complétait le dispositif au profit des PNN. Et cette impressionnante armada aérienne d'entamer un périple plein de promesses : Dijon, Saint-Dizier, Tours, Orléans...

La première étape de Dijon fut déroutante. La 2e escadre de chasse venait de recevoir ses premiers Mirage 2000, avion qui avait le redoutable privilège de succéder à l'emblématique Mirage III, et qui devait faire les beaux jours de l'Armée de l'air pour les trente ans à venir. On nous avait rebattu les oreilles tant et plus au sujet de ce magnifique appareil, de par le saut technologique apporté par ses fameuses « commandes de vol électriques[18] »... C'est comme ça que nous nous sommes retrouvés au sein d'un (forcément) glorieux escadron (était-ce le 01.002 *Cigognes* ?). Là, les « chevaliers du ciel » locaux ont

17. Sans le faire exprès tout de même !

18. Qui n'ont rien d'électrique du tout. Il serait plus juste de parler de pilotage assisté par ordinateur, le Mirage 2000 étant équipé de calculateurs régissant les lois de vol de l'avion.

commencé à nous faire leur *show*... Et vas-y que je te parle avec les mains pour mimer les combats aériens, et vas-y que je t'abreuve de locutions abstruses, et vas-y que je t'assomme avec mes virages à 9 g (Ah ! les fameux 9 g[19]...)... Là, j'ai commencé à prendre un peu peur. Le côté « oui-c'est-moi-le-Seigneur-regardez-comme-chuibo » m'agaça un brin... Manifestement, ces « cochers » avaient un ego surdimensionné, et je pense qu'il aurait été bon de les doter de bandes molletières pour ménager leurs chevilles enflées ! Passons. À ce moment de cette pénible comédie, un illuminé eut la fulgurance de proposer aux mécanos d'apprendre leur futur métier. Et nous voilà partis en express faire un (très) bref £passage au sein du GERMaS[20], unité en charge de la maintenance de deuxième niveau des avions de la base, où nous eûmes l'insigne honneur de voir en coup de vent, un Mirage 2000 en visite périodique, c'est-à-dire assez largement désossé. La seule chose qui m'ait intrigué était la couleur vert caca d'oie des entrailles de la bête (je me demandai bien pourquoi une telle peinture, mais personne ne m'expliqua à l'époque)... À l'issue, sans doute le même esprit illuminé nous driva *manu militari* vers... la centrale électrique de la BA 102 ! Et là ce fut un ravissement que de découvrir le groupe électrogène « à temps zéro », sa régulation de tension, son volant d'inertie et tout et tout... Le coup de grâce vint quand l'officier qui nous accompagnait nous expliqua :

« Alors voilà, quand vous serez officier mécano sur base, vous aurez à gérer des matériels comme celui-ci... Absolument in-dis-pen-sa-ble à la bonne marche de la base... on ne saurait faire sans... et d'ailleurs, regardez, là, le groupe carburant qui... »

Misère de ma mort ! Espoirs déçus ! Était-ce possible que l'on nous assure de tomber aussi bas ?... Ce n'est pas un coup au moral que j'ai pris là, mais une torpille sous la coque du frêle esquif de mes illusions...

La seconde étape eut pour cadre la base de Saint-Dizier, affectation que nous, mécanos, redoutions en raison d'une prétendue qualité de vie par trop « rurale ». Idiots que nous étions. Là, on changeait de décors. Terminé les « truelles

19. Il s'agit des accélérations que les pilotes subissent au cours des évolutions de leurs appareils ! À « 9 g », le pilote a le sentiment de peser neuf fois son poids.

20. GERMaS : Groupe d'entretien et de réparation des matériels spécialisés. Pour faire archi-simple, si l'escadron – unité opérationnelle qui met (mettait...) en œuvre les avions – est la station-service, le GERMaS est le garage...

intergalactiques en plastique bleu », place au Seigneur de la Guerre, le félin tueur dénommé Jaguar. Et *bis repetita*, à nouveau le coup du *show-room* au sein d'un (forcément) glorieux escadron de la non moins glorieuse 7e escadre de chasse. Les macho-pilotes de service qui nous briefaient avaient des combinaisons de vol parsemées de « patches » en tout genre – on aurait dit des arbres de Noël ! – et des oursins sous les bras pour faire « plus bô » en marchant... ainsi qu'un ego tout aussi inoxydable que leurs potes de « la 2 ». Mais dans quel monde étions-nous, grands dieux ? Pour parachever le tout, on nous fit bien comprendre que, outre les opérations « qu'ils » menaient en Afrique à l'époque (ils faisaient la guerre, eux...), certains avaient participé au fameux exercice de *Red Flag*[21] et que « eux », s'étaient frottés aux Ricains... Bref, même tabac, même méfiance quant aux relations de travail que cela laissait augurer. Cependant, dans un coin de la base de Saint-Dizier, était tapi un escadron de bombardement où là, les choses furent nettement plus feutrées...

Il faut rappeler qu'à cette époque, on était encore en pleine guerre froide et que la menace de l'URSS et de ses alliés était bien réelle. Les Forces aériennes stratégiques (FAS) dont dépendait cet escadron de bombardement avaient donc un rôle majeur à jouer et quelque part, il ne valait mieux pas qu'il entre en scène, sinon c'était Armageddon garanti sur facture. On était là dans la cour des Grands, dans le monde de l'apocalypse nucléaire !... À mes yeux – bien que ma connaissance d'alors sur le sujet fût forcément assez limitée – ce grand commandement jouissait d'une aura monumentale, conférée par le caractère wagnérien de sa mission. Si les équipages de Jaguar faisaient leur guéguerre en Afrique, c'était leur affaire, assurément au ras du sol, et le récit de leurs exploits ne m'avait pas spécialement ému. Pour moi, avec mes yeux d'enfant, les FAS se situaient un ton nettement « au-dessus ». Qui plus est, elles mettaient en œuvre un appareil tout bonnement exceptionnel, tant par ses lignes que par ses performances, tant par le destin qui lui aurait été promis que par le secret qui l'avait entouré à ses débuts, à savoir Sa Majesté le Mirage IV. S'il y a bien un avion qui en imposait, assurément c'est de lui qu'il s'agissait. Aujourd'hui

21. Exercice d'envergure qui se tient dans le Nevada, sur un terrain de la taille de la Suisse, et au cours duquel les équipages peuvent s'entraîner dans les conditions quasi réelles d'un conflit.

encore, alors que quelques exemplaires en sont réduits à trôner sur stèle au détour d'un carrefour sur une base aérienne, il semble que ces fantastiques appareils ne demandent qu'à faire rugir leurs moteurs pour partir plein pot au cap 090[22]...

Et un Mirage IV, il y en avait un qui nous attendait à l'EB. Quel choc, quelle impression que de voir cette bête mythique, juchée sur ses hautes pattes, avec des échelles d'accès cabines que n'auraient pas reniées les Pompiers de Paris... L'accueil fut simple et sans exubérance particulière. Le commandant d'unité nous exposa sobrement et lucidement la mission des FAS, puis nous présenta son unité, les moyens dont il disposait, les contraintes auxquelles il était assujetti. Tout cela dans une espèce de sérénité qui tranchait nettement avec l'excitation qui présidait à « la 7 » ! Il nous proposa d'aller visiter l'avion, étant prêt à répondre à toutes les questions. Il faut dire qu'elles ne manquaient pas : est-ce vrai que rien n'est prévu pour votre retour ? Comment se comporterait l'avion face à des MiG ? Combien de « g » pouvez-vous tirer ? Quelle puissance déjà, la bombe ? Est-ce vrai que la force de frappe est réellement indépendante ?... S'installer à bord du Mirage IV ne laissait pas indifférent, tant cet avion forçait le respect. Perché en place avant, on dominait tout le panorama de la base... Enfoncé dans le sous-marin qu'est la place arrière, on espérait que le navigateur ne souffrît pas de claustrophobie ! Le clou du spectacle eut lieu lorsque l'on nous annonça par haut-parleur que l'avion n° x ( ?) partait pour un décollage sur alerte. En effet, dès la fin du message, un klaxon retentit et un équipage accompagné d'une escouade de mécanos partit en courant vers une hangarette. Il ne fallut pas longtemps pour entendre les rugissements des deux bouzines, voir le ptérodactyle sortir de son abri, s'immobiliser comme piaffant d'impatience le temps que le pistard effectue ses actions vitales, et de le voir rouler et passer devant nous en vrombissant, comme déterminé à en découdre le plus vite possible pour délivrer l'atome national... Quelques minutes de silence, l'avion avait disparu dans son cheminement jusqu'au seuil de piste... puis dans un fracas de tous les diables qui vous mettait les joyeuses en résonance, on l'entendit puis le vit décoller, les deux « gamelles » en pleine

22. Les caps sont repérés par secteurs angulaires, avec le zéro pointant au nord. Le 90° correspond donc au plein est.

PC[23], levant tout d'abord son nez effilé et s'arrachant enfin du sol pour disparaître en quelques instants... Ça causait fort tout de même... On sentait que « c'était pas pour les gosses », que ça « envoyait du bois dans la chaudière »... bref, un truc pour hommes !

Ce fut là mon premier contact avec les FAS, et j'avoue que j'avais été agréablement surpris et impressionné.

*Le fabuleux Mirage IV en vol... Impressionnant de finesse et de majesté (coll. perso).*

La seconde fois que je vis les FAS en action, ce fut à Mont-de-Marsan, toujours au cours du même tour de France, où nous avions eu l'insigne honneur de rendre visite à la 91e escadre de bombardement et ses Mirage IV, ainsi qu'à l'escadron de ravitaillement en vol 03.093 « Landes ». L'accueil et la réception à la 91e furent en tout point semblables à ceux que nous avions eus à Saint-Dizier, empreints de simplicité et de chaleur humaine, mais dégageant une force tranquille qui ne laissait pas indifférent. L'ERV fit à l'identique. Présentation de l'unité, missions, moyens... Ici, c'était le domaine des pompistes du ciel, avec leur gros Boeing C-135F. Visite de l'avion : je suis surpris d'apprendre qu'il y a du carburant partout, mais qu'aucun

23. PC : postcombustion ou réchauffe. Dispositif consistant à réinjecter du carburant dans le réacteur, pour un surcroît de poussée, et dont la mise en application s'accompagne d'une longue flamme à l'arrière du moteur.

réservoir n'est dédié exclusivement au ravitaillement en vol. L'avion peut tout consommer ou tout délivrer au chasseur ravitaillé[24]. Et comme il fait partie intégrante des FAS, il assure l'alerte nucléaire. D'ailleurs, on nous fait savoir qu'un exercice est justement prévu aujourd'hui, ça tombe bien.

Petite précision technique : les C-135F de l'époque pouvaient mettre leurs moteurs en route grâce à un dispositif pyrotechnique, une cartouche en fait, dont les gaz de combustion suffisaient à lancer le premier moteur. Et donc, coup de klaxon, sprint de l'équipage et des mécanos... attente... et soudain un barouf d'enfer, une fumée de haut-fourneau qui noie littéralement le Boeing et le début d'un lancement de moteur... Tuuuuiiiiiii... et Pouoouououuuu : plus rien ! Tout s'arrête ! En fait, quelque chose avait foiré ! Beaux joueurs, le personnel de l'unité nous apprit que cela pouvait arriver parfois (la preuve !) et que bon, les mécanos allaient voir... Cette simplicité dans la réponse témoignait de la volonté de ne pas essayer de noyer un poisson que l'on avait vu enfumé sous nos yeux. Pour être honnête, le Boeing réussit à mettre en route ultérieurement (ce devait être au cours du pot d'invitation de mémoire) et partit pataud pour son décollage dans l'indifférence générale !...

Hormis cet incident technique finalement très classique en soi, j'avais trouvé chez ces gens des FAS une authenticité qui tranchait nettement avec le côté « film à grand spectacle » de certaines autres unités que nous avions vues.

*Démarrage à cartouche sur C-135F dans les années 70-80... Eau et gaz à tous les étages ! (coll. perso)*

24. Pour faire simple...

Démarrage à cartouche sur C-135F dans les années 70-80... Eau et gaz à tous les étages ! (coll. perso)

***

Alors que la promotion terminait son épopée par la visite de la base d'Apt et les missiles stratégique du plateau d'Albion, nous devions embarquer P., R. et moi avec notre brigadier, le capitaine L., dans un Mousquetaire quadriplace pour rejoindre Salon. Noblesse oblige, P. le PN était en place gauche, le capitaine à droite, R. et moi derrière, en « sacs de sable »... Le capitaine L. était un type sympa qui avait un tout petit défaut : il ne devait y avoir que la plongée sous-marine pour qu'il s'arrête de causer, et encore ça reste à prouver ! Sa logorrhée infernale était une vraie plaie en vol, car sans échappatoire et avec le casque radio sur les oreilles, c'était la migraine assurée, effritement du tympan compris ! Le vol avait pourtant bien commencé, nous gratifiant au passage de la vision sympa du Noratlas qui nous semait en basse altitude au-dessus de la Provence, ramenant le gros de la promo... Puis le « wouonwouonwon » du moteur et le pipeau infernal du capitaine nous assommèrent franchement, R. et moi, tandis que notre apprenti-pilote essayait tant bien que mal de réussir sa mission, avec le capitaine qui ne manquait pas de l'abreuver de conseils... : l'altitude ! la vitesse ! on ne pilote pas au compensateur ! le régime !... Et puis moi, sur Transall, un jour... et patati et patata... la bille[25] ! dispersion d'attention !...

Ah, il n'était pas à la bonne, le père P. ! Il en bavait des ronds de chapeau, l'Ancien !

Alors se produisit un truc sympa. Je ne sais pas qui de R. ou moi eu l'idée. L'Abeille était équipée aux places arrière de petites écopes pour l'aération des passagers. L'ouverture était suffisante pour que l'on puisse y glisser le micro du casque radio, qui de fait envoyait dans tous les écouteurs le bruit furieux des filets d'air, autant dire un boucan d'enfer ! L'équipage à l'avant s'est bien rendu compte que quelque chose clochait...

« Ah ! La radio doit être HS... » Quand même, ça grésille fort là-dedans... « Ça va derrière ? » nous demanda le capitaine ! « Forcément » devaient lui dire nos mines réjouies... il n'avait pas vu que nous ne portions plus nos casques ! La phase deux

25. Instrument qui sert à mesurer le dérapage en vol. En virage bien symétrique, la « bille » est bien centrée...

était encore plus savoureuse. Toujours bercés par la tchatche infernale de l'officier qui couvrait le bruit du moulin, je pris un des « sacs à vomi » mis à notre disposition, au cas où... Il me suffit de glisser le micro dans le sac de papier et d'écrabouiller ce dernier pour confirmer la panne radio ! Là, notre chef bien aimé s'en est rendu compte, et a certainement dû nous « planter » au retour du vol...

*Au premier plan, un Mousquetaire (équivalent de l'Abeille) lors de l'un de ses derniers vols sous les couleurs de l'Armée de l'air... (© SIRPA Air)*

***

Les premières années à l'École de l'air étaient quand même plus marquées par l'apprentissage de la vie militaire et les études scientifiques. Les sciences « molles » n'en étaient qu'à leurs débuts à cette époque, et nous étions abreuvés d'aérothermodynamique, de mécanique du vol, d'automatique... toutes ces sciences en « -ique » qui deviennent passionnantes quand on les décline à l'aune de l'aéronautique... et que l'on a validé ses UV ! Hormis la feuille de solde (et les fameuses journées de vol, sans compter « le » blouson de cuir...), rien ne distinguait encore trop les mécanos des PN, la promo restait encore homogène. Néanmoins, nous n'étions pas appelés aux mêmes destins, mais rien n'était vraiment organisé ou structuré pour nous expliquer – à défaut de nous faire appréhender – ce qu'était réellement le monde inquiétant, car mystérieux, de la technique. Quelques trop rares tentatives louables bien que maladroites, essayaient pourtant de combler ce manque, mais force est de constater qu'elles apportaient plus de questions que de réponses. Il fallait donc attendre, on verrait plus tard.

***

Ma promotion eut la chance d'innover en étant la première je crois, à pouvoir bénéficier d'un stage en première année sur « une vraie base », en l'occurrence la BA 120 de Cazaux, et de pouvoir bénéficier de vols d'informations sur Alpha Jet au sein de la 8e escadre de chasse[26].

Tout le monde eut droit d'effectuer au moins un tour de ce formidable appareil de formation, même les PNN. Mais nous, les mécanos, eûmes parfois accès à des séances de complément... Alors qu'on devait sûrement paresser dans les transats de notre escadron d'accueil, notre chef, le désormais fameux capitaine L., débarqua en vibrionnant et tourbillonnant dans la salle de repos (précédé de son discours torrentiel !) :

« Allez, les mécanos, là (...) debout ! Et blablablabla (...) vous vouliez connaître votre métier ? Alors venez ! Et blablablabla... Il y a un escadron en campagne de tir, on va vous y emmener... Et blablablabla... »

Effectivement, R. et moi nous retrouvâmes aussi sec dans une bagnole, *drivés* vite fait vers l'escadron de passage, jetés à la diable sur le parking[27] :

« Bon, le service de piste est là, allez voir comment ça se passe... »

Et la bagnole nous laissa là, comme deux ronds de flan !

« L'escadron de passage » était (est encore) le lieu où stationnait l'unité de combat venue sur la BA 120 pour effectuer sa campagne de tir[28] annuelle. C'était un escadron de la 33e escadre – « La 33 » – de Strasbourg, qui était là. Les Mirage III R (ou RD ?) alignés au cordeau, magnifiques dans leur robe camouflée vert olive. Autour d'eux s'agitait une nuée de mécanos qui s'affairaient avec frénésie pour remettre en œuvre

26. Cette escadre supportait l'École de transition opérationnelle, où les jeunes pilotes apprennent les rudiments du tir et du combat aérien.

27. Je ne sais pas pourquoi les commentateurs les plus spécialisés s'évertuent à parler de « tarmac » ?... Certes, le mot existe (téléscopage de tar – goudron – et Mac – de macadam ?). Moi, je n'ai jamais entendu parler que de « parking ».

28. De nos jours, les campagnes de tir « air-sol » ont toujours lieu à Cazaux, les campagnes « air-air » (au canon) ont plutôt lieu à Solenzara, en Corse. À l'époque, les choses étaient parfois différentes.

les avions entre deux tours : pleins carburant, traitement des petites pannes éventuelles, reconditionnement de la cabine, accrochage de l'armement, visa de « la paille » (la documentation) et c'était prêt pour un second round... Merveilleux ballet... sauf qu'il n'y avait personne pour s'occuper de nous et pour cause, c'était « le coup de feu » et les gus avaient autre chose à faire. Nous étions posés là, comme deux couillons, R. et moi, regardant cette ruche infernale, sans comprendre grand-chose à l'affaire. En définitive, un adjudant, chef de ligne sympa, dut nous prendre en pitié et nous demanda qui nous étions, ce que nous fichions là et ce qu'il pouvait faire pour nous. Il faut dire que nous étions *pour l'occasion*, habillés en vraie combinaison, comme de vrais pilotes, mais avec nos galons d'élèves officiers, nous ne correspondions à rien dans le référentiel des « vrais » mécanos ! Et avec nos lunettes (R. en avait aussi), nous ne risquions pas de passer pour de vrais PN, pas même des « pims[29] »... Tout en arpentant le parking à grandes enjambées, l'adjudant nous expliqua brièvement son rôle, essayant de collationner au passage des informations sur l'état technique des appareils. Pour être honnête, nous n'avions pas capté quoi que ce soit. Ce monde – bientôt le nôtre – nous était encore totalement étranger ! Finalement, il nous dirigea vers le service de piste, où nous sommes restés comme deux truffes, à côté du comptoir à Formules 11[30], essayant de gêner le moins possible les « vrais » mécanos qui avaient du boulot, et qui n'arrêtaient pas d'entrer et sortir, nous regardant au passage avec des yeux mi-intrigués, mi-goguenards... Au global, nous n'avions pas appris grand-chose de tangible, sauf que ça turbinait grave dans un escadron en campagne de tir !

On nous refit le coup une seconde fois, toujours animé par les mêmes bons sentiments j'imagine. Et c'est comme ça que R. et moi nous nous sommes trouvés par un beau matin, plantés comme deux asperges devant un Alpha Jet sur lequel deux armuriers terminaient d'installer un « pod » canon. Tout à leur affaire, les deux mécanos n'avaient cure que de prêter attention à ces deux clampins qui, affublés de leur combinaison de vol, devaient leur apparaître comme des stagiaires de l'École de transformation opérationnelle, chahutés par leur encadrement... Le fait est, sans

29. Jeunes pilotes.

30. Cahier de suivi technique des avions sur lequel le PN renseigne les pannes qu'il a rencontrées, et les mécaniciens rendent compte des travaux de remise en état qu'ils ont effectués.

avoir trop à se le dire, on devait passer pour deux poules ayant trouvé un couteau !

***

En seconde année à l'École de l'air, la fibre « mécano » prenait corps peu à peu. Avec le temps, nous prenions conscience de faire partie d'une caste différente de celle des élus. Il était écrit que nous resterions dans l'ombre des puissants, que nous serions condamnés à rester sous la couverture nuageuse, alors que d'autres verraient le soleil tous les jours... Et pourtant...

Une fois encore, notre promotion eut droit à une faveur qui fit pâlir de jalousie la précédente... Au cours de cette seconde année salonnaise, tous galonnés « aspis », on nous annonça que nous aurions la chance (il faut le dire) d'aller faire une période d'immersion en unités opérationnelles au cours de l'exercice « *Datex* ». Tous les noms d'exercices finissent par « -ex ». Datex était une manœuvre d'ensemble qui avait pour but de tester les différentes capacités de l'Armée de l'air, notamment celles de détection des menaces et préservation de l'espace aérien, dont la défense aérienne (d'où le « DA »). Un certain nombre de terrains ou d'installations étaient attaqués par des appareils français ou étrangers, que les avions de défense aérienne, aidés par le contrôle aérien, essayaient d'intercepter. Au passage, les bases elles-mêmes « jouaient » un certain nombre d'animations : le mess qui prétendument explose (la moins sympa), la centrale électrique HS, le desserrement du personnel[31], la protection contre des attaques de commandos... Le tout avec force masques à gaz voire tenues de protection NRBC[32] pour les forces nucléaires... *Train as you fight* comme le dira plus tard le dicton, car à cette époque les locutions anglo-saxonnes n'étaient pas encore trop courues...

On nous fit réunir par demi-promotion pour nous présenter, façon amphithéâtre, une liste d'unités se proposant de nous accueillir durant ces manœuvres. Les PN choisirent donc de s'essaimer dans les différents escadrons de combat (à l'époque, il y en avait pas mal... plus comme maintenant !), puis vint le tour des PNN. Je ne saurais plus dire s'il y avait une préséance

31. Exercice consistant à ne conserver que le minimum de personnes sur la base et placer le reliquat en réserve dans un camp de desserrement.
32. NRBC : Nucléaire, radiologique, bactériologique et chimique.

particulière. Classement ? Note « de gueule » ? Premier servi ? Toujours est-il que les premiers avaient commencé de choisir les unités prestigieuses, les escadrons les plus performants, sur les avions les plus fabuleux... Bref, les places sur Mirage 2000 et Jaguar furent vite verrouillées ! En fin de compte, je m'autorisai à me porter volontaire pour le Centre d'instruction des forces aériennes stratégiques (CIFAS), stationné à Bordeaux-Mérignac. Petit détail, cette unité volait sur Mirage III B... avion légendaire à mes yeux ! Ça n'intéressait personne, et ça faisait bien mon miel... Le problème était maintenant de trouver un camarade PN – si possible de ma taille – qui consente à me prêter ses effets de vol car il n'était pas question de se pointer là-bas fagoté comme l'as de pique, avec ma vieille combinaison façon sac-poubelle... et c'est comme ça que je me suis retourné vers celui que l'on surnommait affectueusement « Le Gros » dans la promo !

Et c'est ainsi que nous nous sommes retrouvés sur la BA 106, avec trois camarades, déposés par un avion de transport effectuant la tournée des bases. Prise en compte classique par un clampin de service : perception des chambres, dîner au mess mixte, rendez-vous fixé au lendemain 8 heures à l'escadron...

L'accueil au CIFAS fut simple mais chaleureux. Pas de prétention particulière, pas d'exubérance de cinéma. Juste des types sympas, *a priori* « chibannes » (d'après ce que je pouvais en juger), qui n'en rajoutaient pas particulièrement à notre arrivée. Chose qui m'a tout de suite plu : personne ne s'occupa de savoir si j'étais PN ou PNN. Nous étions stagiaires, on allait voler en *backseat*[33], c'est tout... On nous briefa sobrement sur la mission de l'unité : former les pilotes qui allaient être affectés sur Mirage IV, le gros bombardier supersonique à aile delta, leur apprendre les caractéristiques et les pièges de ce type de voilure (l'atterro était sportif paraît-il), esquisser les premières manœuvres du ravitaillement en vol, avec la perche dans l'axe. Accessoirement, l'unité offrait ses services à des équipages en escadrons afin qu'ils se refassent la main en voltige.

Il fallut ensuite passer au simulateur de siège éjectable. Là, on était en terrain connu, on avait fait « la 8 » l'année d'avant. Quand vint mon tour, je me positionnai sur le siège, brêlé comme il faut avec l'aide du monit'. Mes camarades PN étaient passés

33. Place arrière.

avant moi, et avaient (forcément) bien réagi, il ne s'agissait pas que je passe pour une truffe.

« Alors voilà, on est en palier, le réacteur s'éteint, j'essaye de rallumer, ça ne passe pas… les ailes à plat, je crie à la radio "éjection", que faites-vous ? »

Trop fastoche, il me prend pour un cave…

Hop, poignées hautes, je tire (tiens, c'est un peu dur), j'abaisse le rideau de protection sur la visière… et rien ne se passe, le simulateur reste immobile… Une fraction de seconde, je réfléchis : *ça merde, qu'est-ce qu'il faut que je fasse ?*… Étincelle de génie : p*oignée basse !* et là, vif comme l'éclair, je me rabats sur la poignée à l'entrejambe, et le simili-siège s'élève sur son rail…

« Bien ! Vous voyez, votre camarade a eu le bon réflexe, il ne faut jamais paniquer et… »

Je n'étais pas peu fier d'avoir fait la démonstration que j'avais « l'étoffe d'un PN »… sauf que je taisais le fait que j'avais vu la même l'année précédente à Cazaux !… Ayant tous été briefés, il ne nous restait plus qu'à percevoir les pantalons anti-g et les combinaisons étanches.

***

Salle d'opérations : les « OPS »[34] dans le jargon. Nous sommes rassemblés devant le tableau blanc où le « marqueur » inscrit chacun de nos noms en face d'un numéro d'avion. Je suis prévu de vol avec le capitaine B., un gars assez discret, pas frimeur pour un rond, qui m'explique la mission, à quelle heure on va partir, qu'il n'est pas question d'être à la bourre, et que je devrais y aller un peu en avance, le temps de se brêler… Nous sommes prévus pour une mission d'assaut à quatre avions, précédée d'un petit parcours entre Pyrénées et Atlantique, histoire de calibrer je ne sais quel radar, avant de repiquer vers les terres, pour aller « nitrater » la base de Toulouse. Je n'en crois pas mes yeux et mes oreilles : je suis dans la cour des grands. Je ne suis plus « mécano », mais embarqué dans l'Armée de l'air, la vraie, la guerrière, pas celle de Salon, des planeurs ou des avions-écoles…

34. Il s'agit là du cœur de la planification de l'activité aérienne au sein d'une unité navigante : lieu privilégié des PN, comportant force cartes, documentation aéronautique et systèmes de préparation de missions (pour les avions qui en disposent). La clef de voûte en est le « tableau d'ordres » sur lequel des petites maquettes portant les numéros d'avions sont assorties des horaires prévus des missions. De nos jours, tout est informatisé, mais à l'époque…

Là, ça cause gras, on va voler sur un « vrai » avion de combat !...

Tout d'abord, mettre la « glou-glou », la combinaison étanche. Je ne suis pas trop dérouté, pratiquant la plongée sous-marine depuis pas mal d'années. Et là, premier couac ! Ou plutôt premier « crac » : le manchon en néoprène tout fin du poignet droit se déchire et la combarde est foutue... Angoisse totale, vais-je me faire enguirlander pour avoir dégradé du matériel militaire ? Je ne réalise même pas que théoriquement, le vol est bâché.

« Bon, tu voleras sans. On inscrira ça dans la rubrique Sécurité des Vols » me dit un grand balèze, qui *a priori* s'occupe de la SV. Sauf que rétrospectivement, je me dis que si jamais il avait fallu aller à la patouille, ça aurait été une drôle de rigolade, dans l'Atlantique en mars...

Passage en piste. Je ne dis rien, mais un type m'aborde et me dit : « C'est vous qui volez avec le capitaine B. ? Suivez-moi ». C'est un mécano, un vrai, un rustique, un... un « pistard », il m'a parlé ! Comment m'a-t-il reconnu ? Mystère. Il marche vite, je le suis tant bien que mal, engoncé avec l'anti-g, le casque, le masque à oxygène dont la chenille[35] pendouille par terre...

L'avion est sur le parking, joliment camouflé en vert deux tons, avec ses deux gros réservoirs sous les ailes, la verrière grande ouverte... Il s'agit du Mirage III B n° 253[36]. Nous l'abordons par les trois quarts avant, un léger rayon de soleil dans l'œil, sur le parking noir luisant, presque huileux, du fait d'une ondée passagère. La « bête » est magnifique et m'impressionne un peu. Ses lignes sont pures et gracieuses avec sa taille fine et ses deux ouïes prêtes à engouffrer l'atmosphère... Il inspire la puissance et la vitesse, sans agressivité... Comment aborde-t-on pareil engin sans l'abîmer ni commettre de boulette ? Le pistard m'indique comment monter à bord.

« Donnez-moi votre casque, mettez vos pieds sur le siège, mettez vos mains sur l'arceau de la verrière... »

Je suis étonné de sa parfaite connaissance de la machine. Manifestement, il sait s'en servir et maîtrise son affaire. Bon, je m'installe, c'est plutôt étroit. Le mécano est monté à l'échelle et me brêle. Je voudrais bien l'aider, mais je ne peux pas trop bouger, et je ne sais pas quelle sangle va où...

35. Tuyau annelé (sur le modèle que j'avais), reliant le masque à oxygène (le « groin ») au réservoir d'oxygène respirable.

36. D'après ce que j'ai retrouvé consigné dans mon carnet de vol.

« Voilà c'est bon ! »

Angoisse, que va-t-il m'arriver ? J'aurais presque envie de descendre, mais maintenant qu'on y est… d'autant plus que mon pilote arrive ! C'est trop tard, je suis obligé d'y aller ! Bon, se mettre le casque sur la tête (il est un peu petit), le masque à oxygène… Là, je merdouille un brin, n'arrivant pas trop à enfiler la barrette de verrouillage avec les gants et mon peu d'expérience ! Angoisse ! Mais mon pistard est là, et calmement il règle tout aux petits oignons. Inspiration… on respire… et ça sent surtout l'odeur du vieux caoutchouc !… Bon, il y a des compteurs et des boutons un peu partout – surtout ne rien toucher ! – le manche à balai au milieu. Pas trop de place quand même (forcément, le toubib m'a dit que j'étais trop gros…). Le mécano me briefe vite fait sur le téléphone de bord, le bouton du volume, la procédure pour causer avec le pilote en place avant… Et le voilà, d'ailleurs, « mon » pilote !

Le capitaine s'installe prestement, aidé par le pistard. Il brasse un peu en cabine, je le vois farfouiller dans son habitable, puis tout d'un coup sa voix dans le casque :

— Ça va derrière ?

— Euh… Oui mon capitaine…

— Bon, ben, on va y aller…

Le mécano enlève les sécurités du siège éjectable Martin-Baker, me les montre en les comptant et les place dans la pochette prévue pour, sur le côté du siège. Je suis une nouvelle fois surpris par son calme, son assurance, la précision de ses gestes… Mon pilote baisse la verrière, la verrouille, nous sommes dans une bulle qui d'un coup nous coupe du souffle du vent et des bruits environnants. Surprise, le mécano crache un bon coup sur ladite verrière, sort un chiffon de sa poche et essuie une crotte d'oiseau venue inopinément décorer notre appareil !

« Alors… mise en route… ça tourne (léger bruit, léger tremblement)… la T4[37]… ça baigne… les pressions, c'est bon… »

J'ai toujours été impressionné par les monologues des PN récitant leurs procédures, moitié en se parlant à eux-mêmes, moitié en parlant à l'avion.

*Bon, alors ce zinc, il a l'air en bonne santé ?* me dis-je *in petto*, sans doute autant pour me rassurer que pour conjurer le sort.

37. Paramètre essentiel, température d'entrée turbine sur le moteur ATAR 09 – celui du Mirage III en l'occurrence.

Le moteur tourne. De l'intérieur du cockpit, on entend un léger sifflement, façon roulette de dentiste depuis la salle d'attente... générant la même angoisse !

Coup de gaz, on entend un gros « bouauaouwatiiiaaouuu » et l'avion s'ébroue, tremble, avance un peu... et s'écrase violemment sur le train avant ! Test freins ! Et ça repart, je vois mon pilote faire un signe complice au pistard qui répond... et moi je fais de même ! Comme si ça pouvait l'émouvoir, on ne se connaît même pas ! Et là, ça roule et ça trotte sur le taxiway. Nous suivons un autre Mirage couleur aluminium, passant devant les deux autres IIIB qui attendent pour partir derrière nous. J'en avais même oublié mes camarades ! Et puis on file, à bonne allure, remontant les taxiways.

Arrivés au point de manœuvre, les quatre Mirage s'alignent en échelon refusé... Le ciel est devenu sombre et orageux, chargé de gros nuages noirs venus de l'Atlantique, ce qui paradoxalement nous rend l'horizon plus net, avec un trait de scie de soleil au loin. Les moulins tournent. Manifestement, les fauves piaffent avant de rugir... Je vois nettement le jet un peu turbulent de l'avion qui nous précède, dont les gaz brûlés brouillent la vue sur un bandeau... Je n'entends rien dans le casque, sauf le « tsssiiiiiiiiiiiiii » filtré de l'Atar 09. J'ai encore dû « merdoyé » sur le téléphone de bord ? Bon, rien ne se passe... Mais qu'est-ce qu'on attend ? La réponse ne tarde pas : Bordeaux étant un aérodrome mixte, un avion de ligne se pose devant nous, dégageant un peu de fumée des pneus au point d'impact... Nouveau frémissement, l'avion avance et se place à l'arrière droit du leader. La piste est là, devant nous, telle une autoroute. Vachement large, au passage.

Visière baissée ? Harnais serré bloqué ? Alors on y va, Décollage !

Et là, d'un coup, j'ai peur, le palpitant s'emballe. L'avion accélère, ça pousse... mais pas autant que je le croyais ! Déception ! Moi qui pensais être littéralement scotché au siège ! En fait, c'est une poussée linéaire, qui fait juste défiler les balises sur le côté de la piste de plus en plus vite, mais sans plus... Il faut dire – et je ne l'avais pas réalisé à l'époque – que l'avion était quand même chargé avec ses bidons supplémentaires sous les ailes... et que l'Atar 09 était somme toute plus Aznavour que Pavarotti ! Puis l'avion s'arrache et commence à grimper, la base défile sous nos ailes... je vole en Mirage !

Tout le vol me reste bien évidemment en mémoire : les quatre avions en chevron au-dessus de l'Atlantique, la large barrique que fit mon pilote me faisant défiler les trois autres Mirage au-dessus de la tête, les efforts de concentration que j'ai consentis aux commandes pour essayer de suivre au mieux l'appareil de tête... la manœuvre d'évitement dans un azur éblouissant pour faire la nique à deux Mirage F1 qui patrouillaient dans le coin et que je n'ai jamais vus malgré tous mes efforts cervicaux... la navigation basse altitude au ras des forêts, le défilement des arbres à une vitesse hallucinante, le regard condescendant que je lâche au passage pour les occupants d'une maison que nous survolons... le passage « trois quarts dos » avant de piquer vers le sol à l'attaque de la base de Toulouse où mon pilote nous gratifie au téléphone de bord d'un « tatatatata » simulant un tir canon... Le retour au « break », sur la tranche, et l'atterro, déçu que cela soit déjà fini... retour au parking sous les ordres du pistard, coup de freins, mise en place des cales, coupure moteur... ouverture de la verrière, grand bol d'air frais et retour des bruits de la vie normale... Quel métier fantastique, dont je ne faisais que soulever un coin de voile !

À la fin de notre séjour, nous avons voulu remercier nos hôtes en organisant un « pot », dans la plus pure tradition. Notre proposition fut bien accueillie, quoiqu'avec une certaine crainte car ils n'étaient pas vraiment sûrs de la réaction du « patron », homme à poigne à ce qui se disait... Ce dernier, le LCL M., arriva dans la salle d'OPS, au centre de laquelle trônaient quelques bouteilles de champ', simple et de bon goût, histoire de faire classe. Notre tension suscitée par la crainte des foudres du chef tomba d'un coup lorsque son visage s'illumina d'un large sourire. Le pot fut un succès, ce séjour au sein du CIFAS resterait pour moi un souvenir fort.

Si la chance me souriait, je pourrais peut-être intégrer ces FAS qui m'attiraient de plus en plus. Je n'étais pas au bout de mes peines...

*Un Mirage III B du CIFAS (© SIRPA Air) – La légende...*

La dernière année à Salon fut assurément la plus agréable. Libérés de notre encadrement de contact, nous commencions à être considérés comme des officiers à part entière, jouissant enfin de nos allées et venues, responsables de la gestion de notre emploi du temps. Nous avions un salaire de ministre (surtout pour les célibataires !), peu de vraies responsabilités d'officiers, des cours techniques passionnants, organisés en petites promotions. On sentait même un plus de chaleur de la part de certains de nos instructeurs militaires qui ne voyaient plus en nous de simples potaches, mais bien les futurs responsables techniques des unités qu'ils avaient connues. Aussi nous prodiguaient-ils parfois quelques conseils d'anciens. Ces moments d'échanges nous motivaient d'autant plus, mais nous faisaient prendre conscience que d'ici quelques mois, il nous faudrait voler de nos propres ailes, si je peux m'autoriser cette métaphore.

La promo était plus ou moins éclatée çà et là. Nous ne voyions plus trop les PN qui désormais attaquaient les choses sérieuses avec leur progression sur Fouga Magister. Un des rares points de contact restait le mess le matin, car les PN étaient tenus d'y prendre leur petit-déjeuner. Sécurité des vols oblige, il est interdit de voler l'estomac vide. Aussi avaient-ils droit à une sérieuse collation matinale, pack tout complet avec en point d'orgue les œufs au jambon, qui consacra définitivement la scission existant entre « eux » et « nous ». Je ne sais plus qui de nous eut un jour l'audace inouïe de demander s'il était possible d'avoir aussi des œufs-jambon... Le retour de bâton ne tarda pas, et on lui fit prestement et vertement comprendre que ces derniers étaient réservés à notre élite aéronautique, donc « fume ! »... Effectivement, l'impudent aurait dû comprendre que sur l'année, deux œufs au plat se battant en duel sur une tranche de bacon risquaient de mettre en péril le budget sans doute tendu de l'École de l'air... Moi, il ne m'en fallait pas, la Faculté m'avait déjà fait remarquer que j'étais trop gros...

***

La fin d'année approchait, et on sentait que les choses s'accéléraient. Déjà les premiers PN étaient partis pour encadrer un CIM[38] ou poursuivre leur cursus de formation à Tours ou à Avord[39]. Pour nous mécanos, cette dernière année d'école se terminait par un projet technique dont nous préparions la soutenance, et des cours de « fonction technique » – c'est-à-dire l'organisation pratique de la vraie vie – dont la pertinence pourtant réelle nous échappait... Pour boucher quelques créneaux de libres, on nous exposa un peu à la hâte, quelques rudiments de gestion de personnel dont certains étaient franchement ubuesques, quasiment moyenâgeux, même à nos yeux de jeunes blancs-becs. Mais sans doute étaient-ce les méthodes de travail de celui qui cherchait à nous les inculquer ? De toute évidence, il nous faudrait nous bâtir notre propre référentiel une fois en situation.

Notre formation touchait en fait à sa fin, le diplôme d'ingénieur était proche. Je dois dire que je pense que nous étions bien armés sur les plans technique, théorique, militaire et sportif. Il nous restait à apprendre les exigences de la vie en unité, et le contact avec cet animal mystérieux qu'était le sous-officier. Comment se gérait-il ? Comment réagissait-il ? Comment travailler avec lui ? Mystère, chose à découvrir en situation...

Mais en attendant, il fallait passer par l'épreuve de « l'amphi garnison ». Pour nous, les officiers-élèves de l'École de l'air (le statut change à partir du grade de sous-lieutenant), les choses étaient assez simples. Nous n'étions pas nombreux (six mécanos « avion »), le classement était clair, sans anicroches ni discussions, et de plus nous nous entendions bien. Il fallait juste attendre que le premier d'entre nous, ce brave C., ait enfin fini d'avoir ses angoisses, de peser le pour et le contre, de prendre la vitesse du vent et la température de l'eau, de consulter les oracles et les entrailles de poisson... Dès qu'il se fut jeté à l'eau, le reste de la promo put embrayer, et chacun d'annoncer la couleur. C. avait l'embarras du choix, R.[40] – dernier classé – avait le « choix de l'embarras ». Étant troisième de la liste, j'hésitais entre Luxeuil et Istres. Le premier choix présentait l'avantage d'offrir un poste sur Mirage 2000 N, prévu d'être prochainement intégré dans l'arsenal de l'Armée de l'air. Tout le monde parlait de cet

38. Centre d'instruction militaire : organisme réservé à l'instruction des appelés du contingent le temps des classes. Autre époque !

39. Après Salon, les pilotes orientés « chasse » poursuivent leur formation à Tours, alors que ceux qui se destinent au transport le font à Avord, à côté de Bourges.

40. Encore un autre !

avion formidable et notamment de son système de navigation ultramoderne lui permettant de débouler plein pot au ras du gazon[41], quelles que puissent être les conditions extérieures. Assurément une belle bête. Mais bon, Luxeuil ne me branchait pas trop. Avec le recul, prendre en considération un tel critère géographique était un affligeant manque de clairvoyance, d'autant plus qu'un poste sur Mirage cadrait pleinement avec mes aspirations les plus profondes, celles pour lesquelles je m'étais engagé. Avec Istres, les critères étaient radicalement différents. Tout d'abord, il s'agissait d'un poste sur C-135, vieille connaissance. Donc les FAS, soit dit en passant[42]. L'avion connaissait par ailleurs une transformation majeure, puisqu'à cette époque, toute la flotte passait en chantier de remotorisation, troquant les antiques turboréacteurs J57 pour les tout nouveaux CFM56[43]. Comme j'avais bien accroché avec mon professeur de turbomachine, la perspective de travailler sur ce matériel moderne n'était pas pour me déplaire. Enfin, compte tenu du fait que l'avion était employé en opérations extérieures – notamment en Afrique – « on » me confirma que je ferais des heures de vol et des détam[44]... Il faut toujours se méfier de ceux qui assènent des vérités avec une assurance de commissaire (comme on dit dans le Midi : « on » est un c... !). Et puis c'était Istres ! Climat plus clément qu'à Luxeuil, proche de la mer où je pouvais continuer la plongée sous-marine, pas loin de Lyon, donc de la famille, des copains d'enfance et de la copine... Bref, des critères puérils.

Donc va pour Istres, en tant que « Chef de la division Avion » au sein du GERMaS 15.093 précisait le message d'affectation. Les dés étaient jetés, mes emmerdes allaient pouvoir commencer...

***

Été 87 : le mois d'août se passa en Corse, entre sports nautiques, douceur de vivre, barbecues et rosé... Le diplôme

41. En pratique, on dit plus volontiers et plus grossièrement « les c... au ras du pont » !...

42. À cette époque, le M2000N ne faisait pas encore partie de l'arsenal des FAS. Ce sera chose faite quelques années plus tard, quand tous les porteurs de l'arme atomique seront regroupés au sein du même commandement.

43. Entre autres, car l'avion connut à cette époque une profonde modernisation.

44. Détachement militaire : séjour à l'étranger.

d'ingénieur avait été reçu par la Poste... Bien bourré dans la boîte par un facteur peu délicat ! C'est dommage qu'il n'y ait pas eu de remise officielle, avec toute la promotion, un peu à l'américaine... De toute façon, de la promotion, on n'en avait même pas une photo complète... Alors chacun pour soi, et Dieu pour tous ! Ce mois d'août fut placé à la fois sous le signe de l'impatience et du constat angoissé que le temps décidément s'écoulait trop vite...

## Deuxième partie

# Le C-135

# Istres : l'apprentissage du métier

Été 1987. La Corse était déjà loin, et la tenue n° 30 (casquette, veste, chemise blanche, gants noirs) arborant fièrement les deux galons de lieutenant, avait remplacé le caleçon de bain.

Le moins que l'on puisse dire, c'est que les débuts ne furent pas faciles. Certes, le premier jour rima avec une certaine bonne humeur, du fait d'un accueil « traditionnel », organisé autour de quelques blagues bien sympathiques. Après avoir été pris en charge par un capitaine qui se révéla plus tard ne pas en être un (mais un adjudant !), j'eus droit à l'essayage du masque à gaz « en appuyant bien là, mon Lieutenant, pour que le masque soit *étanche* »... lequel masque étanche ayant été copieusement humecté au tampon encreur ! Rapidement, je fis connaissance avec cette grosse bête qu'est le C-135 (quel contraste avec les avions de Salon ! quelle fierté de me retrouver assis aux commandes, à me faire expliquer la mise sous tension de l'avion !) et on me fit troquer ma belle tenue contre une combinaison antistatique, pour mieux me propulser à l'intérieur du fuselage, quasiment dans les réservoirs de l'avion, où je fus abasourdi de découvrir des types en train de travailler ! Sensation étrange et un peu angoissante que celle de pénétrer dans le ventre d'un avion, non pas dans une soute, mais au plus profond des entrailles de la bête, dans un vaste univers sombre et caoutchouté... Je passe sur l'effroyable odeur de kérosène qui régnait dans la place, de celle qui donne la nausée en quelques minutes. Le retour à l'air libre fut presque un soulagement, me permettant de réintégrer ma tenue et ma casquette, laquelle avait été soigneusement badigeonnée entre-temps au papier carbone !... Et c'est ainsi que de fil en aiguille, accessoirement après dix cafés et deux repas (comme si cela aurait pu me faire peur !), je me suis retrouvé devant le VRAI commandant d'unité, peinturluré comme un chef indien, une coupe de champagne à la main, entouré de mes nouveaux collègues de travail.

« Bienvenue aux Forces aériennes sympathiques ! » me dit un (vrai) capitaine. Sauf que, une fois passée la première journée où j'ai bien amusé la galerie et accessoirement traité quelques formalités administratives, c'était une autre corrida qui s'annonçait...

*Premier jour en unité, fraîchement débarqué, jeune et fringant, escorté du « faux capitaine » (coll. perso). On aperçoit l'un des derniers C-135F à l'arrière-plan.*

*Préparation pour le traditionnel bizutage, la casquette était en cours de « traitement » au papier carbone... (coll. perso).*

*Départ d'un pas décidé pour la plongée dans les réservoirs du C-135, escorté d'un chef d'atelier (coll. perso).*

Peu de temps après, dans le bureau du commandant d'unité, mon nouveau chef me remit mon insigne[1]... Enfin, « me remit »... Non ! « me le donna à la main », plutôt ! Insigne que je m'accrochai tout seul comme un grand, au-dessus du rabat de ma poche de poitrine. Dieu que cet insigne était beau, avec ses parements rouges et sa roue dentée[2]... Il symbolisait mon entrée dans la vraie vie opérationnelle. Mais quelle déception ! Lors de notre scolarité à Salon, nous avions appris que la remise d'insignes de certaines unités revêtait le caractère d'un vrai cérémonial initiatique, avec des épreuves que nous imaginions redoutables[3]... Mais là, rien ! Perception administrative de « la pucelle », et bon vent ! Quel manque d'originalité, quelle platitude... Heureusement que plus tard dans ma carrière j'aurais droit à quelques breuvages immondes (parfois à prendre à même la chaussure...), ou bien plonger la tête dans un aquarium pour remonter mon insigne avec les dents, au grand dam du pauvre poisson rouge qui verra passer pas mal d'hurluberlus dans son espace clos... Dieu que les traditions sont belles...

***

Tout jeune officier mécanicien sortant d'école est normalement affecté comme second d'un camarade plus capé, et fait alors l'objet d'un parrainage lui permettant d'acquérir les B-A-BA du métier. De nos jours, les choses sont très formatées et la première année en unité est réellement l'occasion de faire un apprentissage graduel des hommes, des techniques, des règlements, des organisations. C'est aussi l'occasion de prendre en charge de façon progressive la conduite de petites « manips », depuis un dépannage basique jusqu'au déploiement sur terrain extérieur d'un petit dispositif aérien, avec armes et bagages, mécaniciens et PN. À mon époque préhistorique, les choses me sont apparues beaucoup moins formalisées qu'elles ne le sont aujourd'hui et les méthodes étaient parfois un peu plus « rugueuses »... Je me souviens d'une métaphore utilisée par un

1. Chaque unité est dotée d'un insigne de poitrine, symbolisant sa mission, son histoire...

2. Dans ce cas particulier, le rouge est la couleur des FAS (le bombardement), la roue dentée symbolise « la mécanique ».

3. Le fait est que certains escadrons, aux traditions très « affirmées », ont des intronisations musclées... mais toujours sympathiques !

de mes camarades de promotion en poste à Strasbourg à l'époque : « En fait, on jette les jeunes lieutenants dans la marmite d'huile bouillante, et on regarde ceux qui surnagent et ceux qui coulent... ». Un peu sommaire, mais empreint d'une vision assez réaliste pour l'époque. Sortant tout juste de Salon, avec pour seul référentiel celui de la vie dans une académie militaire et pour tout bagage technique, le contenu très théorique de quelques polycopiés, je me suis trouvé propulsé du jour au lendemain à la tête d'une division de trois ateliers forte d'environ quatre-vingt-dix bonshommes, sur un avion que je ne connaissais pas (je n'en connaissais de fait aucun !), qui plus est en plein chantier de rénovation, soutenu par une logistique échappant totalement au sens commun de l'Armée de l'air (une particularité du C-135). Pour couronner le tout, le major qui devait être mon adjoint était aux abonnés absents, puisqu'employé quasiment à temps plein pour la mise au point du banc d'essais réacteur sur la base d'Orange ! Pas forcément immédiat de tout bien appréhender au début, et d'être au niveau du capitaine (homme qui avait donc au moins quatre années d'ancienneté depuis sa sortie d'école...) que je remplaçais qui avait déjà fait ses preuves, y compris en unité navigante sur Mirage IV... Était-ce le signe des temps, j'ai nettement eu l'impression que mon « parrainage » était en fait un champ de mines, et qu'en haut lieu on s'amusait à me voir cumuler les faux pas. Pour autant, on peut toujours objecter que c'est comme cela que l'on se forge une expérience.

À cette époque déjà lointaine, il ne régnait pas forcément dans cette grosse unité de maintenance une franche ambiance de camaraderie et de solidarité. Outre le fait que certains officiers, sans vraiment se « tirer dans les pattes » se faisaient un peu d'ombre les uns les autres, le commandement d'alors s'évertuait à entretenir (inconsciemment ?) une ambiance délétère vis-à-vis des subalternes, fruit du mélange d'une recherche permanente d'une prétendue performance, d'une suspicion de tous les instants sur tous les sujets et d'une politique répressive à peine masquée. En tant qu'officier, je me devais d'adhérer aux orientations imprimées par le commandement, mais en tant que chef de division, j'essayais d'entretenir le meilleur climat possible avec mes subordonnés, ce qui me plaçait en permanence dans une position plus qu'inconfortable, constamment entre le marteau et l'enclume... avec en plus certains collègues qui essaimaient joyeusement les peaux de banane ! Chouette ambiance ! Néanmoins, c'est là que j'ai commencé d'apprendre mon métier...

Les FAS présentaient à cette époque (et rassurons-nous, présentent encore !) une caractéristique simple à comprendre : compte tenu des enjeux inhérents à la dissuasion nucléaire, la disponibilité du parc ne pouvait être *que* maximale (aux maintenances programmées ou aux événements fortuits près). Tout avion en panne était dépanné sur-le-champ, quelle que put être l'heure du poser, quel que fut le jour de la semaine. Bref, c'était « dispo max H24 ». Simple à comprendre, en tout cas adapté à la situation. Et pour mettre tout ça en musique, les moyens humains et matériels étaient calibrés pour. Désormais, il est vrai qu'une certaine rigueur budgétaire peut faire voir les choses différemment... Depuis que les Soviétiques ne sont plus là, « ce n'est plus tout à fait comme avant » !...

Les unités aériennes de l'époque étaient classiquement organisées autour d'une escadre, subdivisée en deux ou trois escadrons chargés de l'activité aérienne et de l'entretien « en ligne » (parfois appelée de premier niveau), auxquels était adjointe une unité de maintenance plus importante, le GERMaS, prenant à son compte les interventions plus lourdes[4]. Bien qu'unité de soutien de deuxième niveau, le GERMaS d'Istres n'en était pas moins une composante essentielle du dispositif. Cette grosse boutique de plus de 300 personnes était finalement sur la brèche en permanence, dans l'attente des sollicitations des escadrons. Une équipe d'alerte était censée faire face à toutes les situations et prête à partir n'importe où n'importe quand, une division logistique avait tous les moyens à sa disposition pour assurer le ravitaillement à temps. Bref, il y avait des moyens et la volonté, ça ne pouvait que marcher... et le fait est que ça marchait (nota : ça marche toujours !).

Régulièrement, il y avait bien toujours un Boeing qui se posait à Istres sur les coups des 19 heures. En comptant deux heures de « remise en œuvre » (c'est-à-dire reconfiguration de l'avion et pleins carburant, chose qui n'est pas neutre sur un C-135 vu le volume de kérosène embarqué !), l'escadron pouvait commencer

4. Restructurations aidant, le niveau « Escadre » d'alors n'existe plus et deux escadrons ont été dissous depuis.

ses dépannages vers les 21 heures... Alors à 23 heures, pour peu que les premières opérations de dépannage eussent dépassé les capacités de l'escadron, l'avion finissait la journée au GERMaS après quelques explications et tractations, et les spécialistes requis pour l'intervention pouvaient opérer... Et s'ils n'étaient pas déjà sur place, ils n'avaient qu'à rappliquer dare-dare !

***

J'adorais ces soirées (en fait, ces nuits !) au GERMaS. Le calme du hangar tranchait avec l'activité de ruche de la journée. Finis le téléphone, les appels sonos, le bruit des avions qui mettent leurs moteurs en route... Terminés les décollages qui font un bruit assourdissant... Bannis les adjudants-chefs qui déboulent dans le bureau avec les problèmes insolubles du sergent Tartempion... Oubliés les problèmes techniques attrapés au vol et qu'il faut essayer d'appréhender au plus vite afin de comprendre ce que veut le mécano qui vient voir son chef en attendant une décision (si possible sensée), et pouvoir répliquer à une remarque toujours assassine du collègue d'à côté qui lui connaît vos faiblesses de « bleue-bite »... Et surtout, cette fin de journée signifiait la trêve provisoire de la pression des chefs et de leurs sollicitations permanentes, avec des questions « à cent balles » dont ils avaient déjà la réponse ! Ouf, pas facile tout ça... Mais enfin, quand enfin la nuit s'annonce aux portes du hangar, que l'on réalise par surprise que la base est entrée en léthargie, toutes les vicissitudes de la journée semblent s'être évanouies, et seul compte le vrai métier, celui pour lequel on est entré dans cette Armée de l'air...

***

Souvenirs... Dans l'éclairage jaune orangé diffusé par les ampoules au néon, alors que la fraîcheur de la nuit commence à se faire sentir, deux gros avions attendent côte à côte sans broncher. En tournant autour, je ne peux m'empêcher de penser qu'ils ont sûrement dû bourlinguer autour de la Terre, que la poussière africaine doit encore être collée sur les jambes de trains... Le C-135 est une machine impressionnante et attachante à la fois. Sorte de grosse baleine bleue qui vous écrase de sa masse, mais qui est prête à vous avaler pour vous emmener au bout du monde. Les cours théoriques de formation initiale sur l'avion avaient pris corps au fil des jours, et j'apprenais peu à peu les subtilités de cet appareil réussissant le tour de force de faire cohabiter des technologies modernes et des systèmes archaïques dignes des premiers temps de l'aviation. Les moteurs et les centrales à inertie dernier cri faisaient ainsi la nique aux postes à lampes et aux commandes de vol par câbles... Les enregistreurs numériques de paramètres moteurs cohabitaient avec l'antique enregistreur de vol à déroulement de film photosensible... J'ai toujours été admiratif devant la technicité des mécanos qui réussissaient à maîtriser des technologies jetant un pont entre l'après-guerre et les années quatre-vingt ! Pour autant, ce paisible ancêtre des avions de ligne était aussi une machine de guerre, avec ses cocardes, ses moyens de transmission « adaptés », et surtout son système d'armes : le dispositif de ravitaillement en vol – le *boom* – permettant aux avions d'armes de venir téter du kérosène avant de poursuivre leurs missions...

Ce que j'ai appris au cours de ces deux premières années, c'est que la machine était saine, fiable, sans surprise et surtout représentait un formidable moyen d'apprentissage pour moi qui découvrait l'Aéronautique.

Tout est calme dans le hangar. Les matériels de servitude sont soigneusement rangés sur leurs emplacements, les panoplies d'outillages sont fermées, tout est en ordre... Première trace d'activité humaine : le bureau de coordination technico-logistique, où le sous-officier de permanence surveille à la fois son télétype, son fax, ses téléphones, son café qui coule, la pendule pour « bien noter les horaires » comme l'exigent les chefs, la télé avec le match du soir... Le chauffeur d'alerte, appelé du contingent de son état, est déjà parti en piaule avec le *New Look* du mois... Second signe de vie : le cliquetis des outils quelque part dans le hangar. Ces bruits mécaniques de contacts métalliques sont parfois brièvement recouverts par des bribes de conversation qui ne m'arrivent qu'assourdis, semblant venir de l'arrière d'un avion, ou peut-être d'une nacelle moteur ? Invisibles au premier regard, les mécanos sont sans doute cachés quelque part, isolés par une forêt de vérins ou un groupe hydraulique... En se penchant, on peut deviner les jambes de l'un d'eux, trahissant enfin la présence de l'équipe.

Le dépannage est déjà en cours lorsque j'arrive. De ces premières années, j'ai surtout appris qu'il ne fallait surtout pas chercher à se substituer aux mécaniciens. Chacun à sa place, chacun son métier, chacun ses responsabilités, même si cela n'empêche pas de s'intéresser de près aux questions techniques. Surtout s'il est jeune, l'officier a surtout pour tâche d'apprendre à bien mesurer la qualité de son équipe et la confiance qu'il peut lui accorder, éventuellement identifier ses faiblesses et les difficultés techniques auxquelles elle pourrait être confrontée. Avec l'expérience, il saura jusqu'à quel point il peut la solliciter, lui « tirer sur la couenne »... À cet égard, le répondant des équipes de mécanos de l'Armée de l'air est tout bonnement stupéfiant. Certes, ils savent être grognons, mais c'est souvent un signe de bonne santé ! Autant leur imposer du travail de singe les fait rapidement sortir de leurs gonds, autant une fois qu'ils sont convaincus du bien-fondé de la mission qu'on leur assigne et de la confiance qu'on leur accorde, ils sont capables de prodiges de motivation, de technicité, d'ingéniosité, d'initiative et d'autonomie... Dieu sait si certains atermoiements du commandement n'étaient pas faciles à faire comprendre (vieil adage que celui de l'équation ordre + contre-ordre = désordre), mais quel bonheur parfois de voir ses ordres lancer sur ses rails le train à haute vitesse des équipes de techniciens...

Souvenirs encore... Ce soir, le chef d'équipe parcourt sa documentation technique de son gros doigt maculé de graisse. Le T.O.[5] a été lu et relu des milliers de fois, et par des centaines d'yeux. Si ça se trouve, le chef d'équipe le connaît par cœur. Peu importe, en aéronautique en général et dans les FAS en particulier, « on bosse avec la doc' », un point c'est tout. Sauf qu'il faut dépoussiérer son anglais, car la littérature d'origine *US Air Force* a le bon goût d'être en américain, même si elle reste souvent basique, s'appuyant finalement sur une quarantaine de mots-clefs. Et à une heure du matin, il n'est pas toujours facile de relire Shakespeare dans le texte ! Ce soir, c'est un *boom* qu'il faut régler. Au cours de la dernière mission de ravitaillement, alors qu'il était allongé dans sa gondole à la queue de l'appareil, l'ORV[6] a constaté en manipulant ses commandes de vol, que l'appendice piloté n'évoluait pas dans le volume prévu...

5. TO : *Technical Order*. Documentation de maintenance américaine.
6. ORV : Opérateur de ravitaillement en vol.

sans doute un mauvais réglage des *ruddevators*[7]... À voir... Les mécanos ont donc décapoté ledit *boom*, appliqué le *logic-tree*, ce logigramme décisionnel permettant d'avoir une démarche systématique de recherche du défaut éventuel... Finalement, le *boom* sera dépanné et réputé bon pour le service au milieu de la nuit. Ça tombe bien, l'avion est prévu de vol le lendemain. D'ici là, il faudra refermer les capots après avoir fait l'inventaire de l'outillage, renseigner avec soin la documentation technique, rédiger le « POSAV », message sibyllin qui rendra compte du retour bon état de l'avion, le viser et l'expédier au moyen d'un antique système de téléfax que n'aurait pas renié la grand-mère de Cro-Magnon... même s'il a dû être assurément moderne en 1970 !... mais les choses évoluent vite en matière de télécommunication[8]... Le plus sûr est tout d'abord de passer un coup de fil à la DCT[9] de Taverny, normalement le permanent ne doit pas dormir car il sait qu'il y a des dépannages cette nuit...

***

C'est certainement au cours de ces soirées d'alerte (ou de permanence, c'est selon) que j'ai le plus appris sur le plan technique. C'est là que j'ai pu apprécier les fondamentaux des gestes professionnels des techniciens, ce qu'on peut faire et surtout ne pas faire sur un avion... C'est là que les mécanos m'ont dix fois, cent fois, montré comment ils exécutaient leurs « freinages », (c'est-à-dire la sécurisation à l'aide d'un fil métallique d'un assemblage vissé) et dans le bon sens s'il vous plaît, avec cet outil magique qui en quelques allers-retours bien *drivés* vous effectue une impeccable torsade de fils d'acier... Peu à peu j'atteignais la quintessence du chef : ne pas forcément être en mesure d'exécuter un travail (en autonome, car il m'est arrivé de « faire le manu »), mais savoir ce qui est à faire et si celui qui le fait le fait bien, et gagner la confiance de ses subordonnés pour en exiger le meilleur, parfois même au-delà des limites du raisonnable.

7. Petites gouvernes aérodynamiques permettant de piloter le boom, actionnées depuis l'arrière du ravitailleur.

8. Malgré ce ton badin, il ne faut pas oublier que les FAS ont toujours été en pointe en matière de systèmes de communication !...

9. Division de coordination technique, installée à l'époque sur la base de Taverny en région parisienne, implantation historique des FAS.

*Mécanicien motoriste intervenant sur un CFM 56.*
*Dans sa main droite, la fameuse pince à freiner (© SIRPA Air)*

C'est également à ces occasions que, une fois penché sur un schéma hydraulique ou bien la tête coincée dans un recoin inaccessible de l'avion pour tenter d'apercevoir un raccord qui fuyait, la distance imposée par la hiérarchie militaire s'affadissait et ne subsistait plus que le désir commun de voir l'appareil dépanné, si possible le plus vite et le mieux possible. Les équipes de mécanos s'efforçaient toujours de répondre à mes questions, quitte à s'arrêter dans l'exécution d'un test ou la réfection d'une prise. Je les sentais sinon heureux - du moins fiers de me montrer que « eux » connaissaient l'avion et la mécanique, mais sans volonté de me rabaisser. Ils savaient juste qu'en tant que jeune officier sortant d'école, je n'étais pas encore cador en la matière. De mon côté, je m'efforçais de faire en sorte qu'ils ne prennent pas mes questions « à cent sous » pour du flicage ou un test de connaissances à leur endroit, mais bien le moyen pour moi de me fabriquer ma propre expérience technique en m'intéressant à leur boulot. Peu à peu, la mayonnaise prenait forme et au fil des jours et des nuits, je m'autorisais parfois des avis éclairés sur telle ou telle difficulté technique. Dans la journée, mettre son grain de sel était moins facile parce que tout l'encadrement de l'atelier auquel appartenaient les mécanos était là, fort de l'expérience conférée par l'ancienneté, sans oublier mes collègues plus anciens qui venaient toujours voir de quoi il retournait, et sans omettre bien évidemment le commandement qui voulait de toute façon tout savoir sur tout et tout de suite, sans accorder beaucoup de crédit - sauf avec une morgue dédaigneuse - à ce que l'on pouvait raconter... Le soir, c'était différent : l'officier d'alerte était seul maître à bord, ou à tout le moins se devait de faire face à ses responsabilités. C'est ainsi que la consécration me vint vraiment un soir, après avoir constaté que malgré des investigations menées de façon tout à fait louable et motivée, l'équipe butait sur une panne récalcitrante. Après avoir réfléchi, mobilisé mon intellect pour ordonner mes connaissances théoriques, hiérarchisé mes toutes récentes découvertes pratiques, et essayé de faire preuve de bon sens, je proposai une théorie qui eut le bon goût de se révéler exacte et donna finalement la clef de leur problème aux mécanos. Loin de moi l'idée de vouloir fanfaronner de quelque façon que ce soit, mais le souvenir d'avoir enfin pu faire la preuve que les officiers n'étaient pas que des gardes-chiourmes spécialisés dans le bulletin d'appel, les coupes de cheveux et les inspections de tenues, mais bien des cadres techniques à part entière, est pour moi source de grande satisfaction. J'avais l'impression d'avoir réussi mon examen de passage et d'avoir enfin voix au chapitre. Je pouvais désormais ramener ma fraise ! Il me fallait juste faire attention à ne pas pécher par excès de confiance, car en cas de faux pas, je pense qu'on ne m'aurait pas loupé et que la statue du Commandeur que j'aurais pu croire être devenu aurait vite été déboulonnée...

*Un C-135FR en maintenance à Istres, bien campé sur ses vérins (coll. perso).*

C'est aussi à cette époque que j'étudiais pour la première fois ce spécimen étrange qu'est le « mecanus aeronauticus vulgaris ». Ce sera pour moi la première découverte de quelques constantes, que je retrouverai plus tard, à l'occasion de mes différentes affectations.

Loin des clichés à la gomme qui collent encore parfois chez certains esprits étroits empreints d'imagerie d'Épinal, les techniciens que j'ai pu croiser au cours de ma carrière n'ont pas grand-chose à voir avec « l'Adjudant Kronenbourg ». Ce serait même plutôt le contraire, si j'en juge par le nombre de mes subordonnés que j'ai pu voir embaucher le matin de bonne heure, en footing ou à vélo. Certes, aux époques anciennes, aujourd'hui totalement révolues, les choses ont incidemment pu être un tant soit peu différentes. Certes (bis), j'ai bien eu sous mes ordres quelques « quinquas » aux physiques généreux dont les performances au 100 mètres n'étaient peut-être pas teintées d'Olympisme... Cela dit, ces derniers n'en étaient pas moins des professionnels affûtés, même s'il faut bien reconnaître qu'eux aussi, devaient avouer quelque embonpoint... Peu importe.

À l'issue de son arrivée matinale à l'unité, le mécano sportif reste propre et bien éduqué et va prendre sa douche, dans des locaux qui, il faut bien l'avouer, sont parfois « d'époque[10] »... ou « dans leurs jus », pour plagier les promoteurs immobiliers. Le design n'est sans doute pas à la hauteur des dernières productions du Salon de la décoration, mais le mécano n'en a cure et de toute façon, il fait avec ce qu'il a. D'ailleurs c'est une de ses constantes : devant les contraintes de la vie quotidienne, il fait souvent gros dos, et se contente (à tort) de peu.

Son espace de vie commence au vestiaire, où le visiteur éventuel devrait normalement être assez vite renseigné sur l'animalité qui règne en ces lieux... Généralement le vestiaire manque un peu de délicatesse et ne fait pas forcément l'objet d'un rangement de tous les instants (sauf en cas d'inspection). On y trouve un peu de tout : des bottes de moto et des casques sur le haut des armoires métalliques, du linge qui sèche (sans contrepèterie), des effets militaires à droite à gauche, souvent un vieux poste radio, des cartons... et quelquefois un balai et une pelle. La décoration du lieu est empreinte de gauloiserie, avec

10. Notons que les choses évoluent en matière d'infrastructure et que la mise en place de matériels modernes s'accompagne souvent de la rénovation des espaces de travail.

quelques images pieuses de naïades légèrement vêtues (voire totalement « à oilpé ») scotchées sur les murs ou les armoires métalliques. Le mécano a la santé, donc. Afin d'éviter toute dérive dans cette ambiance somme toute assez masculine, l'officier responsable est astreint à faire des rappels réguliers, parfois « musclés », allant même jusqu'à la promesse de « *tout benner ce qui n'est pas rangé dans la demi-heure !* » (exemple vécu).

Le mécano se dirige alors vers son atelier, son « callebot », comme il l'appelle. Astucieusement, la porte d'icelui sera équipée d'un dispositif de fermeture automatique constitué d'une bouteille en plastique remplie de sable, accrochée à une ficelle. Le décor : un bureau (celui du chef), quelques armoires métalliques grises, le tout sur un carrelage fatigué... et puis du matériel technique un peu partout... On trouve aussi souvent un meuble métallique avec des boîtes aux lettres, dans lesquelles les mécanos auront tassé tout leur bazar : la dernière feuille de solde, des bouchons d'oreilles, des papiers divers... Des trophées trônent aussi, accrochés çà et là, comme autant de prises de guerre des missions et exercices : casquette d'un officier quelconque, pancarte souvenir, bouteilles commémoratives de soirées... Toute une chouette déco ! Que trouve-t-on encore ? Une radio récupérée qui grésille un « tube » qui plaît aux jeunes, une patère supportant des vêtements « temps froid »...

Dans cette tanière trône un personnage central : le chef de service. C'est le maître des lieux, sorte de vieux sage omniscient omnipotent, un peu à l'image des « dos gris » chez les gorilles... Le chef de service a forcément tout fait, tout vu. Il « sait », il « connaît », il a « fait ses preuves » et su obtenir l'adhésion sans faille de ses ouailles. D'ailleurs, il a droit de vie et de mort sur ses subordonnés. Il dirige, organise, régente et surtout... il accorde les permissions ! C'est lui qui gère « l'armoire à dossiers », lui qui tient à jour des tableaux de suivis abscons, lui qui distribue le travail, tout comme les bons et les mauvais points. Le chef de service « à l'ancienne » se reconnaît facilement : il est en treillis comme ses hommes car il ne dédaigne pas mettre parfois la main à la pâte. En plus, il commande « à la voix », parfois de façon un peu rugueuse. Ce faisant, les nouvelles générations ont propulsé sur le devant de la scène des personnages plus policés, plus mâtinés de « management » et « d'efficience », plus chemisés-cravatés, mais tout aussi efficaces.

# Soirée d'alerte

Je me souviens de la douceur sur le parking et d'un beau ciel étoilé. Les lumières du hangar éclairaient le parking d'une lueur jaune blafarde, qui se mourait en un beau bleu velours de la nuit. Ce soir, un des derniers C-135F a dû faire l'objet d'une maintenance sur ses vieux moteurs asthmatiques… Je ne connais vraiment que la nouvelle version de l'avion, la « remotorisée », d'où son appellation de C-135FR. En fait de remotorisé, outre les petits moteurs J57 fuselés qui ont été troqués pour de massifs CFM56, l'avion a connu une sérieuse cure de jouvence et n'a plus grand-chose à voir avec sa version initiale, tant au point de vue des performances que des équipements. Néanmoins il faut quand même continuer de bichonner les vieilles casseroles, avant qu'elles n'aillent se faire faire une beauté chez Boeing, à l'usine de Wichita, aux USA.

Le long cylindre couleur alu sort doucement du hangar, dévoilant peu à peu sa ligne racée faite pour la vitesse, mais pour l'instant avançant à celle d'un homme au pas, tractée par un gros véhicule d'aérodrome… L'attelage manœuvre souplement afin d'aller se placer sur l'aire de point fixe, face au hangar. Je vois passer ce gros avion tiré comme un chien en laisse… de derrière on dirait un gros insecte avec ses trains écartés comme deux grosses pattes de sauterelle.

Vingt minutes après, l'avion est dans ses cales, prêt à démarrer. Nous sommes quatre en cabine : deux mécanos réacteurs aux places pilote et copilote, casques radios sur les oreilles, l'adjudant-chef M., vieux routier du ring qui supervise la manip' et moi-même, curieux de voir l'engin fonctionner.

Démarrage ! Dans un « tttiiiiooooouuuu » de plus en plus strident, les quatre J57 montent dans les tours les uns après les autres... Stabilisation des régimes, l'expertise va pouvoir commencer. Un point fixe avion n'a rien d'extraordinaire quand on l'a vu faire. On est juste surpris de voir des mécanos aux commandes – même si l'avion ne vole pas – totalement à leur aise dans leur monde, à la radio et aux manettes des gaz. Sauf que lorsqu'il s'agit d'un C-135F, ça fait un barouf d'enfer eu égard aux bouzines qui crachent des décibels tant et plus. Il faut dire que le J57 (d'époque !) équipa aussi nombre d'avions de chasse, et c'est donc comme si quatre chasseurs étaient alignés sur le parking, avec leurs moteurs « plein pot »... Autant dire que le permanent de l'unité aura certainement dû monter le son de la télé ! Normalement, à cette heure plus que tardive, il fallait demander l'autorisation de pouvoir effectuer le point fixe. C'était évidemment fait et immanquablement, le feu vert nous était donné, considérant qu'il s'agissait d'un avion des FAS – et pas n'importe lequel – et qu'il n'était pas envisageable, même dans les rêves les plus fous, de le laisser sécher jusqu'au lendemain matin... Et donc nous voilà à « secouer » les manettes des gaz dans tous les sens, afin de s'assurer de la bonne réponse des moteurs et de pourvoir à leur réglage. Malgré l'étanchéité de la cabine, on perçoit nettement le rugissement des moulins. De plus, l'avion est agité de secousses du fait de la poussée qui l'écrase contre ses cales, l'empêchant d'avancer... On sent qu'il se passe des choses...

Cela fait presque trois quarts d'heure qu'on tourne. Ça commence à devenir un peu fatigant de se tenir à l'étroit dans la cabine de l'avion, à respirer cette étrange odeur de renfermé et de caoutchouc, avec cette agression auditive permanente... mais on arrive au bout de nos peines, les mécanos font signe que tout est en ordre, l'avion est dépanné... Manettes des gaz sur « ralenti sol », on laisse « dévisser » tranquillement les moteurs afin qu'ils se stabilisent en température avant la coupure... On n'entend plus qu'un sifflement continu, presque un gazouillis d'oiseau à comparer aux déchirements précédents... Les gens de la base vont enfin pouvoir se rendormir... C'est alors que M. me fait remarquer, de sa grosse voix rocailleuse du Sud-Ouest :

« Hein mon 'ieutenant, tant qu'à faire d'être restés jusqu'à deux heures du mat', on va y aller ! »

Et je vois sa grosse patoune de rugbyman empoigner les quatre manettes des gaz et les pousser d'un coup plein secteur avant ! Les quatre J57, réglés au petit poil, n'en demandaient pas tant et repartent plein pot décliner leur gamme assourdissante[1] !! Et ralenti !... et pleins gaz !!

« C'est pour voir si ça marche bien ! » me hurle-t-il dans l'oreille, car une des fenêtres de la cabine est maintenant ouverte. Bon sang, c'est vrai que ça envoie des Watts dehors ! Les lapins terrés dans le merlon derrière l'avion doivent avoir les oreilles roulées en boules ! Et encore du gaaaaazzzzz !!!!

« Et ça, c'est pour les habitants de la cité militaire ! Il faut qu'ils comprennent qu'il y a une base ici !! »

C'est après cette ultime facétie que j'ai dite à l'adjudant-chef que tout le monde avait bien apprécié le côté farce, et qu'il était temps de plier l'affaire. D'autant plus que les mécanos devaient encore ranger la zone, reconditionner l'avion, remplir la documentation... bref, ils n'étaient pas encore couchés. Et c'est ainsi que nous descendîmes par l'échelle avant, celle de la *Crew Entry Door*, satisfaits de savoir l'avion dépanné, avec encore le sourire aux lèvres en pensant à ceux qui avaient eu le plaisir d'écouter notre concerto gratuit. Les vieux J57 avaient encore du jus, pour leur chant du départ !...

*Le C-135 « F », équipé des anciens moteurs J57*
*(© SIRPA Air)*

1. Il y avait bien des silencieux adaptés à ce genre d'exercice – sortes de gros pots d'échappement censés réduire la signature sonore – mais je ne les ai jamais vus employés sur la fin de vie de la version F du C-135.

# Soirée kérosène

Istres, base aérienne 125, GERMaS 15.093. 03 heures du matin.

L'Adjudant B. est assis par terre, les jambes écartées. Pâle comme une crotte de laitier, il a les yeux rougis par la fatigue, enfoncés au fond des orbites. Il faut dire que celui qui ne s'est jamais humé des effluves subtils de carburéacteur toute la nuit ne peut pas comprendre... Même avec un appareillage respiratoire, le kéro exhale de ces fragrances hostiles qui vous donnent une de ces nausées, à vous cisailler en deux le plus endurci... La barbe naissante de B. lui donne l'air encore plus cadavérique. Il vient de passer sa nuit dans les réservoirs de l'avion, à changer et rechanger les réservoirs souples de fuselage. Parfumé au kéro, qu'il est ! Et pourtant c'est un solide, le père B. Un petit bonhomme du Sud-Ouest, trapu, frisé comme un mouton, jouissant d'une expérience incommensurable sur l'avion. Il est de ces Vieux Sages dont la présence inspire confiance aux jeunes sous-officiers et rassure les officiers. Était-ce sa culture rugbystique, mais il en fallait de belles pour l'émouvoir. Physiquement aux antipodes des mécaniciens américains body-buildés que j'aurai l'occasion de côtoyer plus tard dans ma carrière, il est de la trempe de ces « chibannes » que vous auriez suivis au bout du monde les yeux fermés... Comble de malchance, ce soir-là, à chaque « mise en carburant » des nourrices caoutchoutées, de nouvelles fuites apparaissaient systématiquement, entamant d'autant plus le moral d'une équipe qui commençait à se perdre en conjectures. Était-ce dû à la qualité de ces fameuses *cells*[1] ? Était-ce encore un joint qui est mal monté ou sorti de sa gorge ? Pas possible qu'on en ait oublié un ?!!...

1. Réservoir de carburant en caoutchouc, fixé à la cellule à l'aide de cordons lacés.

Les mécanos de l'atelier Hydraulique, les « Fluides » comme on les appelait, étaient les spécialistes du circuit carburant de l'avion. Et du pétrole, ils en brassaient, d'un réservoir à l'autre, des ailes au fuselage, du fuselage vers le *boom*... Traquant les fuites, surveillant la qualité des transferts, des indications de jaugeage... Le pire moment pour eux était de voir s'anéantir leurs espoirs de rentrer à la maison quand après avoir procédé à une réparation des réservoirs, une première petite goutte mutine annonçait la venue de ses congénères, prémices de la fuite de kérosène combattue... Et il fallait tout recommencer : vidange des réservoirs, asséchage, pose du masque respiratoire, reptation dans les réservoirs (jolie pataugeoire à pétrole), démontage des accessoires, délaçage de la *cell*... et une chance sur deux d'avoir à recommencer...

Et l'adjudant B. de se relever sans pester, conservant même sa bonne humeur proverbiale. Une petite blague mâtinée de son accent montois, et le voilà qui *rebooste* les petits jeunes qui œuvrent avec lui. Certes, ils apprennent auprès du Grand Maître, mais je gage qu'ils préfèreraient passer leur soirée sur des rythmes plus endiablés que ceux délivrés par le groupe hydraulique qui nous assène son ronron... Moi aussi au passage, je commence à « en avoir classe ». Il faut dire que le lendemain à partir de 7 heures 30, les collègues arrivent au boulot ! C'est d'ailleurs à celui qui arrive le plus tôt, afin d'avoir la primeur des infos de la nuit : quel avion, cassé, où ? Et qu'a fait Mont-de-Marsan ? Ils ont encore dû travailler comme des sagouins ! Et à Avord[2] ? On n'en parle même pas !

La perspective de devoir rembaucher avec une paire d'heures de sommeil ne m'enchante guère... Et pourtant ! 07 heures : la panne est toujours là ! Je donne son congé à l'équipe de mécanos, leur demandant juste de noter scrupuleusement tout ce qu'ils ont intenté sur l'avion. Les jeunes s'en vont, exténués, lessivés par leur nuit blanche et les vapeurs de kérosène qu'ils ont inhalées... Ils s'en vont prendre leur journée de « récupé », tandis que l'adjudant B. attend fidèlement l'embauche des premiers chefs d'équipe afin de leur donner « ses » consignes de vive voix. Sa récup', ce sera après... Moi, je pars à ma piaule, prendre une douche... Essayer de dormir une demi-heure ? Inutile, le jour commence à se lever... Je me rends compte qu'au cours de la nuit, nous n'avons même pas pris le temps de boire un café ! Il faut dire que « l'esprit » qui règne dans l'unité n'est pas trop propice à ce genre d'entorse à la bonne marche de l'activité technique. Pourtant, Dieu sait si l'Histoire m'apprendra que la convivialité, qu'elle fût café ou plus préférentiellement « pâté - vin rouge » en ce qui me concerne, est un redoutable démultiplicateur d'énergie...

Le lendemain, un peu sur les nerfs, j'embaucherai à 7 heures 30, « pour faire bonne figure »... Une petite bouffée d'oxygène chez les mécaniciens « sécurité-sauvetage » m'aidera à passer la matinée sans trop d'encombre... L'après-midi, ce fut une autre paire de manches...

*Intervention dans les réservoirs avant d'un C-135 FR...*
*ou comment se parfumer au kérosène (coll. perso).*

# La petite bille avec laquelle il ne fallait pas jouer

L'anecdote de la « p'tite bille » me revient d'un coup. Avec la remotorisation du C-135, les mécaniciens « réacteur » avaient acquis de solides connaissances sur le CFM56, moteur nouveau s'il en était, de la première génération des turboréacteurs « civils » à grand taux de dilution. À cette époque, nous apprenions en marchant, en ce sens que tout le personnel de l'unité impliqué dans la maintenance - officiers et sous-officiers - découvrait peu à peu tous les rouages de cette fantastique machine. Les accessoires associés au moteur de base étaient également de la partie et faisaient l'objet de bien des études et analyses.

Normalement, en tant qu'unité de deuxième niveau, les mécaniciens du GERMaS étaient censés ne procéder qu'à des échanges d'équipements complets, même si certains firent parfois exceptionnellement l'objet d'interventions plus poussées.

Cela faisait quelque temps que les escadrons étaient en butte à des problèmes de démarrage de moteur. La cause en avait été rapidement trouvée : une vanne pneumatique avait régulièrement des difficultés pour s'ouvrir. La solution sur le terrain était alors d'ouvrir cette fameuse vanne « à la main » (c'était prévu), mais il faut bien reconnaître que ce n'était pas là une façon bien normale de fonctionner.

À force de difficultés logistiques et impatients de voir les choses évoluer, les spécialistes moteur s'étaient penchés sur les plans de la fameuse valve, et en avaient conclu qu'une petite bille, actionnée par un effet pneumatique, ne revenait sans doute pas se repositionner correctement sur son siège, d'où le dysfonctionnement de ladite vanne. Simple. Fiers de leur analyse, ils me demandèrent de passer un jour à l'atelier pour me présenter le fruit de leurs cogitations. C'est ainsi que je me retrouvai le nez sur un schéma :

— Voyez, mon Lieutenant, c'est cette petite bille-là, qui vient se coincer, et vient bloquer la vanne.

— Et pour quelles raisons ?

— Sans doute un peu de corrosion ou de l'humidité dans le circuit... D'ailleurs tenez, on en a une, voyez...

— Parce que vous avez démonté une vanne ?!!!

— Euh, ben... fallait bien progresser...

En fait, certains équipements étaient suivis par contrat de soutien avec des partenaires industriels, et il n'était a-b-s-o-l-u-m-e-n-t pas prévu que l'on démonte plus que ce qui était autorisé. Pour réussie qu'elle était sur le plan technique, cette initiative était une hérésie sur le plan logistique et contractuel. Et sur du matériel neuf en plus ! Et de remotorisation de surcroît ! Peut-être encore sous garantie ! Et en quantité limitée qui plus est ! Si les chefs de l'unité avaient eu vent de cette audace, nul doute que nous aurions tous été mutés aux îles Kerguelen ! Mais bon, une fois que c'était fait, il n'y avait plus qu'à poursuivre... La cause du mal était trouvée, peut-être que nous saurions trouver un remède. Tout résidait dans cette minuscule bille argentée de quelques millimètres de diamètre à peine, et encore. Forcément, ce qui devait arriver arriva. À force de la tripatouiller et de la faire passer de mains en gros doigts, la « p'tite bille » prit un aller simple pour par terre et s'en fut en rebondissant sur le sol de l'atelier ! Tac... tac... tac... tac tac... tatatac... Où était-elle passée ? Un jeune qui avait un œil de lynx l'avait vue tomber dans le rail de guidage du portique de l'atelier. Angoisse ! Aller dénicher cette minuscule « crotte de nez » dans un rail plein de graisse et de poussières patiemment agglomérées au fil du temps...

Finalement, après avoir raclé le rail (ce qui était l'occasion de faire un peu de ménage), on retrouva la « p'tite bille » ! On la « recloqua » donc dare-dare sur sa vanne d'origine et hop ! Envoi au réparateur ! Sauf que nous savions maintenant *pourquoi* nos vannes ne fonctionnaient pas toujours bien... ce qui d'une part nous permit de progresser, en liaison avec la Direction technique de l'époque, et me fut bien pratique plus tard en escadron. Les compétences techniques des mécaniciens, leurs capacités d'analyse et leur savoir-faire m'avaient permis de progresser... et ultérieurement d'expliquer à d'autres mécanos comment dépanner une vanne récalcitrante...

Des dépannages, j'en ai eu pas mal à mon actif au cours de ces deux premières années. Cela m'a donné l'occasion de me frotter à tous les circuits et composants du C-135, ce qui ne fait que confirmer ce que me dira plus tard un chef des services techniques de la 91e escadre de bombardement : « En définitive, il n'y a vraiment que son premier avion que l'on connaît sur le bout du doigt ». J'ai pu voir travailler toutes les spécialités de mécaniciens que comptait le GERMaS. Comme je l'ai déjà dit, toutes m'ont impressionné par leur technicité et leur conscience professionnelle. Si je devais en choisir une qui m'ait réellement « bluffé » plus que toutes les autres, ce serait peut-être celle des chaudronniers, les « choumaks » comme on les appelle, tant leur savoir-faire me semblait hors de portée. Pour avoir eu la chance de m'essayer à quelques travaux de métallurgie à l'École de l'air (on n'en fait plus depuis), j'ai pu apprécier combien il était délicat de travailler le métal. Constater les dégâts provoqués par la collision d'un oiseau avec un bord d'attaque de voilure par exemple, imaginer les énergies mises en jeu pour déchirer les tôles, tordre le revêtement, déformer les structures internes... ne peut que rendre admiratif quand on voit ce à quoi aboutissent les choumaks, une fois qu'ils rangent leurs outils, réparation faite. Autant la mécanique ou l'électronique « classiques » me paraissaient potentiellement abordables, autant un océan de dextérité me séparait de ces orfèvres, qui se révélaient aussi artistes peintres, puisqu'en charge des travaux de peinture sur l'avion...

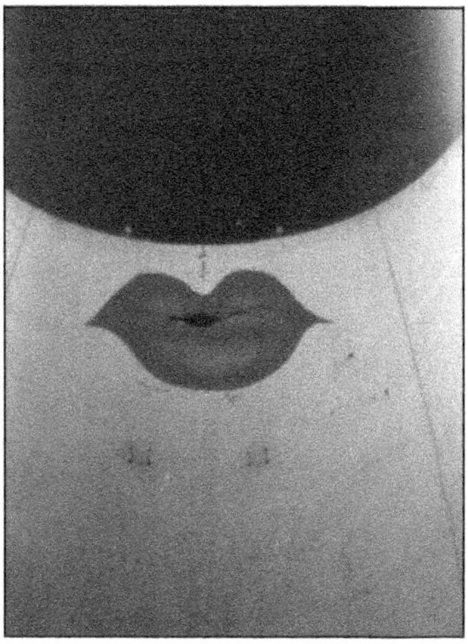

*Photo peu connue du dernier C-135 (S/N 737) avant son départ en chantier de remotorisation aux USA. Sous le nez de l'avion, il est écrit « French Kiss »... (coll 93 ERV).*

# Dépannage extérieur

Étape décisive que celle de mes vingt-cinq ans. Cette borne temporelle allait être pour moi l'occasion de faire une bonne « beuze » avec mes copains de Lyon. Tout était prévu depuis le week-end précédent : mon bar était chargé comme un supertanker, les amuse-gueules au garde à vous, prêts au sacrifice suprême, il ne restait plus qu'à laisser la semaine s'écouler... Patatras ! Le jeudi après-midi, grosse agitation au sein du GERMaS : un avion est en panne à Dakar. C'est une « Deminter », c'est-à-dire un dépannage extérieur, en l'occurrence en territoire étranger, et ça, c'est une prérogative du GERMaS, quelle que soit l'intervention. Où est l'avion ? Ah oui, Dakar ! Oh chouette, le soleil en février ! Qui y va ? Qui est d'alerte ? Mais... c'est moi ! Ouillouillouille ! Ma première « vraie » manip' ! Adieu l'anniversaire...

Rapidement, toute une organisation se met naturellement en place, chacun sachant parfaitement ce qu'il avait à faire. C'est une grande force de ces unités rompues à la projection sur des théâtres extérieurs que de se configurer en un tournemain pour faire face à une situation imprévue. Ça doit être ça que l'on appelle être opérationnel ?

Tout d'abord, la panne : de quoi s'agit-il ? Un volet est criqué. Bon pas trop grave, mais il faudra certainement le changer, on verra sur place. Dans la foulée, l'atelier cellule fait un parcours logistique, en trouve un « tout beau tout neuf » au magasin, vérifie son intégrité et se met en rapport avec la division logistique pour l'empaqueter et remplir les formulaires administratifs. Mon équipe est constituée : deux mécanos affûtés, le plus ancien des deux est un « solide », grosse expérience de l'avion et de l'Afrique, grosses moustaches également. Le second est le plus ancien de mes sergents, un type qui tient sa place. Bref détour par les services administratifs de l'unité où tout est déjà prêt : passeports, ordres de missions, dossiers médicaux réduits, rendez-vous avec la solde pour une avance… On sent que c'est rôdé. Contact avec les « Opérations » de l'escadre : « Le départ est prévu en début de soirée, chargement de l'avion devant le GERMaS. Après le dépannage, on échange les avions ». Simple : on part avec le 738, on rentre avec le 736… Et c'est à moi, enfin tout seul, que revient la responsabilité de la manip[1]…

Passé l'excitation du décollage, nous nous retrouvons mes deux mécanos et moi assis dans le fond du cargo, dont l'éclairage pâlot n'arrive pas à lutter contre l'obscurité extérieure qui gagne. Assis sur nos banquettes rustiques, nous sommes un peu perdus dans la pénombre, au milieu de ce grand tube. Les équipements de rechange ont été sanglés à l'avant de l'avion, à l'aplomb de la porte cargo. Malgré le bruit et la fraîcheur ambiante, la somnolence gagne peu à peu. Ce sera finalement un froid piquant qui nous réveillera et nous confirmera l'inconfort de l'appareil pour les longs voyages. À mi-parcours, un petit casse-croûte nous permet de tuer un peu le temps… Petit tour en cabine : l'équipage poursuit paisiblement sa navigation. La terre bleutée défile 10 000 mètres plus bas. Sommes-nous déjà au-dessus de l'Afrique ? Finalement, le mieux est de retourner dormir, il n'y a que ça à faire.

Posés à Dakar ! L'avion roule sur le taxiway et s'avance vers un parking sombre, les lampadaires de l'aéroport sont loin. Seul un ensemble mobile d'éclairage (la fameuse « girafe » eu égard au long mat au sommet duquel trônent les projecteurs) permet d'illuminer un peu plus la zone. Le C-135 s'immobilise, derniers *checks* avant coupure. Le mécanicien navigant s'affaire en cabine et en soute, puis vient ouvrir la porte cargo. L'ambiance étouffée du bord est tranchée au vif par le bruit du groupe électrogène de la girafe et les premiers coups de gueule du premier mécano grimpé par la passerelle. Au pied de l'avion se tient l'équipe du détachement qui nous attend. En un éclair, l'équipe est à bord, se porte au niveau de notre équipage pour prendre connaissance de l'état de l'appareil (coup de chance, il est « RAS »), demande

1. À cette époque, le commandement n'envoyait que rarement des officiers mécaniciens à l'étranger, notamment en Détam. Il n'y en avait donc pas sur place. Je devais corriger la chose une fois devenu directeur technique plus tard.

des indications pour le plein, commence à « débrêler » le matériel. Malgré la relative pénombre, je note qu'ils sont bronzés, ça doit être sympa les détachements extérieurs... Un chariot élévateur accoste l'avion, le volet de rechange est extirpé avec précaution, il est embarqué, sanglé sur les pales du chariot. Parti ! Tout ça en un clin d'œil ! Manifestement, les gus n'hésitent pas, ils savent ce qu'ils ont à faire. Ils ont déjà pris en compte la remise en œuvre de l'avion. Il est vrai que hormis un spécialiste en renfort issu du GERMaS, ils sont tous de l'escadron d'Istres et donc ont déjà des automatismes avec les équipages.

Finalement, cette *vuelta* nocturne se solda par le remisage de l'avion dans l'attente du lendemain et me propulsa dans un minibus, avec les PN et mes deux mécanos, en route pour la zone vie de la base d'Ouakam. Il est tard, il est temps d'aller se coucher, demain il faut débuter « à la fraîche ». J'ai droit à une chambre seul... avec pour copine une chouette araignée qui doit peser au moins trois kilos, tapie dans un coin. Bonne nuit !

Départ en fanfare le matin. Premier debout, je vais m'assurer que mes deux compères sont réveillés, et je comprends qu'ils auraient bien profité d'une petite grasse mat'. Finalement après un petit-déjeuner sympa pris sous une paillote, nous finissons par retrouver la zone aéroportuaire dans les temps. Dans le minibus qui nous emmène, je réalise vraiment que je viens de mettre pour la première fois les pieds en Afrique. La douceur matinale n'a rien à voir avec les températures de février que nous venons de laisser en métropole. La lumière ocre et chaude qui nous enrobe tranche avec la froideur bleutée des matinées istréennes... Les nombreux autochtones que nous croisons en cette heure très matinale, les petites échoppes le long des routes, la circulation, bref la vie, me font découvrir un monde jusqu'ici ignoré et me font pleinement prendre conscience que j'ai pour la première fois mis le pied sur le Continent noir. Quel choc ! Au passage, à l'approche de la zone militaire de l'aéroport, je découvre à travers les vitres pleines de poussières, des Mirage F1C stationnés sur le site, gardés par un commando de l'air. Notre avion malade nous attend un peu plus loin, et l'équipe est déjà là. Ce n'est pas la main-d'œuvre qui manque. Ce serait plutôt les moyens de soutien qui font défaut, car rapidement va se poser le problème de faire glisser le volet neuf du sol jusqu'à sa position dans l'aile. Pendant que mon équipe commence à démonter les premières pièces, je me mets à la recherche d'escabeaux. Le représentant d'une compagnie aérienne connue desservant Dakar m'accueille l'œil un peu glauque et la joue rugueuse, m'assurant de son total soutien (le temps qu'il finisse de se réveiller j'imagine) et me promet du matériel « sous peu »... J'attends encore ! Bref, je réquisitionne notre chauffeur de minibus, (un appelé qui lui aussi semble fonctionner en 12 V !) et nous décidons de nous passer de moyens annexes. Mes deux mécanos sont accroupis sur l'aile, prêts à réceptionner le nouveau volet. Avec le personnel de l'autre équipe (et l'appelé hagard !) nous saisissons le volet neuf *manu militari*, et le présentons sur les rails pour un premier essai.

Formidable ! Le volet glisse sur ses rails comme dans du beurre... un vrai velours ! Tout s'est passé de la façon la plus nominale possible : le premier essai fut le bon. Même pas un réglage à faire ! Quelques essais d'entrée/sortie des volets : la cinématique est parfaite ! La documentation prévoyait deux heures, on n'a même pas mis trente minutes !

« Ne nous imposez pas des cadences pareilles en France ! » (textuel) me disent mes mécanos...

Résultat des courses : en une heure à peine, la « paille[2] » est remplie, le volet défectueux est chargé dans l'avion pour le retour, les outils sont pliés... et notre appelé peut s'en retourner finir sa nuit !

Je retrouve notre équipage dans la matinée et débriefe l'affaire : il s'occupe de rédiger le message de compte rendu de fin de dépannage, le temps pour nous de terminer les préparatifs du retour.

Finalement, c'est à l'apéritif sur la base que notre commandant de bord nous apprendra que notre retour est prévu le lendemain en fin de matinée... ce qui laisse une petite après-midi pour visiter la ville et une soirée pour commémorer le dépannage au restaurant.

Avec mes deux mécanos expérimentés comme guides, je découvre donc Dakar et le pittoresque de l'Afrique, après une sieste forcément bien méritée. Tout débute par le taxi jaune à la sortie de la base puis la balade dans la ville, avec ce que cela peut comporter de stupeur et de fascination pour le témoin candide que je suis. Nouvelles senteurs, nouvelles atmosphères, nouvelles

2. Documents administratifs.

images... Après le traditionnel resto où j'ai tout à la fois payé l'apéritif, dîné de succulentes langoustes et découvert la bourgeoisie dakaroise, une partie de l'équipe décide d'aller prendre un verre dans un « établissement de nuit »... et c'est aussi là que j'ai savouré une autre facette des missions à l'étranger, découvrant au passage que je jouissais d'un charme et d'un pouvoir de séduction que j'ignorais jusqu'ici !... Il nous fallut bien toute la durée du voyage retour pour récupérer de la touffeur de la nuit et de la moiteur torride des pistes de danse où les effusions des corps l'ajoutaient à la chaleur ambiante... Je ne savais pas à cet instant que plus de vingt ans s'écouleraient avant que je ne puisse revenir en Afrique...

# La « nouvelle » configuration VIP du C-135 et la suite...

Printemps 1989. Jeune officier mécanicien en poste au sein du Groupe d'entretien et de réparation des matériels spécialisés (GERMaS) 15.093 responsable de la maintenance NTI2[1] des C-135, j'apprends les rudiments de la technique, du management et du commandement. Je découvre surtout que dans l'Armée de l'air française, l'officier mécanicien se doit d'être « multicarte », apte à se frotter au pied levé aux problématiques les plus inattendues, pour lesquelles il n'a pas forcément reçu de formation *ad hoc*, et qui souvent seraient confiées à des experts sous d'autres drapeaux... L'adaptabilité conjuguée au bon sens permet souvent de faire face à bien des situations cocasses.

C'est ainsi qu'un beau jour, le capitaine L., homme d'expérience s'il en était sur C-135 puisque justifiant d'une bonne dizaine d'années sur l'appareil, et moi-même fûmes convoqués chez le commandant d'unité. D'ordinaire, une convocation péremptoire était toujours source d'inquiétude, mais le fait d'être invités en duo laissait peut-être présager autre chose ?

Campé derrière son bureau, le chef nous brossa rapidement le tableau : le C-135 était potentiellement appelé à transporter de hautes autorités militaires, et force était de constater que le confort à bord n'était pas du niveau des saintes huiles à transporter. Il fallait donc, et forcément « dans les délais les meilleurs », réfléchir à la conception d'une « nouvelle[2] configuration VIP[3] », transformant un appareil militaire plus que rustique en un paquebot des airs, véhiculant le bon goût français pour la quiétude de futurs passagers illustres[4]. Le coût financier ne devait pas être une entrave[5]... Surprise et hébétude devant la nouveauté et l'incongruité !...

1. Entretien « en base » de nos jours.
2. Il avait déjà existé dans la vie de l'appareil de semblables configurations, plus ou moins sophistiquées.
3. VIP : very important person.
4. Sous toutes réserves, je crois me souvenir qu'un général avait effectué un aller-retour sur les États-Unis et avait constaté une relative vétusté de l'aménagement intérieur de « la bête ». Il est vrai que la table de camping et le seau hygiénique « de base » n'étaient pas forcément du meilleur goût...
5. Entendons-nous bien : il y avait certes quelques crédits débloqués, largement suffisants dans le contexte, mais il ne s'agissait pas non plus de dilapider !

Et c'est ainsi que dans la foulée, nous nous retrouvâmes dans le bureau du capitaine, avec une planche à dessin de fortune, un té, une règle graduée et un compas de collégien, les plans de l'avion, pour commencer à réfléchir sur un possible aménagement du compartiment cargo. À cette époque lointaine, on ne s'embêtait pas avec les considérations relatives à l'accréditation des bureaux d'études actuels. Les règlements JAR ou FRA 21 n'avaient pas encore été inventés ; nous avions notre appareil – militaire s'il en était – à nous de l'aménager au mieux, assez vite et à coût mesuré si possible.

Quelques points de détail furent rapidement traités : un autre officier de l'unité fut chargé de récupérer auprès d'une compagnie aérienne nationale, de la moquette ignifugée ainsi que des sièges « de luxe ». Il y en avait quatre, crois-je me souvenir. En fait, il s'agissait de sièges d'occasion déclassés par ladite compagnie. Forcément inacceptables pour d'illustres fessiers d'hommes d'affaires, mais encore tout à fait potables pour des séants de militaires habitués dès le plus jeune âge à la rusticité ! Par ailleurs les chaudronniers eurent à concevoir une table adaptable aux fixations du plancher de l'avion, si possible d'un design digne de ce nom. Le fait est qu'ils proposèrent en un temps record une table en aluminium d'une ergonomie un peu semblable à celles qui équipent les compartiments des TGV actuels, ce qui donnait assurément à l'avion une touche de classe inusitée dans cet environnement plutôt austère.

Avec le capitaine L., nous travaillâmes sur le dessin de cloisons destinées à compartimenter le cargo de l'avion en autant de salons tous plus *cosy* les uns que les autres. Le long tube aveugle aux reflets vert glauque devait se transformer en enfilade confortable avec cuisine, salon, chambre et WC chimique[6]...

La grosse difficulté de l'affaire était d'aboutir à la conception d'un aménagement s'adaptant indifféremment sur *tous* les avions de la flotte, gageure si l'on veut bien considérer que nous craignions (à tort !) qu'il n'existât aucun appareil aux mêmes cotes que les autres, et que trente ans d'exploitation dans tous les coins du monde eussent pu faire travailler les cellules. Néanmoins, le projet prit forme, et la liasse de plans fut bouclée

6. Les toilettes d'origine du C-135 étaient pour le moins rustiques : un simple tube pour urinoir et une sorte de seau pour le complément, le tout dans un réduit sombre peu isolé aux plans phonique et thermique, situé dans la queue de l'appareil et de fait soumis à fortes turbulences...

en un temps record, certainement au prix de quelques heures supplémentaires. Vint alors le temps de la prospection.

Pour le mobilier de base, le capitaine et moi partîmes écumer les zones commerciales du coin. Un lit tout d'abord. Avec des dimensions bizarroïdes pour s'adapter à nos plans. Il y en avait bien de disponibles, mais en région parisienne. « À rapatrier d'urgence » entonnâmes-nous en chœur. Lit dont il fallait adapter les pieds aux fixations de plancher de l'avion. Pour la lampe de chevet, il fallait juste trouver un culot qui s'adapte à des ampoules fonctionnant en 28 Volts (une des sources de courant disponibles dans un l'avion). Là encore, pas trop de problèmes. Le plus savoureux fut pour les cloisons elles-mêmes. Notre problème était de trouver un matériau suffisamment solide, assez facilement usinable, si possible ignifugé et de classe aéronautique… Après quelques recherches et atermoiements, nous allâmes trouver un concepteur/fabricant de camions frigorifiques ! En effet, sa production de panneaux sandwich en aluminium fourré à la mousse de polyuréthane semblait être une solution pertinente. On lui montra les plans, et la conversation fut à peu près celle-ci :

— Oh là là, mais je ne sais pas faire des découpes aussi compliquées. Moi, je ne fais que des rectangles !

— Oui, mais il faut s'adapter aux formes du fuselage des avions… et voyez là, la grosse enture, c'est pour des passages de tuyauteries… et là il faut laisser de la place pour…

— Mais c'est bigrement compliqué votre affaire ! Ça va vous coûter plus cher !

— Qu'il ne soit pas question d'argent entre nous ! Pensez au renom de votre société s'affichant sur les avions de l'Armée de l'air…

— Oui, bon… Il vous faut ça pour quand ?

— Le plus tôt est le mieux ! Demain ? Après-demain ?

À cet instant, notre homme se demanda s'il avait affaire à une caméra cachée où s'il avait trop abusé des boissons fermentées. Toujours est-il que dans la semaine, nous récupérâmes les fameux panneaux en « matière de camion frigorifique », et que nous disposions enfin du kit complet au GERMaS : cloisons, moquette, équipements.

Entre-temps, les chaudronniers – encore eux – avaient fabriqué un rack, sorte de rayonnage vertical, permettant de ranger précautionneusement les précieuses cloisons (au propre comme au figuré), le tout posé sur un chariot roulant permettant de promener « la conf' VIP » puisque tel était le nouveau nom, d'un endroit à l'autre. Il n'y avait plus qu'à procéder au premier montage.

Une petite équipe spécialement dédiée commença de s'escrimer avec les fameuses cloisons, essayant d'abord de les faire pénétrer dans le fuselage du C-135 (par la porte latérale !) sans les abîmer. La manœuvre à l'intérieur de l'étroit boyau n'était pas chose facile. De plus, ce que nous redoutions arriva (forcément !), en ce sens que les morceaux du kit ne s'adaptaient pas vraiment à l'avion. Il fallait jouer de la scie sauteuse et de la lime pour que ça se marie tant bien que mal. Mais si tout s'agençait pour le premier avion, qu'en serait-il des autres ? À voir. Toujours est-il qu'à force de rectifications diverses, bouts de fil de fer par ici, cale en bois par-là, l'avion s'habillait peu à peu de l'intérieur, et les différents segments prenaient forme. Mettre en place moquette, table, fauteuils, lit et éclairage fut un jeu d'enfant. Le résultat final fut proprement surprenant, on ne reconnaissait plus notre ravitailleur en vol.

Ce vieux tuyau (presque) sans hublots, aux parements verdâtres, à l'éclairage un peu glauque, dans lequel couraient des tuyauteries diverses, sur le parterre duquel étaient stockés des sacs à parachutes, des sacoches de documents, des caisses à sandwichs, s'était mû en un gracieux intérieur d'un luxe insolent, jugeons-en plutôt : en entrant par la porte cargo latérale, je crois me souvenir que l'on débouchait sur la cuisine[7], au sein de laquelle le maître d'hôtel éventuel pourrait officier allègrement. On prenait ensuite à droite vers le fond de l'avion découvrant au passage le salon « haut de gamme », puis la chambre « tout confort »... Un luxe inouï[8] ! Certes, à côté de l'avion américain que l'on avait vu quelque temps auparavant sur le parking de l'escadre (un Boeing 707 servant de PC volant), notre appareil ressemblait à la 403 de Colombo comparée à une Aston Martin ! Mais en définitive le projet avait été mené à bien, et je crois même que l'on s'en est servi quelquefois, pour assurer le transport d'autorités. À l'heure où les émissions de décoration d'intérieur font florès à la télévision française, il faut bien admettre que les mécanos, officiers et sous-officiers associés, avaient tout pour bâtir une entreprise de rénovation !

7. Il y avait possibilité d'installer une cuisinière (ou plutôt un ensemble « meuble-cuisine ») d'origine US, la fameuse galley (terme usité à l'époque) ancrée sur le plancher de l'avion et branchée sur le circuit électrique. Il y eut des épisodes où la cuisson de biftecks enfuma joyeusement le cargo...

8. Tout est relatif quand même...

Malheureusement, chassez le naturel... et le C-135 revint vite à ce pour quoi il était fait : les opérations militaires, le baroud aérien et le transport « tout en vrac » de personnel des armées avec armes et bagages. La « conf' VIP » disparut corps et âme (ayant été muté juste après cette aventure pittoresque, je ne sais pas ce qu'elle est devenue, peut-être stockée à l'escadron 01.093). Mais l'histoire ne s'arrête pas là. Le GERMaS (et les escadrons d'alors) disposaient à l'époque d'une autre « conf' », la fameuse « conf' sanitaire » composée d'un certain nombre de brancards reliés entre eux par des sangles, le tout agrémenté de plusieurs branchements de distribution d'oxygène. Assurément, cet optionnel aurait été du plus bel effet lors de l'évacuation de Stalingrad ou de Diên Biên Phu, mais dans les années quatre-vingt, il valait mieux compter sur « Europe Assistance[9] ». De fait, ces bannettes de la dernière heure n'avaient heureusement pratiquement jamais été employées. En revanche, le C-135 connut dans les années 2000 une mise à niveau avec l'adoption d'un kit, le fameux « kit Morphée », qui pour le coup transforme encore aujourd'hui ce vieux combattant en une antenne médicalisée de tout premier ordre, apte à évacuer des blessés graves en lieu sûr en un temps record.

Cet avion est tout bonnement exceptionnel... même si Morphée n'a pas été conçu par des officiers mécanos, le soir à la bougie, sur une table à dessin de fortune !...

Bertrand Roux, ancien officier mécanicien des FAS dont GERMas 15.093, ERV 03.093, ERV02.093, chef du soutien technique de la base d'Istres, sous-directeur puis directeur technique des FAS.

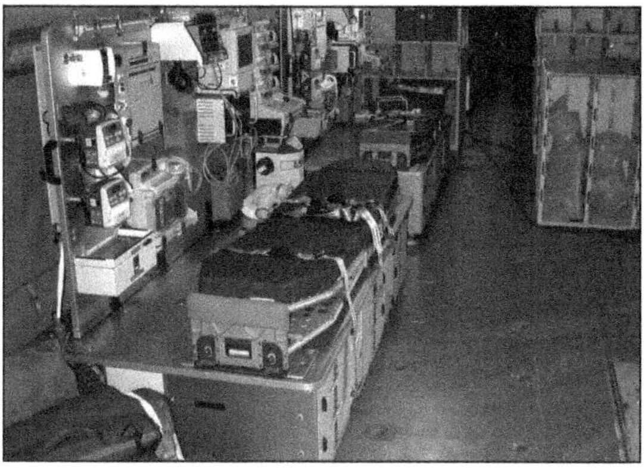

*La fameuse configuration Morphée : comment transformer un vieil avion rustique en hôpital moderne... (© SIRPA Air)*

9. Sans aucun *sponsoring* !

# Les microbes

Les crises technico-logistiques ont le bon goût de toujours surgir brusquement (souvent le vendredi, histoire de tout arranger), sans que l'on sache vraiment ni pourquoi, ni comment. Un beau matin, émoi dans toute l'Armée de l'air et affolement général au GERMaS, on venait de découvrir (ou redécouvrir) le prétendu fléau de la contamination microbienne !... Le problème était pourtant ancien et identifié au catalogue des ennuis possibles, mais curieusement, rien ne transpirait à ce sujet depuis mon arrivée dans l'unité. Pour une raison qui m'échappe encore, on s'est brutalement souvenu que dans les réservoirs d'avions (quels qu'ils soient), stagnait toujours un peu d'eau (certes censée être éliminée par les purges matinales lors des visites avant vol), et qu'à l'interface entre cette eau et le kérosène, se développait un microcosme[1] qui, si l'on ne faisait rien, pouvait potentiellement bourgeonner au point de boucher les filtres des circuits carburant, avec les conséquences que l'on imagine. Néanmoins, il y avait un monde entre nos avions bichonnés quotidiennement bien qu'ils allassent régulièrement s'ébaudir au soleil, et une trapanelle séjournant mollement sous les tropiques... Pour autant, ce fut le coup de pied dans la fourmilière... comme souvent !

Suite à de récents rapports émanant des plus hautes autorités compétentes en la matière (lesquelles ?) relayés par les différents états-majors, il fut décidé de faire systématiquement analyser nos appareils, si possible en priorité sur la chasse « conventionnelle », et ce pour deux raisons : tout d'abord le C-135 était partie prenante de la dissuasion, donc ça ne se discutait pas, d'autre part il était à même de refiler ses microbes

1. De mémoire, le champignon *cladiosporium resinae*, acoquiné avec la bactérie *pseudomonas aeruginosa*...

à tout aéronef susceptible de venir lui téter le tuyau… L'affaire d'ailleurs s'avérait vite complexe car des avions étaient en détachement à l'étranger (donc au soleil…), là où le carburant était parfois de facture douteuse et où les températures convenaient bien aux microbes de tout poil… Comme de coutume, tout le monde s'agita et s'empressa pour faire face à cette épidémie inopinée. Tout cela était merveilleux à quelques détails près : nous n'avions pas encore de procédure consolidée sur le sujet, donc il fallait faire « comme on le sentait », le laboratoire en charge des analyses était limité en capacités de traitement (d'autant plus qu'on allait vite le saturer avec nos échantillons et qu'il fallait en outre prendre en compte certains délais d'incubation), et surtout nous n'avions rien pour opérer le recueil du carburant en environnement stérile.

Pour autant, nous fûmes rapidement fournis en bocaux de verre (à joint caoutchouc) d'une marque française très connue, d'ordinaire plutôt réservés aux conserves et confitures ! Ce type de flacon convenait bien (il fallait récupérer environ un demi-litre de kérosène), mais il restait à rendre lesdits bocaux stériles avant prélèvement sur avion… Le service médical avoua rapidement son incapacité à traiter l'affaire, nous renvoyant potentiellement sur l'hôpital militaire de Marseille. Trop loin et trop complexe à monter. Subséquemment, je proposai dans un premier temps de chercher des ressources locales et de nous retourner vers une pharmacie en ville. Quelle ne fut pas l'étonnement de l'apothicaire istréen quand je lui exposai mon problème. L'officine de quartier sortait de sa logique « brosse à dents - boîte d'aspirine » pour voler au secours de la dissuasion nationale (et des opérations africaines) grâce à un stérilisateur qu'il consentit à nous prêter, sans doute mû par un patriotisme de bon aloi. Et puis assez rapidement, l'atelier Fluides fut doté d'un stérilisateur *ad hoc*… matériel en tout point comparable à ce qui est nécessaire pour transformer de beaux fruits en confitures !

Bien évidemment, les premiers retours d'analyses nous confirmèrent que certains avions étaient pollués et qu'il fallait les traiter (au grand dam des chasseurs qui avaient les mêmes problèmes que nous, mais des difficultés en plus au niveau du laboratoire d'analyses qui était *overbooké*). Un produit fongicide *a priori* disponible nous fut rapidement mis à disposition par notre partenaire industriel, ravitaillé par palettes entières compte tenu des volumes de réservoirs à traiter. Le seul hic était que le bidon coûtait un prix exorbitant et que le purgatif nécessaire à la flotte des C-135 approchait le budget de la NASA ! Ainsi fut fait, sécurité des vols et dissuasion obligent. On stérilisa, on préleva, on analysa, on traita... puis on oublia. Je renvoyai notre premier stérilisateur à son propriétaire et le commandant d'unité me demanda de rédiger une lettre de remerciement qu'il parapha d'un geste auguste, pour une fois sans critiquer mon style...

Durant cette période de crise, je fus envoyé en mission sur Avord pour traiter un problème quelconque avec l'escadron de ravitaillement en vol sur place (le 02.093, un de mes futurs escadrons) mais aussi pour me renseigner auprès du GERMas Xingu[2] qui connaissait les mêmes problèmes que nous mais sans en avoir *a priori* les embarras financiers. Le fait est qu'ils avaient réussi à se faire ravitailler en fongicide directement auprès du fournisseur, divisant ainsi les coûts d'un facteur significatif. Mais le Xingu fait minuscule auprès du C-135 : la victoire aime les gros bataillons comme disait l'Empereur...

Cette affaire eut tout de même la vertu de conférer à l'Armée de l'air une certaine expertise en la matière, et je n'aurai à me frotter à un cas similaire que des années plus tard (sur Mirage F1) sans que cela suscite plus d'émoi que nécessaire. L'expérience éclaire le chemin parcouru, mais nous avions vaincu les microbes et les urines des C-135 étaient désormais claires, grâce à des bocaux... « parfaits » !

2. Avion-école bimoteur de transport, de fabrication brésilienne.

# Mont-de-Marsan : la vraie vie !

Au printemps 89, mon commandant d'unité m'annonça que j'étais muté à Mont-de-Marsan, en tant que chef des services techniques de l'escadron de ravitaillement en vol 03.093 « Landes[1] ». Seul mot d'encouragement qu'il m'adressa (textuel) : « Avec les pilotes vous allez vous faire bouffer, vous allez vous planter ». Sur ce, au détour d'une rencontre fortuite, le CST escadre me dit tout de go :

« Vous allez à Mont-de-Marsan ?... Méfiez-vous, ce sont des voyous !... des voyous ! » (textuel).

La suite donna tort au premier, et confirma le jugement du second... sauf que j'allais vraisemblablement faire partie des voyous en question !

***

L'ERV 03.093 était une unité, petite en volume, mais astreinte aux mêmes impératifs de disponibilité que le reste des unités des FAS. Mais nous étions loin de l'escadre – la maison mère – ce qui représentait à la fois un avantage et un inconvénient. Nous ne pouvions que difficilement compter sur la puissance de soutien du GERMaS, sauf à échafauder des plans diaboliques pour transférer hommes et matériels entre Istres et Mont-de-Marsan. Nous étions limités en matière de logistique, ne disposant que d'un « petit » magasin (qui au passage, aurait fait saliver bon nombre de mes collègues œuvrant dans d'autres escadrons plus conventionnels...), nous n'avions pas de collège d'experts

1. Toutes les unités opérationnelles ont un insigne et un nom de baptême, fruit de l'histoire de l'Armée de l'air ou des conflits passés. Beaucoup portent un nom de région comme le *Landes* dont l'insigne remontant à la 1re Guerre Mondiale était la Louve romaine, mais certaines unités prestigieuses renvoient à d'autres épisodes historiques, comme le Normandie Niémen par exemple.

(officiers notamment), toujours prompts à formuler de doctes diagnostics et de chaleureuses recommandations... Mais nous étions *seuls*, avec les coudées franches, et on faisait ce qu'on estimait bon ! Et ça, ça valait tout l'or de l'escadre ! En fait, je comprendrai plus tard que ces unités (il y en avait deux à cette époque), avaient un régime de travail en tout point comparable à ce que l'on rencontre en détachement ou en OPEX. C'était donc quotidiennement l'école de l'initiative et de la débrouille. Pas toujours facile, mais assurément plein d'enseignements... et tout ça sans la « strasse » sur les bretelles !... Bien évidemment, loin des yeux, loin du cœur et en tant qu'unité isolée, nous étions forcément « le vilain petit canard », accablés de tous les maux, objets de tout un tas de fantasmes, dont le fameux « yzondu »... Chose curieuse, cet ostracisme à peine voilé renforçait le sentiment d'unité et regonflait la fierté de l'équipe.

Les mécanos du 03.093 constituaient effectivement une bande de voyous, dont certains étaient virtuellement incommandables. Une grande partie d'entre eux étaient déjà passés par le GERMaS et connaissaient l'avion sur le bout des doigts. Les mêmes avaient roulé leur bosse sur tous les continents du globe, et de ce fait, étaient difficilement impressionnables. Bon nombre d'entre eux (les mêmes sans doute), avaient ce qu'il faut bien appeler « une grande gueule », mais peut-être était-ce dû à la générosité de l'esprit du Sud-Ouest ? Quant aux PN soi-disant si redoutables, il ne me fallut pas longtemps pour comprendre qu'ils fonctionnaient selon une schématique simple : que les avions soient « dispos » et bien réparés, et qu'en cas d'inspection les choses soient à peu près « carrées ». Pour le reste, chacun son job. Ajoutons que notre commandant d'escadron était un type formidable, il y avait tout pour être heureux.

Un des premiers *challenges* pour moi était de me faire « adopter » par cette petite clique. Sur un plan technique tout d'abord, car ces fourbes avaient le don de poser l'air de rien des « questions-qui-tuent », sans doute pour jauger des capacités de leur nouveau chef. Ce ne fut pas le plus difficile après deux ans sur le gril en permanence à Istres. Sur un plan relationnel ensuite, où pour le coup j'essayais de piloter au mieux les régulières manifestations de cohésion... que l'on appelle des

« pots » en langage courant ! Finalement, c'est par le prisme des petits événements quotidiens que l'on sent que l'osmose se crée, et que l'on parvient peu à peu à faire partie de la famille. Car cette unité, pour militaire qu'elle était, avait un incontestable côté « familial » qui unissait tous les mécanos sous une même bannière dont ils étaient fiers, celles de « la Louve romaine », insigne de l'escadron.

Quant à l'ambiance générale, elle était plutôt placée sous le signe de la bonne humeur, tradition de l'escadron. Ainsi par exemple, un jour que j'étais penché sur des dossiers, j'entendis la porte de mon bureau se fermer brusquement ; porte que – sauf raison particulière – je laissais systématiquement ouverte. Puis le bruit de la clef dans la serrure m'indiqua que j'étais prisonnier dans mon antre... *Trop bête*, me dis-je, *il ne fallait pas laisser les clefs sur la porte...*

Ensuite vinrent dans l'ordre : un léger sifflement, comme celui d'une baudruche qui se dégonfle... puis une épouvantable odeur citronnée, de celle des déodorants bas de gamme... Comme notre bâtiment était à l'origine un hangar de servitudes, les fenêtres étaient placées en hauteur et ne pouvaient que s'entrebâiller. Si bien qu'il me fallut la souplesse d'un chat pour m'extirper dudit bâtiment, *rusher* jusqu'au service de piste espérant attraper le plaisantin... et constater que l'escadron était absolument vide ! L'heure du déjeuner sans doute ?... Retournant à mon bureau par la voie normale, je trouvai bien ma porte close, les clefs en évidence, et devant la porte, une chaise. Sur celle-ci était installée la fameuse bombe de déodorant, dont le jet pestilentiel passait directement par le trou de la serrure ! Rudement étudié ! J'en ris encore !

***

Je constatai rapidement qu'en tant qu'unique officier mécanicien, je devais être de tous les combats, du matin au soir, sur tous les problèmes, techniques et humains. Je réalisais surtout que j'étais (localement) mon propre patron, et le sentiment que la chape de plomb que j'avais connue les deux années précédentes avait fondu, était pour moi source de plénitude permanente.

La vie de l'escadron était cadencée selon un rituel bien établi. Les ordres de vols étaient pris le soir au niveau des « OPS », le message tombait de Taverny, indiquant les missions de ravitaillement pour le lendemain (missions dites X-Ray). Une fois ce planning incontournable décliné en heures de décollages et volumes de pleins (important pour un ravitailleur en vol), venaient s'insérer des missions de navigation (Y-Nav) ou de tenue de machine pour les équipages (Z-Pil). Rapide rebouclage avec le chef de piste pour s'assurer de la disponibilité des avions et de la constitution de l'équipe de piste, et les pleins des gros Boeing étaient lancés...

# Une journée au 03.093 « Landes »

Mont-de-Marsan, printemps 1990, 7 heures 30. C'est mon heure d'embauche, comme ce le sera tout au long de ma carrière (sauf à l'époque de mon passage à l'état-major, où je m'accordais pour l'occasion un « royal » 8 heures...). Une fois passé le sas de filtrage, je pénètre dans la zone FAS, aire sanctuarisée d'accès contrôlé, abritant à la fois la 91e escadre, l'EB 01.091 et l'ERV 03.093. Comme souvent dans cette belle région, la matinée est placée sous le signe du brouillard, et en me dirigeant vers l'escadron, c'est à peine si je distingue la silhouette fantomatique du C-135. « Un temps de mécanos » diront certains, alléguant le fait qu'une météo difficile est censée clouer les avions au sol, et donc permettre aux mécanos de mieux les peaufiner...

Pour autant, la purée de pois n'est pas synonyme d'inactivité. J'entends très bien plaisanter les mécanos qui s'affairent sur la machine. Pour un décollage prévu à 9 heures, ils sont en piste depuis 7 heures du matin. Effectuant systématiquement un tour de la zone, des avions et des services, je m'approche du premier C-135 de la journée. Poignées de mains aux voyous du jour, on demande comment ça va... On prend même des nouvelles de la famille le cas échéant, de l'épouse ou du fiston dont on sait qu'ils ont connu un événement particulier.

— L'avion est bon ? Pas de problème à la *Preflight*[1] ?

— Pas de souci mon Lieutenant. Juste une *deboost valve* qui a claqué. Comme on en avait une, on l'a changée. Sinon, un léger suintement de pétrole qu'il faudra que l'on surveille.

— Dans les tolérances ?

— Pour l'instant oui, mais bon, affaire à suivre...

1. PPV pour le C-135.

C'était là tout notre problème. On avait beau bichonner les appareils, les connaître sous les moindres coutures, toute panne d'importance signifiait une intervention du GERMaS, et compte tenu de l'éloignement, cela devenait vite compliqué... Au pire, un échange d'avion avec Istres.

Le 03.093 mettait généralement en œuvre deux ou trois C-135, dont l'un était souvent en détachement en Afrique ou en mission de par le monde. Les mécanos étaient attachés à « leurs » machines, et souvent espéraient les garder longtemps pour bien les connaître, les apprivoiser, en apprécier les moindres petits défauts. Au fil des comptes rendus de vols par les équipages, ils en apprenaient le comportement, les vices cachés voire le caractère. Certains appareils jouissaient d'un capital de sympathie, d'autres n'étaient pas appréciés en vertu de je ne sais quelle mésaventure... ou superstition[2] ! En tant que gros-porteur, le C-135 effectue des vols longs (une évidence ! Même si parfois certains esprits forts ont pu faire mettre en l'air des quadriréacteurs pour une heure de vol... voire moins !). Cette durée d'activité aérienne scandait donc le rythme de travail du service de piste, qui avait tendance à s'étaler dans le temps... sorte de « voyage au bout de la nuit » quasi quotidien. De fait, les mécanos prenaient le temps de s'approprier « leur » avion... Ils surveillaient l'évolution de la petite fuite hydraulique décelée le matin à la visite avant vol, ils ré-essuyaient pour la énième fois le suintement de carburant pour bien mesurer, montre en main, le temps que mettait « la » première goutte à tomber, sans être suivie de ses copines... la légère délamination du pare-brise (appelé « glace pilote ») était comparée au calque effectué la veille... la petite crique aperçue sur la peau de l'avion était marquée au crayon gras, assortie de la mention « vue le... », avant d'être consignée dans la documentation de contrôle... La grosse baleine d'aluminium et d'acier devenait peu à peu un être vivant, avec lequel s'établissait une relation charnelle avec les mécanos... Les hommes et la machine s'appartenaient mutuellement.

2. À la différence d'autres escadrons, les avions mis en œuvre au sein des ERV n'étaient pas affectés en propre aux unités, mais étaient gérés par l'Escadre, à Istres. Ils faisaient donc l'objet de fréquentes permutations entre Istres, Avord et Mont-de-Marsan.

L'avion est prêt. Les mécanos ont fini l'entrée en matière, maintenant il faut passer le relais à l'équipage. Celui-ci arrive avec tout son cortège de cartes, de sacoches de mission, de « caisse café », car il faut bien s'octroyer un petit en-cas au cours de ces longs vols...

Avant le départ, les PN procèdent à ce qu'on appelle sur C-135 le *cocking*, sorte de visite prévol à l'usage du personnel navigant, testant les différents systèmes de l'avion. Et tout ça dans le brouhaha distillé par le groupe électrogène de parc. Le brouillard s'est levé, il fait un grand beau temps sur le Sud-Ouest, l'orage syndical sera classiquement pour ce soir à 17 heures...

Tout a été *checké*, les commandes de vol évoluent dans le bon sens, pas de panne décelée, « il n'y a plus qu'à »... Au signe du pilote, c'est la mise en route. Les portes de l'APU[3] claquent, la petite turbine auxiliaire se lance, le volume sonore augmente d'un coup, dans un hurlement strident... Le chef avion se place face au premier moteur, son casque orange enfoncé sur le crâne, le cordon radio encore raccordé au Boeing. La soufflante du CFM se lance doucement, puis prend des tours de plus en plus vite. Rapidement, les aubes ne sont plus discernables, le compresseur siffle... Tuuuuuuiiiii... et c'est le grondement caractéristique de l'allumage, sorte de Bwoufff... Buwoouuuu et le moteur prend encore des tours... Le parking derrière le moteur commence à être dépoussiéré sévère, les herbes folles sur le merlon entament une danse de saint Guy. Alors l'APU s'arrête dans une espèce de flatulence flasque, et le moteur s'emballe à cracher à pleins poumons. C'est au tour du second moulin, sur l'aile droite cette fois, de commencer son entrée en scène, puis enfin les deux autres... Cette fois les quatre moulins tournent rond, et même au ralenti, on sent la puissance du CFM... Les herbes sur le merlon s'agitent en pleine frénésie, les lapins terrés dans leurs trous ne savent plus où ils habitent... Le chef avion a débranché son cordon radio, il est vingt mètres face à l'avion. Deux mécanos sont au pied du train avant, un quatrième est au groupe de parc... Toute l'équipe est prête pour le dernier acte avant de laisser la main à l'équipage et de lui confier « leur » avion... Une minute, peut-être deux. Tous les mécanos sur zone, même ceux des Mirage IV, regardent la bête prête à partir, même si ce spectacle, ils l'ont

3. *Auxiliary Power Unit* : petite turbomachine destinée à la mise en route des moteurs principaux.

vu des centaines de fois. Appel de phares du Boeing, c'est le top départ ! Au signe du chef avion, le groupe est coupé, sa prise de parc déconnectée, un mécano attrape les cales par leurs cordes et court hors du champ de l'avion en les tirant derrière lui. L'avion est libre. Coup de gaz, la bête avance. Coup de freins, elle s'écrase sur son train avant. Coup de gaz, la grosse orque bleue repointe son nez vers le haut et s'avance menaçant, tous moteurs hurlants en direction du chef avion. Tel un dompteur, celui-ci donne la direction à suivre et guide le pilote dans sa manœuvre de sortie de parking... Docile, le gros Boeing suit méticuleusement la courbe jaune tracée au sol, présente son flanc et ses cocardes... Le bruit des moteurs passe par un paroxysme, puis s'estompe comme par magie[4]. Le pilote fait un signe de remerciement au chef avion, qui à son tour lui renvoie un amical salut d'encouragement, le pouce de la main droite levé. Tous les pilotes et tous les pistards font ça à tous les départs avion, communauté entre ceux qui partent en vol avec une machine préparée par ceux qui restent au port... Le C-135 s'en va, gauche comme un albatros à terre, ses grosses pattes écartées, et son *boom* qui dodeline comme un gros appendice caudal un peu ridicule. C'est fini, l'avion n'est plus le centre d'intérêt de l'équipe de mise en route. Celle-ci est affairée à reconfigurer la zone : lover les câbles du groupe électrogène, ranger les cales à leur place, recentrer les extincteurs...

Le Boeing est au seuil de piste, visible depuis le parking. Tout le monde s'arrête et l'observe, priant intérieurement pour qu'une panne ne vienne pas tout gâcher au dernier moment. Le C-135 met toute sa puissance. Si cela ne s'entend pas vraiment, du moins pas autant que celle d'un Mirage IV sur ses deux post-combustions, le nuage de poussière au cul de l'avion atteste du tonnerre qui se déchaîne sur le bout de bande... Lâcher des freins ! Tous suivent la bête des yeux. Pour une masse pareille, l'accélération est quand même impressionnante. L'avion disparaît rapidement derrière le merlon, on ne voit plus que sa dérive qui prend de plus en plus de vitesse et finit par disparaître elle aussi, masquée par la végétation... L'attente, assortie d'un petit pincement... Tout le monde est tendu vers le point d'orgue : la silhouette du ravitailleur qui monte dans le ciel, loin de l'autre côté de la base. Il est enfin dans son élément.

4. Le CFM56 est réputé pour son silence de fonctionnement (outre ses performances, sa fiabilité et sa faible consommation...).

« Encore une victoire de l'homme sur la machine » professe l'adjudant L, vieux de la vieille sur la bête... C'est le signal pour les mécanos de reprendre leurs activités et de préparer l'autre avion.

Le second Boeing a décollé sur le coup de quinze heures, pour six heures de vol. Le premier vol du matin est rentré sans encombre, juste quelques bricoles à traiter. À partir de dix-sept heures, la BA 118 devient étrangement calme. Comme toujours, le travail HHO[5] s'effectue dans une autre ambiance que celle de la journée. D'ailleurs, chose rare, les Mirage IV n'ont pas une activité trop importante ce soir[6]. Je suis donc seul avec mon équipe d'alerte : l'adjudant L., grande gueule mais attachant avec son humour caustique, deux pistards, un élec, un radio-radar, un sécu, plus un gestionnaire qui ce soir a du travail d'inventaire à faire. À dix-neuf heures, nous allons dîner à l'OSO[7], où le chef cuistot est aux petits soins pour nous, toujours prompt à essayer d'améliorer l'ordinaire. Ces repas sont l'occasion de briser la glace et d'échanger points de vue et expériences, refaire le monde et l'Armée de l'air... et ça se termine toujours par une « mise en boîte » des officiers ! Vingt heures : la petite troupe est en salle de repos, regardant le journal télévisé. Je reste seul dans le bureau de piste avec l'adjudant qui prépare ses Formules 11 pour le lendemain, et son POSAV[8] pour ce soir. Soyons optimistes ! Le bureau de piste donne sur le parking, et je vois la nuit qui tombe peu à peu sur la base ; les lampadaires ont remplacé le soleil et leur lumière jaune est reflétée par le sol, dont la surface est restée mouillée par l'orage syndical de dix-sept heures.

20 heures 30 : le SOPO[9] nous annonce à la sono : « le 471 posé dans dix minutes ! »

« Allez hop ! » se met à gueuler L.

Coup de pied dans la fourmilière ! Tous les mécanos bondissent de leur fauteuil, enfilent leur tenue « temps froid » et se dirigent vers l'emplacement qui a été choisi, où le groupe électrogène tourne déjà...

5. Hors heures ouvrables.

6. Les FAS ont toujours connu une importante activité aérienne nocturne.

7. OSO : ordinaire spécial d'opérations. Organisme nourricier délocalisé en zone opérationnelle.

8. Message spécifique rendant compte de l'état de l'avion dès le retour du vol à l'état-major des FAS, à Taverny en région parisienne.

9. Sous-officier de permanence opérationnelle, qui travaille de concert avec l'officier du même nom, l'OPO.

Les phares d'atterrissage du C-135 se voient de loin, mais ils restent immobiles dans l'atmosphère, tant l'avion semble mettre du temps à approcher... Et puis tout s'accélère, le 471 passe en trombe le seuil de piste, éclairant de tous ses feux le paysage de la base qui est désormais tapi dans la pénombre. Le feu vert de l'aile droite défile à toute allure et les roues entrent en contact avec la piste, dans un crissement caractéristique... L'avion a disparu derrière le merlon... Et le « boouuwouup » des CFM ne nous trompe pas, il a remis les gaz ! Et c'est parti pour un tour de circuit... Je rentre au bureau de piste, L. est à la fenêtre.

« Ils auraient pu prévenir ces branques, qu'ils faisaient des *touch and go* !... »

Fausse colère de celui qui sait que de toute façon, les équipages doivent s'entraîner, que de toute façon, il n'y peut rien et que de toute façon, il est là pour ça ! J'ajouterais même : et il aime ça !

C'est finalement de cinq *touch and go*[10] dont nous gratifieront nos pilotes. C'est bien pour eux, mais l'heure tourne !

« D'un autre côté, me dit L., s'ils s'amusent à tournicoter c'est que l'avion ne marche pas trop mal... »

Prophétie ?

Le Boeing arrive enfin, précédé par le bruit de ses réacteurs. Il pointe le bout de son nez à l'entrée de la zone, presque indécis, puis s'annonce, toujours un peu gauche. Sa belle robe bleue vire au verdasse à la lueur des lampadaires. Le pistard est là, tenant bien haut ses bâtons lumineux pour guider l'avion. Le balancement de ses bras d'avant en arrière semble attirer l'avion, comme un gros poisson halé avec une canne invisible... Puis les signaux se mettent en croix, l'avion s'écrase sur son train. Les cales sont en place, encore quelques instants et les moteurs coupent, laissant de nouveau la parole au ronron du groupe électrogène. Le calme est revenu.

Une fois la porte cargo ouverte, c'est le *rush* et la panique dans la cabine. Les PN essayent de redescendre sur terre, les traits un peu tirés, ils rapatrient leurs affaires essaimées un peu partout. Les mécanos commencent leurs vérifications d'après vol. L. s'enquiert de la santé de l'avion. Curieusement, sa première question n'est pas de demander au navigateur si « l'avion est

10. *Touch and go* : poser-décoller, avec remise des gaz.

bon ? », mais si « ça s'est bien passé ? », preuve que lui – et tous ses semblables – se sentent concernés par la mission.

« Juste un problème d'UNI et le PA[11] qui décroche », rétorque le navigateur.

Pas de chance, les deux pannes pour la même spécialité.

« Ce sera pour toi T. ! » aboie L. à l'adresse d'un jeune sergent, encore novice dans le métier mais assurément plein d'avenir.

Mais d'abord, place à la remise en œuvre et au plein de l'avion. L'équipage s'en va (« Bonsoir Messieurs », nous lancent-ils) et c'est le camion-citerne du SEA[12] qui arrive. C'est vrai que eux aussi, ils sont de tous les combats, sur le pont quasiment toutes les nuits. Et c'est parti pour trente tonnes de kérosène, opération qui prend quand même un certain temps... Pendant que l'avion se fait gaver doucement, T. en a profité pour préparer l'échange d'une centrale à inertie, et s'attaque aux symptômes de la panne du pilote automatique. Il est déjà 22 heures...

De retour en piste, L. étant en train de rédiger sa « paille », j'en profite pour contrôler les F11 et jeter un œil à la documentation technique (le fameux « T.O. ») que T. a laissé ouvert sur un bureau. Le magasinier en profite pour glisser sa bouille et ses moustaches par la porte, son casque de moto sous le bras. « Bon, ben moi les enfants, je m'en vais me coucher... Bossez bien... »

L'ambiance était assurément familiale... L. l'apostrophe.

— Eh C., tu sais si tu as un bloc gyro ? T. va sûrement en avoir besoin quand il aura fini ses tests.

— Je sais. Il y en a un dans le PalStock B4... J'ai déjà prévu. Mais pour demain, vous me laissez le vieux avec la FIT[13] sur la table du fond, que je ne passe pas deux heures à le chercher.

— Allez, va vite te coucher, tu vas nous fatiguer !

Cette connaissance mutuelle des différentes spécialités entre elles, ces automatismes acquis au fil des nuits et des missions, qui faisaient que le mécano subodorait souvent le besoin du « téléc », cette vraie interconnexion était une vraie force, « la » force de l'escadron. Et même le magasinier était de la partie !... Toutes ces synergies qui se déployaient sous mes yeux donnaient assurément du sens au mot « opérationnel ». Quand la compétence,

11. UNI : centrale à inertie servant à la navigation de l'avion – PA : pilote automatique.

12. SEA : Service des essences des armées.

13. FIT : Fiche d'intervention technique : document à caractère technico-logistique rendant compte d'une intervention sur un équipement.

le sérieux et l'expérience le disputent à la polyvalence et la solidarité, il ne peut plus rien arriver ! Et en plus, au 03.093, ça se passait dans la bonne humeur ! Du bonheur pur jus...

À 23 heures, une fois la remise en œuvre terminée et le dernier dépannage en cours, je pris congé de l'équipe. Curieusement, ils restaient tous ensemble jusqu'à la fin des interventions sur l'avion (leur récupération était forfaitaire, alors une heure de plus ou de moins...).

« Bon messieurs, bonne nuit. Tout le monde est véhiculé ? Pas besoin de moyens de la base ? Alors, soyez prudents sur la route !... »

Forcément, L. en rajouta une louche, avec un sourire d'une oreille à l'autre :

« Bonne nuit mon Lieutenant... Heureusement qu'il y a les sous-offs pour faire le boulot, parce que les officiers, y'tiennent pas l'choc... »

Sauf que l'officier, après sa « soirée parking », il va rentrer vite fait à la maison dire bonsoir à sa femme qui doit se languir un peu, et demain il sera là à 7 heures 30, avec une autre équipe...

Passage par les OPS. Les PN sont partis... Même pas eu le temps de « prendre une toche[14] » avec eux. Ce sera pour une autre fois.

Ce soir-là, T. se sera battu jusque tard dans la nuit pour essayer de réparer son PA. Par malchance, celui-ci fut plus que récalcitrant, ne se laissant pas soigner facilement. Le lendemain, je devais trouver le compte rendu de fin de nuit sur le cahier de piste. Vers une heure du matin, L. a dû déclarer la fin des hostilités. Le bloc gyro HS était sur la table du fond, avec la FIT. Le POSAV avait été envoyé à Taverny, la Formule 11 était remplie. Il ne restait plus qu'à faire signer une « réserve de vol PA[15] » au commandant d'escadron.

Une nouvelle journée commençait au 03.093... et dès 7 heures 30, je croisais les mécanos qui partaient dans le brouillard vers les C-135, pour attaquer les PPV...

14. Bière !

15. La « réserve de vol » était une procédure qui autorisait un appareil à voler avec certaines fonctions dégradées... Dans une certaine limite tout de même !

*Mont-de-Marsan : départ d'un C-135 FR depuis sa zone d'alerte : le mécanicien lève le bras pour signaler à l'équipage que « tout est clair »* (coll. perso).

# La guerre du Golfe – 1re époque

Septembre 1990. Par un heureux effet de conjonction d'emploi du temps et d'offre de location, je pus profiter de vacances sur la Côte d'Azur en septembre. Temps magnifique, prix raisonnables, calme achevé, propice à la quiétude de l'âme... Pas tout à fait comme à l'escadron. C'est en effet à cette époque que Saddam Hussein choisit de jouer les Saladin de bazar en demandant à ses troupes d'aller voir si le sable était plus chaud au Koweït voisin...

Me doutant bien que le remue-ménage international n'était certainement pas neutre pour nos activités, je passai un coup de fil à mon adjoint, le fidèle C.

— Oh mon Lieutenant ! Vous avez bien fait de partir !...

— C'est si grave que ça ?

— Non, mais vous savez comment c'est... ordres, contre-ordres... on prépare des avions, puis d'autres, on doit partir, puis on ne part plus... On partira peut-être, mais on ne sait pas quand... ni où... C'est un peu le bordel...

Constat laconique, mais finalement compréhensible si l'on considère la complexité de la gestion d'une crise internationale de cette ampleur, et la difficulté de monter une opération militaire du niveau requis... Finalement, de retour à l'escadron fin septembre, je n'avais pas loupé grand-chose, juste le générique de début...

Les choses se précisaient et montaient en pression de façon exponentielle. Les bruits les plus fous circulaient dans la presse, les rumeurs les plus débiles étaient véhiculées de partout, y compris de la part « d'experts de haut niveau »... Difficile d'y voir clair avec les analyses « à deux balles », niveau café du Commerce. Je me souviens des mots de l'officier de renseignement qui, dans un briefing aux équipages, expliqua que les informations dont on disposait assuraient « qu'un déluge de fer et de feu s'abattra sur les forces de la coalition » (textuel)... On connaît la suite.

Vu de notre côté, l'escadre frôlait l'hystérie et certains responsables avaient sombré dans une espèce d'agressivité qu'ils devaient prendre pour de la performance de management. Forcément, isolés que nous étions à Mont-de-Marsan, nous n'étions ni au niveau, ni au rendez-vous... « forcément »...

Compte tenu de l'importance du ravitaillement en vol dans les opérations aériennes, et considérant l'ampleur de la manœuvre de projection qui se dessinait, l'escadre tout entière (les trois escadrons et le GERMaS) s'était placée en régime forcé, préparant et fournissant des avions ainsi que des moyens humains et matériels, à tours de bras.

Je me souviens avoir envoyé une première équipe à Istres pour soulager le 01.093, équipe que je renforçai dans la foulée, y compris en intégrant un appelé à qui je cloquai deux galons de sergent (d'active) pour qu'il puisse prêter main-forte (l'intéressé était motivé et doué pour la mécanique, qui plus est apprécié au sein de l'unité). Je précise que ce « zingage » n'est pas prévu dans le manuel, et que l'intéressé n'aurait dû avoir d'autres fonctions sur avion que la vidange des « tinettes » et à la limite, nettoyer les vitres...

Les éléments précurseurs du dispositif français commençaient à s'installer en Arabie saoudite et déjà les premiers échos du théâtre nous parvenaient. Certes, il y avait du sable et du soleil, mais ce n'était plus du tout l'Afrique que tout le monde connaissait, pas plus que le « Club Med » d'ailleurs ! Les mécanos devaient apprendre une nouvelle culture, passablement plus restrictive, voire austère, en matière de convivialité éthylique et transmission de la chaleur humaine par osmose... Bref, terminés les *glasses* de scotch en boîtes, les louloutes de tout poil, les posters et revues « sympa » dans les logements, la binoche bien fraîche le soir à la veillée... ou alors sans alcool ! De la Barbican par exemple ! Les consignes étaient pour le moins sévères, même les signes religieux étaient interdits, qu'ils fussent ostensibles ou discrets... Les douaniers saoudiens étaient d'une vigilance pointilleuse, et le commandement avait fait des rappels sur le strict respect des directives... Il ne s'agissait pas de s'amuser à vouloir jouer au plus malin... Et surtout, il a fallu découvrir le travail en ambiance internationale, avec nos camarades anglo-saxons ! Là, c'était la bascule dans un autre monde que beaucoup ne soupçonnaient pas, mais on y reviendra.

***

Le détachement C-135 commençait à s'installer à Riyad pour assurer les opérations aériennes sur zone, tandis que des ravitailleurs de métropole participaient à la manœuvre logistique globale, acheminant avions de combat, hommes et matériels... Bref, ça brassait assez fort... Bruits de bottes au pays du Prophète...

Un jour de novembre, alors que je déjeunais tranquille avec mes collègues des Mirage IV, je fus appelé au téléphone du mess officiers. C'était le CST escadre *himself*. Bigre !

— Bon, Roux, vous partez après-demain pour l'Arabie.

— ?...

— Oui, l'officier mécano d'Avord ne peut pas y aller, c'est donc vous qui irez. Un avion passera vous chercher à Mont-de-Marsan.

Et il raccrocha ! Je connaissais bien mon homologue du 02.093 d'Avord, notre *sister squadron* (nous étions unis devant l'adversité). Il fallait vraiment qu'il ait une bonne raison pour ne pas pouvoir partir, car je ne doutais pas un seul instant de sa motivation (à cette époque, il fallait aussi vraiment des circonstances extraordinaires pour que des officiers mécaniciens C-135 fussent envoyés en OPEX[1]. C'était le cas malheureusement... ou heureusement, c'est selon !).

Et c'est comme ça que quarante-huit heures plus tard, après avoir exhorté ma famille à ne pas prêter une oreille attentive aux messages alarmistes diffusés par les médias, que je me suis retrouvé sur mon parking, à attendre un C-135 qui devait m'emmener « aux Arabies »...

Une fois à bord, je fis connaissance avec l'équipage et l'équipe de pistards qui venaient pour partie d'Avord. Il était important que l'on brise la glace le plus rapidement possible, considérant que nous partions en opérations et qu'il valait mieux que les choses tournent rond. J'appris également que nous passerions la nuit à Istres, le départ étant prévu de bonne heure le surlendemain. Au passage, nous compléterions l'équipe

1. Les choses ont bien changé depuis, et l'OPEX fait partie intégrante de la formation et de l'activité des responsables techniques sur C-135.

par du personnel du 01.093 et du GERMaS et prendrions en compte passagers et matériel.

Bémol : notre chef de détachement était un des responsables de l'escadre avec qui je n'avais pas particulièrement d'atomes crochus… Globalement, l'équipe était donc assez hétéroclite puisque provenant de trois sites différents. À voir…

D'ailleurs le premier contact le soir à l'escadre commença sur les chapeaux de roues, lorsque ledit chef inaugura nos rapports de façon assez directe :

« Bon, je rejoindrai Riyad en VAC[2]. Je vous confie ma valise. C'est pas un test, mais faut pas merder ! » (textuel)

Ça débutait fort ! Il ne manquait plus que le gilet rayé et que je m'appelle Désiré !

L'avion fut chargé la nuit, à l'escale aérienne. L'escale d'Istres[3], terminal d'aéroport qui sert de point d'entrée/sortie du territoire, connaissait une activité absolument infernale. Une vraie ruche ! Dans la nuit provençale, l'EAM se repérait facilement de loin par le halo de lumière dans lequel elle baignait, grosse tache de jaune au milieu du bleu roi profond. À la lueur des projecteurs de parking, les avions-cargos C-160 Transall et autres C-130 Hercules étaient alignés en rang d'oignons, prêts à engouffrer les douzaines de palettes chargées de tous les matériels pour faire la guerre : lots techniques, matériels de transmissions, bagages en tout genre, *shelters*, matériels de servitudes, groupes électrogènes… Du matériel de l'Armée de l'air, de l'Armée de terre… un vrai capharnaüm ! Des avions de chasse étaient là aussi, des Jaguar. Jamais vu un parking avec une telle activité. Une fourmilière humaine grouillait dans cet embrouillamini, trimbalant des colis dans tous les sens dans un ballet de chariots élévateurs, remplissant les avions jusqu'à la gueule…

Notre Boeing avait été parqué dans un coin et se voyait lentement mais sûrement gavé comme un canard gras.

Dîner rapide au mess mixte le soir, histoire de commencer à souder l'équipe. Au hasard de la file d'attente avec mon plateau, je croise tout un tas de types, connus ou pas, provenant de toutes les unités de l'Armée de l'air. Même des copains de promo, l'un qui part avec son Jaguar, l'autre qui va se promener avec son avion

2. Voie aérienne civile.
3. Aussi dénommée EAM : escale aérienne militaire.

d'écoute électronique... Manifestement, c'est l'ambiance des grands matchs ! Veillée d'armes en Provence...

13 novembre 1990. Départ de bonne heure. Les pistards sont en place, l'équipage termine sa préparation. L'avion – le C-135 FR n° 740 – est ultra-plein à craquer. Outre les bagages, le lot avion et des rechanges pour le détachement, on emmène des caisses de toutes sortes, des pneus d'avions et des passagers de toute origine : transmetteurs, reporters du SIRPA[4]... L'ORV est obligé d'élever un peu la voix pour effectuer ses vérifications avant mise en route et je l'entends distinctement proférer :

« On est en surcharge... et pas qu'un peu... »

Anxieux l'ancien ? Heureusement, la piste d'Istres est longue, et le C-135 a des chevaux avec ses CFM56 ! Surtout qu'en plus, on convoyait deux Jaguar jusqu'à Al Asha[5] !...

Arrivée à Riyad, l'accueil de l'avion est classiquement assuré par le détachement précédent. Déchargement, remise en œuvre... Juste la valoche du chef qui prend un valdingue par inadvertance du haut de la porte cargo... Et ce ne fut même pas de ma faute ! Avec le bon souvenir de Désiré[6]...

Prise de connaissance des locaux. Nous sommes installés dans un terminal de l'aéroport international, encore brut de béton. L'ambiance est pour le moins spartiate dans ce décor épuré. Rien à voir avec les « vrais » terminaux de l'aéroport, ceux dont nous aurons quelquefois l'occasion de traverser les immenses halls, où le marbre le disputait aux dorures et éclairages raffinés. Nous partageons ce qui fut choisi comme local de piste avec un détachement Transall. Notre lot technique est bien rangé. On a un frigo, des boissons (sans alcool), du café... c'est la vie de château. Le mobilier est rustique : tabourets métalliques de base, tables, chaises et bureau format « administration des années 60 »... Seul bémol : les WC donnent à s'assurer si le toubib est bien ravitaillé en antibiotiques. Les OPS sont au-dessus, dans une tente SAGA[7] dressée dans un hall nu. Le détachement technique

4. Service de relations publiques des armées.

5. Terrain situé en Arabie saoudite où étaient stationnés les avions de combat français. Le fait de convoyer deux Jaguar nous avait amenés à embarquer du kérosène supplémentaire...

6. Qui ne tardera pas à être surnommé « Toto cambouis » par le chef de détachement, ce qui ne manquera pas de rendre l'atmosphère un peu plus électrique...

7. Modèle de tente de base dans les armées : structure tubulaire, bâche verte...

dispose d'une fourgonnette Trafic, d'une petite Toyota de location... et d'une Citroën AX peinte en jaune sable, histoire de faire camouflage ! Tout est peint, même les roues ! C'est pratique le jaune, on la voit mieux sur le parking ! Il y aurait un chapitre entier à écrire sur la farce des véhicules peints en jaune... À deux pas de nous s'est installé le détachement britannique, car il y a des ravitailleurs en vol Vickers VC10 sur la zone. Les « Rosbifs » (affectueusement appelés comme tels) ont un mérite indéniable : ils sont pragmatiques. Ils disposent d'un coin « thé » (*of course*), avec des canapés en cuir, du plus pur style anglais. Leur parc automobile est hiérarchisé, tout en location : Mercedes pour le chef, chouettes Toyota pour les officiers, petites voitures pour les mécanos... toutes climatisées ! (l'AX et le Trafic ne l'étaient pas...). C'est une constante des Britanniques : ne pas composer avec le besoin... En fait, je constaterai plus tard qu'en matière d'implantation, les Anglo-Saxons ont une fâcheuse tendance à recréer la Mère Patrie puisque les US ne sauraient vivre autrement que dans un environnement « US », et que les Britanniques restent hors du temps qui passe, embarquant avec eux la nostalgie de l'Albion, toujours un peu surannée... Quant aux Français, cela relève plutôt du village gaulois décliné à l'aune du « système D »[8]...

Un jour que j'emmenais un mécanicien américain dans notre minibus un brin fatigué, celui-ci fut très intéressé par le « *superb French van* »... Il me demanda de pouvoir le conduire sur le parking et... le pommeau du levier de vitesse lui resta dans la main !... Mauvaise pioche, et la superbe nationale en prend un coup. En revanche, les mécanos US reconnaissaient volontiers que malgré leur âge, nos deux C-135 avaient réellement fière allure. Cocorico !

Au loin, à l'autre bout de l'aéroport, on pouvait distinguer les dérives des C-135 américains... Je crois me souvenir d'en avoir compté soixante-quatre...

***

Ce détachement me permit de confirmer, s'il en était encore besoin, que le mécano sait aussi rester un combattant, même s'il

8. Les choses ont cependant beaucoup changé ces dernières années, et le soutien au sens large est désormais réellement pris en compte, à bon niveau.

n'a pas toujours un physique de Rambo et s'il utilise plus la clef plate que la mitrailleuse lourde.

Au cours de cette montée en pression dans la région du Golfe, la menace qu'était censée faire planer les armements chimiques de Saddam Hussein était prise au sérieux et d'ailleurs, dès l'arrivée sur le théâtre, tout le monde avait droit à un briefing sur les matériels de protection individuelle. Briefing qui était suivi avec une attention inusitée en métropole...

Sur la plate-forme de Riyad, le niveau d'alerte était donné par un drapeau : vert, jaune ou rouge... comme à la plage ! Simple et efficace, comme savent le faire les Américains.

Et c'est le 9 décembre 1990, par un matin de grand beau temps, semblable à un beau mois de juin en France, qu'une sirène se mit à hurler. *Qué pasa ?* Bon sang, le drapeau rouge ! Fin de la baignade !

Alors que notre C-135 était rentré de vol et que la remise en œuvre filait bon train, tout le monde lâcha qui ses outils, qui sa documentation et *rusha* vers le terminal pour se mettre à l'abri. Sans panique, sans désordre, tout le personnel présent sur le parking fut prestement dirigé vers le sous-sol de l'aéroport. En moins de cinq minutes, nous étions assis bien en rang, masque à gaz sur le nez, tandis que le fusilier-commando responsable de la protection effectuait un recensement rapide du personnel. C'était donc bien une alerte chimique, les médias avaient raison. Pourquoi moi ? Pourquoi nous ? Pourquoi maintenant ? Va-t-on s'en sortir ? Qu'est-ce qui va bien pouvoir arriver ?

L'attente dura bien une demi-heure. Tout le monde fut impressionnant de calme et de professionnalisme, du moins dans la maîtrise des équipements de protection individuelle. On aurait pu faire valider l'exercice pour la métropole !... Les techniciens s'étaient mus en spécialistes NBC, et maîtrisaient les actions réflexes et leurs émotions, sans angoisse inutile... *Self-control*, comme disent nos amis britanniques.

Justement, on devait revoir ces derniers à la fin de l'alerte. Était-ce par flegme, par mépris du danger, par inconscience... ou par surdité ? Ils n'avaient pas bougé de leur salon anglais ! Les Rosbifs sont décidément incomparables...

Pour l'épilogue, nous apprîmes qu'un avion-radar AWACS avait effectivement détecté un départ de missile sur le territoire de l'Irak, mais ce dernier n'était *a priori* pas sorti de l'espace aérien irakien. Tir de calibration ? Tir de démonstration ? En fait, le temps que l'AWACS transmette l'alerte et que l'information descende sur le terrain, il y a longtemps que le SCUD était retombé par terre... Je gage que les Américains surent ajuster leurs procédures !

# Une promenade d'oxygénation

L'oxygène aura toujours été un point sensible en aéronautique. Disons même que cela a longtemps constitué une sacrée dose d'emm...ents pour les mécanos. Jusqu'à l'avènement de systèmes modernes (tel que l'OBOGS[1]) qui permettent en partie de s'affranchir de certaines contraintes inhérentes à la cryogénie, on se voyait dans l'obligation d'acheminer citernes et remorques d'oxygène (liquide ou gazeux) à partir des sites de production et ce, aussi bien en métropole qu'à l'étranger. C'est là une donne dont les PN n'ont qu'une très vague perception (voire pas du tout !), les mécanos ayant toujours réussi à ne rien laisser transparaître de leurs difficultés, sauf les demandes de transport par avion.

L'oxygène est délicat et a toujours été source de souci pour moi. D'abord, c'est (très) froid donc dangereux et ça ne se manipule pas à la légère. Globalement, il faut faire gaffe, et ce d'autant plus que ça ne se marie pas trop avec les corps gras, sauf à vouloir se lancer dans quelque son et lumière de premier choix. Complexité de mise en œuvre des moyens de production, dangerosité du transport[2], surveillance des citernes, contrôle de la qualité du liquide contenu, délais avant pose sur avion d'un convertisseur[3] juste rempli... autant de contraintes qui mobilisent du temps, de l'attention et de l'énergie, sans que les PN en aient cure...

À ce propos, je me souviens d'une petite anecdote. Lorsque plusieurs années plus tard, à l'École de guerre (qu'on appelait

1. Systèmes modernes qui génèrent de l'oxygène pour les occupants de l'avion par « tamisage » de l'air ambiant.

2. Le transport par avion par exemple requiert un appareil spécifiquement dédié et du personnel ayant les qualifications adéquates.

3. Le convertisseur est le réservoir d'oxygène liquide installé sur l'avion.

alors le CID, j'y reviendrai), je devais participer à un exercice théorique de planification d'opérations aériennes. Bien évidemment, les camarades PN de mon groupe s'emparèrent aussitôt de la manœuvre, organisant sur le papier force rotations d'avions-cargos et de combat dans tous les sens, optimisant les emplacements sur les terrains virtuels de notre jeu de guerre... Responsable du volet logistique de l'affaire, je m'autorisais quelques conseils de bon sens, que ces têtes d'ampoule écartaient d'un revers de manche méprisant... Lorsque leur copie fut prête en un temps record, présentation Power Point affûtée avec moult diapositives animées en couleurs mieux que chez Walt Disney, je me délectais de leur faire comprendre que tout leur édifice ne tenait pas debout, tant qu'il n'y aurait pas de l'oxygène sur place, dont le transport par avion est sévèrement réglementé... tout était à refaire ! Le diable se cache toujours dans les détails...

Revenons aux Arabies. À Riyad, nous disposions de citernes de 800 litres d'oxygène liquide, consommées assez rapidement, du fait de la longueur des vols et de l'évaporation inhérente aux températures locales. Il fallait donc bien surveiller les niveaux et anticiper les commandes[4], en passant par l'EMIA[5] pour planifier un aller-retour de Transall vers la base d'Al Asha, avec citerne et mécano convoyeur. C'était évidemment un peu lourd, surtout en pleine effervescence arabique, avec les moyens de communication de l'époque (le mail n'avait pas encore été inventé !).

Les choses ayant été bien organisées, « on » (qui ?) avait souscrit un contrat auprès de l'armée de l'air saoudienne, prévoyant que cette dernière nous fournisse de l'oxygène liquide de qualité aéronautique. Parfait, sauf que le volume spécifié était ridiculement sous-dimensionné par rapport à notre consommation... mais ça, j'imaginais que par le truchement de ressources financières adaptées, il devait peut-être y avoir moyen d'y remédier. En revanche, la perspective de se faire approvisionner directement par un organisme implanté quelque part dans la zone de Riyad était bigrement intéressante sur le plan logistique.

Je pris donc contact – non sans mal – avec un colonel de la base de King Sultan Air Base (ou quelque chose comme ça) et me voilà

4. D'autant plus que l'on ne peut pas consommer l'intégralité de la citerne afin d'éviter des problèmes de contamination du produit.

5. État-major interarmées.

parti, tout seul comme un grand, dans ma petite voiture, plongeant non sans appréhension dans l'enfer de la circulation saoudienne. N'étant pas du cru, il ne fallait surtout pas que je m'éloigne du petit *roadbook* que je m'étais fait, comptant scrupuleusement le nombre de sorties d'autoroutes et les larges voies rapides que je croisais, histoire de ne pas me paumer… car ma carte de la ville était rédigée en arabe !

J'arrivai finalement à la base aérienne recherchée, et me présentai à l'accueil, sorte de « service de semaine », car j'imagine que toutes les armées du monde se ressemblent en fait… Après m'être à peu près fait comprendre, une sorte de géant – noir de peau et de tunique blanche vêtu, avec une petite coiffe sur la tête – me proposa d'attendre, dans la chaleur moite de son bureau (non climatisé mais avec un gros ventilo branlant qui faisait tchouc-tchouc) et m'offrit un fauteuil dont les accoudoirs recouverts de plastique transparent avaient une furieuse tendance à coller aux avant-bras… Par pure sympathie j'imagine, il me proposa un café et des dattes. Sympa ! On nous avait bien briefés avant de venir découvrir ce pays, et c'était écrit en toutes lettres dans notre petit guide du parfait militaire en maraude aux Arabies : « surtout, ne rien refuser quand on vous offre quelque chose, ça risquerait de blesser votre interlocuteur ». Heureusement qu'on avait ce vadémécum ! Et donc ne voulant pas froisser mon nouvel ami, somme toute prévenant avec moi, je m'exécute et accepte un grand gobelet (plastique aussi) de son « café »… Erreur ! La purge totale ! Jamais bu un truc pareil ! La locution « jus de chaussettes » venait de prendre corps ! Et des chaussettes surmenées de randonneur en pays chaud ! Comble de malchance, le Géant noir en a un plein thermos ! Il me faudra au moins deux plaquettes d'Imodium[6] pour me remettre !…

Un certain temps après, qui se compte en heures, je me retrouve, moi et mon estomac qui gargouille, dans le bureau d'un colonel tout étonné de voir un lieutenant de l'armée française venir lui causer d'oxygène. Mais à la lecture du contrat (et sa traduction en arabe), il m'explique qu'il pourra peut-être me sortir l'épine du pied, sauf qu'il faudra reprendre ledit contrat, bien sûr. Néanmoins, on pourra voir, peut-être dans « quelque temps »… Je commençais à percevoir l'Orient compliqué… Finalement, on s'accorde pour un premier plein de citerne,

6. Sans aucun *sponsoring* !

l'important pour moi étant de valider la faisabilité technique dans un premier temps.

De retour à notre « base », j'explique le topo au chef avion ainsi qu'au « sécu-sauvetage », spécialiste de la cryogénie. Notre seule crainte, malheureusement un grand classique, c'est que nos tuyauteries ne se raccordent pas aux citernes saoudiennes. De toute façon, tant qu'on n'a pas vu et essayé… C'est un souci pour tout mécanicien en balade : le raccord des tuyaux pose problème, qu'ils soient d'oxygène, de kérosène ou d'hydraulique… de la plomberie en somme.

Il nous faut tout d'abord un moyen de transport. Le seul disponible est le camion à plateau de la compagnie de la BOMAP[7]. Il sera parfait, sauf qu'il est archi-crado, notamment bien gras de partout, et que théoriquement, ça ne fait pas du tout bon ménage avec l'oxygène[8] ! Néanmoins, on sangle ferme notre citerne sur le plateau, en prenant soin de protéger la soupape qui évacue le trop-plein. Mes deux compères font un peu grise mine. En fait, la perspective de faire un *remake* du *Salaire de la peur* ne les enchante pas vraiment… On était assez loin des normes drastiques du TMD[9] ! Mais on part quand même, et nous voilà rapidement plongés au beau milieu des bouchons et des concerts de klaxons de Riyad, dans les entrelacs des autoroutes urbaines, croisant des poids lourds aux trajectoires hasardeuses et vraisemblablement affranchis du contrôle technique, doublés de tous côtés par des bolides rugissants, pour qui le feu rouge n'est parfois qu'une simple information, le tout sur des chaussées rendues glissantes par la gomme surchauffée… et ce avec 200 litres d'oxygène liquide sur la galerie ! Pas mal comme lave-glace, de quoi faire un chouette feu d'artifice ! Le chauffeur est un peu crispé à son volant, il sue sang et eau pour conduire en souplesse au milieu de ce manège infernal, chaque freinage lui dressant les cheveux sur la tête, c'est à peine s'il ose passer les vitesses. Le « sécu », en place passager, s'inquiète du brêlage de la remorque, et fait le trajet à moitié déhanché par la fenêtre… Une pareille manip ne serait guère (comprendre : pas du tout !) envisageable en métropole, mais bon, qu'est-ce qu'il ne faut pas faire pour « le succès des armes de la France » comme dit la formule…

7. Compagnie de l'Armée de terre chargée entre autres des opérations de chargement et déchargement des avions.

8. En présence de corps gras, l'oxygène peut conduire à des réactions… explosives.

9. TMD : Transport de matières dangereuses.

Ce qui devait arriver arriva : faute d'accord sur les pas de vis, la cryogénie franco-saoudienne n'était pas encore à l'ordre du jour, et il fallut rentrer bredouille ! En fait, malgré la bonne volonté de l'un de mes successeurs qui voudra faire fabriquer en France par des choumaks un raccord (au risque lui aussi de faire un joli « boum » !), la solution de notre problème viendra pour un temps de nos alliés américains... avec qui nous n'étions pas « en froid »... Il faut dire qu'ils n'étaient pas à quelques centaines de litres d'oxygène près.

*La fameuse remorque de 800 litres... De quoi respirer, mais aussi faire un joli « boum » ! (coll. perso)*

Même si les avions volaient régulièrement avec une excellente disponibilité[10], le détam tourna à l'enfer pour cause de relations internes tout sauf détendues... Même le traditionnel repas de fin de détachement, dont je pris l'initiative constatant que rien ne se faisait tant notre chef était accaparé par son intense vie sociale, tourna au fiasco : le cuisinier US auprès de qui j'avais pris soin de commander des « tranches de bœuf maousses pour grillades », nous livra des *hamburgers* ! Ce qui aurait dû être une petite fiesta sympathique tourna à l'abomination, par une soirée glaciale (au propre comme au figuré), le tout arrosé au soda... Était-ce dû à l'importance de l'enjeu du conflit qui s'annonçait inexorable ? Finalement, il était temps de partir et c'est avec soulagement que j'embarquai dans un 747 d'Air France affrété

10. Comme le notera mon compte rendu de fin de détachement : « *Une seule indisponibilité fut à déplorer, concernant une pompe auxiliaire sur l'avion n° 736 (échange de l'organe le 23/11/90)* ». Autant dire, du velours du point de vue mécanique...

pour l'occasion pour assurer les relèves. Le point d'orgue fut quand, juste avant l'embarquement, un soutier percuta l'avion avec son chariot élévateur et faillit compromettre notre départ ! Heureusement, je finis par atterrir en France, en pleine tempête de neige (équipé d'une chemisette car je ne m'étais pas gaffé qu'on n'était pas loin de Noël !), et rentrer tout seul sur Mont-de-Marsan où d'autres aventures m'attendaient...

# La Guerre du Golfe – 2^nde^ époque

Les choses s'étaient précipitées. Les actions offensives avaient débuté, toute l'Armée de l'air était sur le pied de guerre. À Mont-de-Marsan (BA 118), le personnel avait fait l'objet d'un « ramassage » matinal au premier jour du conflit, puis revêtu la tenue de combat au cas où... Des sentinelles prenaient des tours de garde. Crainte du terrorisme ?...

Pour le 03.093, rien n'avait vraiment changé. Le rythme des missions en métropole avait baissé, mais il restait toujours les Mirage IV à entraîner. Régulièrement, nous recevions des avions en provenance d'Istres, parfois avec des visites d'entretien à effectuer, ce qui avait le don de faire hurler « les voyous », mais qui devait de toute façon soulager le 01.093.

Un soir que je dînais avec mon épouse, le téléphone sonna et je fus surpris d'entendre le commandant de la 91^e^ escadre en personne. Diable ! Fallait-il qu'il se passe des choses pour que cet homme important appelât le petit lieutenant du 03.093[1]...

— Écoutez c'est important. Des Américains vont déployer sur la base... des ravitailleurs en vol. Vous êtes chargé de m'étudier rapidement les problèmes posés par leur accueil, notamment au niveau du stationnement sur la plate-forme

— Oui mon Colonel... Combien d'avions ?

— On ne sait pas. Peut-être 5 ou 6. Au fait, ce sont des KC-10 je crois...

— Du KC-10 ?! Mais il est beaucoup plus gros que le C-135 !

— C'est pour ça que vous êtes chargé d'étudier l'affaire. Je vous envoie immédiatement un chauffeur avec le plan de la base.

1. L'ERV 03.093 dépendait pour sa mission de la 93^e^ escadre de ravitaillement en vol basée à Istres, mais était géré administrativement au quotidien par la 91^e^ escadre de bombardement, située à Mont-de-Marsan.

On se retrouve demain à l'embauche pour en parler, avant d'aller en réunion chez le colonel.

Et toc ! Et c'est comme ça qu'une heure après, j'étais sur ma petite table de salle à manger, en train d'étudier le plan de masse de la BA 118, avec un gabarit de KC-10 que j'avais découpé dans du carton. C'est vrai qu'il était gros, le bougre... Avec une envergure qui ne cadrait pas trop avec les portails d'accès sur zones... Le lendemain, comptant présenter le fruit de mes réflexions au commandement, j'appris qu'en fait de KC-10, c'était une unité de la réserve de l'USAF qui débarquait... avec onze KC-135[2] ! Nouvelle donne[3]...

***

La base s'était préparée en conséquence (notamment en ce qui concernait l'acheminement et le stockage de kérosène, le SEA ayant mobilisé toutes ses ressources disponibles dans le Sud-Ouest), mais le soir de l'arrivée des « Ricains » fut grandiose. Les avions commencèrent d'arriver en début de soirée, et il avait fallu les loger là où il y avait de la place : devant l'escale, le CEAM[4], sur le parking de la zone FAS... Ce déploiement « à l'américaine » semait une certaine confusion sur la base, car s'il est une notion que les Américains ont intégrée depuis la Normandie, c'est bien celle de la logistique de masse[5].

Et voilà donc les premiers KC-135 que l'on aligne sur le parking de l'escale. Des types hagards descendent des avions, certains ne savent même pas qu'ils sont en France ! D'autres pensent savoir qu'ils sont en Turquie ! Certains partent à la recherche d'hypothétiques cars ! Les premiers déchargements s'effectuent un peu dans le désordre, et on commence à empiler des mètres-cubes de matériels dans un hangar... On n'en avait presque pas autant pour toute notre escadre !... Néanmoins, la manœuvre était confuse, voire « bordélique »... Et c'est là qu'intervient mon premier joker. Ayant fait rappeler chez lui mon chef magasinier, l'adjudant C., celui-ci rapplique peu de temps

2. La version américaine de l'avion -135 (le KC, K pour *Kerosen*, C pour *Cargo*) diffère légèrement de la version française C-135 FR, entre autres au niveau du plancher (en bois sur la version USAF) et des équipements.

3. La BA 118 avait été choisie pour sa longueur de piste, préférée à Istres dont l'environnement était jugé peu sûr, ou encore Avord.

4. À l'époque : Centre d'expériences aériennes militaires (devenu depuis « Centre d'expertise... »), que d'aucuns brocardaient en « Centre d'extase et d'admiration mutuelles » !

5. Outre les avions, le détachement comprenait environ 350 personnes.

après, en chemise militaire certes, mais sans cravate... les moustaches en bataille, et en bras de chemise ! Sortie d'apéro ? Regard suspicieux de nos amis d'Outre-Atlantique... J'en profite pour faire ramasser dans son bâtiment un de mes sergents « servitudes », qui arrive *illico presto*, quasiment en pyjama (ou du moins son tee-shirt devait faire office de...). Ayant encore sous la main un ou deux mécanos, je leur explique la problématique, et voilà mon petit monde parti pour décharger l'armada américaine « à la façon du 03.093 »... Sous le regard médusé des Ricains, mes compères organisèrent un ballet improbable, pilotant de mains de maîtres leurs chariots élévateurs, dont l'un est équipé de l'arme fatale, l'incontournable panière *home made* estampillée « 03.093 » avec laquelle vider un entrepôt relève de la plaisanterie de garçon de bains. Tournoyant et virevoltant comme des acrobates, tout en ajustant les pales afin de venir s'arrêter au ras des portes cargos, et ça sous les yeux des *boys* médusés... sans doute un peu inquiets pour leurs machines ! Là, deux autres de mes lascars imprimèrent les premières mesures de la fameuse manœuvre dite de la « chaîne humaine », que les touristes US ne furent pas longs à comprendre... Finalement, en moins de deux, la première vague d'avions fut déchargée, tous les bagages déposés et alignés, les caisses rangées. L'USAF était coite, scotchée par ce tourbillon qui avait nettoyé les carlingues en moins de temps qu'il n'en faut pour le dire... Certes le style n'était pas orthodoxe (on ne parle même pas des tenues...), certes les moyens étaient « rustiques » et ridiculement dérisoires, mais quelle efficacité !

*Déploiement de l'USAF à Mont-de-Marsan.*
*Onze KC-135... autant que toute l'Armée de l'air ! (© BA 118)*

Ayant été désigné comme correspondant technique du détachement US, je fus rapidement sollicité ce même soir par une espèce de « colosse kaki » (à cause du treillis), tout à fait aux normes américaines, c'est-à-dire 2 mètres de haut, 120 kilos, un accent à couper au couteau et des antennes de talkie-walkie sortant de toutes les poches. *A priori* en charge de la technique ou de la logistique, ce rude gaillard me marmonna - au milieu du brouhaha dans lequel nous évoluions - quelques bribes d'américain desquelles je compris tout d'abord qu'il voulait de l'azote pour ses roues et un outil de contrôle des blocs de freins, une sorte de petite cale d'épaisseur, que ses troupes ne parvenaient pas à retrouver dans l'instant. Qu'à cela ne tienne, le 03.093 était là, au service des alliés. Je charge un de mes mécanos de s'occuper de l'azote, pendant que je vais récupérer « notre » outil pour les freins (on n'en avait pas trente-six !). Le Géant vert était aux anges, je lui sauvais la mise pour ses freins et la pression des roues était assurée.

Au moment de quitter la base, assez tard ce soir-là (plus vraisemblablement tôt le matin...), je faisais le bilan avec mes mécanos. Il est vrai que ça démarrait fort. Bon, on avait récupéré la cale, c'était l'essentiel. Quant à l'azote...

—Vous vous rendez compte mon Lieutenant, ils voulaient que je leur gonfle toutes les roues qu'ils ont amenées à l'azote... Toutes les remorques de la base n'auraient pas suffi !

— Et alors... ?! (inquiétude)

— Ben, j'ai mis un peu d'azote... Et j'ai tout fini à l'air sec[6] ! Ça ira bien comme ça !

Les bras m'en tombaient des mains ! Pourvu qu'ils ne se rendent compte de rien. De toute façon, c'était trop tard, le coup était tiré. Pour être opérationnel, ça l'était, mais c'était un peu trop *borderline.* Le fait est que cela avait très bien marché, jusqu'à ce que l'on dispose d'azote en quantité suffisante... (le mécano farceur s'est quand même fait copieusement sonner les cloches !).

***

Plusieurs petites anecdotes ont émaillé ce détachement sur la base montoise, indépendamment de quelques amourettes

6. Normalement, on gonfle les roues à l'azote (sec) pour différentes raisons, par exemple éviter les problèmes de corrosion dans les jantes. Le gonflage à l'air sec était une hérésie, que seule l'urgence opérationnelle pouvait justifier.

propices au rapprochement franco-américain… Certains épisodes furent peu glorieux pour nos ailes françaises. Exemple : à leur arrivée, les Américains, fusils M16 en tête, avaient prévu d'assurer eux-mêmes leur protection, chose dont il fallut les dissuader en les assurant des compétences de nos propres commandos… Tout alla bien jusqu'au matin où une équipe US, à la PPV de l'avion, découvrit un paquet de biscuits bourré dans une écope du circuit de conditionnement de l'appareil. Sans doute qu'au milieu de la nuit, le veilleur de garde eut un petit creux ? Grondement de tonnerre d'un chef ricain, et crois-je me souvenir, punition pour notre amateur de gâteaux secs. Premier mauvais point pour nous. Autre mauvais point, sans idée de chronologie : l'échange d'un équipement en haut de la dérive d'un KC-135 – soit à 13 mètres de hauteur environ – était *a priori* nécessaire. Il fallait donc utiliser une nacelle élévatrice (forcément, celle du 03.093, toujours « dispo »), mais sa conduite était réservée à du personnel français. Et donc un joyeux luron embarque dans ladite nacelle, en compagnie d'une charmante mécanicienne américaine… Le dépannage dura quelque peu… la nuit était bien avancée et commençait à fraîchir sérieusement. À force de durer – la mécanicienne devait vraisemblablement rencontrer des difficultés – la nacelle élévatrice commença à faire des siennes, car la sécurité « trop chaud » se mit en action… et le moteur de la nacelle s'arrêta net. Malgré la fraîcheur des nuits du grand Sud-Ouest, il fallut un temps certain pour que la sécurité refroidie autorise la remise en route de la machine. Durant cette attente, le mécano « *frenchie* », tout en restant fort correct, fut on ne peut plus aux petits soins pour la jolie mécanotte, qui n'en demandait pas tant… pas plus que ses patrons qui commençaient à trouver la plaisanterie saumâtre. Il faut dire que dans l'imaginaire US, le *frenchie* est forcément un dangereux obsédé libidineux à l'hygiène douteuse… Outre les facéties imprévisibles d'un matériel à l'échelle 0,5 à leurs yeux, les mamours du *French lover* – surtout en plein dépannage – n'étaient pas vraiment de leur goût… Deuxième mauvais point. Néanmoins, le coq gaulois releva la tête face au pygargue américain.

Constatant de piètres performances sur plusieurs de leurs moteurs, le Géant vert vint se plaindre à moi, commençant d'émettre de furieux soupçons sur la qualité du carburant que nous leur délivrions. Pourtant, toutes les caractéristiques leur avaient été fournies, et le SEA me confirma que toutes les spécifications OTAN étaient bien respectées. De fait, profitant de la présence sur la base de deux de mes anciens mécanos réacteurs du GERMaS, il a bien fallu rappeler (et démontrer !) aux mécanos US qu'il suffisait simplement d'ajuster le correcteur de densité pour s'adapter à la gamme de carburant fourni, en tournant une petite molette sur le moteur... Leurs CFM – les mêmes que les nôtres – se refirent instantanément une santé...

Je me souviens que parcourant un soir le parking dévolu aux tankers US, le Géant vert m'annonce qu'il va devoir envoyer deux avions en réparation en Espagne (si ma mémoire ne me fait pas défaut), car ne disposant pas des compétences requises sur place. Par solidarité, je m'inquiète des pannes justifiant d'un tel envoi au niveau supérieur de maintenance. Effectivement, un KC-135 a un problème de train, un autre a un problème sur une petite tuyauterie à l'arrière de l'avion, juste avant d'attaquer le boom. Plein de sollicitude, je lui suggère de prélever – Ô sacrilège ! – ladite tuyauterie et de la monter sur l'autre appareil. Je vis nettement planer le spectre hideux de l'incompréhension puis de la honte de convenir que cette solution iconoclaste avait le mérite, aux échanges de joints près, de préserver la disponibilité d'un avion sur deux. Les méthodes françaises n'avaient pas encore franchi l'Atlantique, mais notre prestige était restauré[7].

***

Au-delà de la confrontation des méthodes et des moyens, force est de reconnaître que le rouleau compresseur américain avait de quoi impressionner.

Comme quelques chanceux, j'ai eu l'opportunité d'effectuer un vol opérationnel à cette période. Un vol de guerre somme toute... L'action débuta le soir tombé, pas tout à fait au crépuscule. Les C-135 mettaient en route les uns après les autres, et l'on distinguait leurs feux de position s'allumer le long du parking, dessinant peu à peu une sorte de guirlande de bodega dans la brume du soir. Affecté au premier avion du dispositif, je voyais nettement par le hublot latéral les lourds Boeing gavés de kérosène s'arracher de leur place de parking pour rouler le long du taxiway.

7. Peut-être aurais-je aussi dû évoquer l'épisode burlesque des spécialistes US escortés dans une quincaillerie locale pour commander un outil aux dimensions anglo-saxonnes particulières... Le choc entre l'Oncle Sam et le commerçant, blouse grise et béret de rigueur...

Le décollage se fit « à l'américaine », selon la procédure du *rolling take off*, c'est-à-dire sans s'arrêter en bout de bande pour mettre la puissance avant un lâcher des freins.

Et les avions s'égrènent les uns derrière les autres... et un (le nôtre), et deux, et trois... en tout une bonne douzaine de ravitailleurs, chacun chargé de 80 tonnes de kérosène. Une fois en l'air, dos au soleil couchant, les appareils se disposent en « box » pour s'enfoncer dans cette nuit guerrière, tout comme les B-17 lors de la dernière Guerre mondiale. On est en plein *remake*, sauf que ce n'est pas du cinéma...

Notre mission est simple : rejointe au-dessus de la Grèce d'un groupe de B-52 partis d'Angleterre. La guerre se joue à l'échelle de la planète. Comment les Irakiens peuvent-ils faire face à une telle débauche de puissance ? Par quelle folie ce cinglé de Saddam a-t-il engagé son pays dans ce match perdu d'avance ?...

La première partie du vol est « cool », comme disent nos amis ricains. Mon commandant de bord, un grand blond sympa, dentiste dans le civil, me laisse même aux commandes de l'avion (PA déconnecté, mais avec le copilote en place droite !) pendant qu'il va se servir un café américain (une autre purge renommée) dans un *mug* assurément très US... Au point de rendez-vous, l'ORV US m'indique que « c'est pour bientôt », et m'invite à le suivre dans la gondole du boom. Le spectacle qui s'offre à mes yeux est hallucinant.

Au-dessus d'une mer de nuages, à la lumière de la pleine lune, un B-52 sombre et menaçant nous suit dans l'axe, à bonne distance, se détachant nettement dans la nuit grecque. Nous sommes dans un gigantesque aquarium avec des espèces de squales assez dangereuses qui rôdent en dodelinant des ailerons... En fait, chaque tanker a la charge de ravitailler un bombardier. Le boom est descendu, le B-52 commence son approche... il est énorme, son envergure est démesurée, dépassant nettement sur les côtés des vitres de la gondole ! Va-t-il nous percuter ou nous engloutir ? Gris-bleu-violacé, il s'avance menaçant, ayant déjà ouvert son évent sur son dos, prêt à recevoir l'extrémité du boom pour téter goulûment le kérosène qui lui permettra de foncer vers l'Irak. Sous ses plumes, des réservoirs pendulaires et des poutres chargées de bombes... des vraies. Le *boomer* m'indique qu'avec ce qu'il a en soute, c'est presque 20 tonnes d'armement qu'il se prépare à balancer sur l'armée de Saddam Hussein ! Le B-52 s'approche de l'extrémité de la perche, on distingue nettement les deux pilotes côte à côte dans la cabine. C'est étonnant de voir comme cet avion est en fait assez fin de fuselage... Là, le premier contact va s'opérer, et à l'instant où les deux avions vont s'attacher par le *boom*, une gigantesque étincelle zèbre la pénombre comme un flash, nous laissant des étoiles dans les yeux ! « Écoulement de charges électrostatiques » me dit l'ORV. Je reste interdit, un brin inquiet, car il y a du carburant à l'extrémité du tuyau, et de voir ce bel « allume-gaz » au bout d'une citerne de pétrole me fait une drôle d'impression... Toujours est-il que le B-52 étanche sa soif, en plusieurs fois « pour s'exercer » me dit l'ORV en ricanant. C'est dire s'ils maîtrisent leur affaire ! Néanmoins, je reste dubitatif quant à ce *joke*... Fin du transfert, le B-52 *disconnect*, recule dans l'axe, s'essuie les moustaches et referme son réceptacle dorsal... puis s'enfonce dans la nuit... pour aller faire une tranchée de 200 mètres de long sur 20 mètres de large... L'excitation de participer à cette mission opérationnelle me laisse finalement le goût amer de savoir que de pauvres hères, jouets d'un dictateur sans états d'âme, auront sans doute disparu du fait des bombes que j'ai aperçues un peu plus tôt. L'aviation militaire est chouette. La vraie guerre est moche.

*Huit moteurs pour une mission... d'envergure*
*(photo non d'époque - © BA 118)*

# Fin d'une époque – La dissolution

La guerre prit fin. On fit des cérémonies et on distribua des médailles... On replanta même un arbre en grande pompe à Mont-de-Marsan car il avait fallu déboiser quelque peu la base pour que les tankers US circulent à l'aise aux abords de certains parkings avion (difficulté que n'avaient jamais rencontrée nos équipages, soit dit en passant), et l'Américain est soucieux de ses dettes écologiques... Néanmoins, en ces temps de paix revenue, la donne avait changé, à l'image du contexte géopolitique global. Ainsi l'Armée de l'air se devait aussi de s'adapter et de faire évoluer ses structures, ne serait-ce que pour « faire mieux avec moins »...

Cela faisait quelque temps que l'on avait entendu parler d'une restructuration au niveau des FAS et de la 93e escadre en particulier. En clair, il fallait que les deux « petits » ERV n'en fassent plus qu'un et fusionnent en un ERV « moyen », censé travailler à l'exemple du « grand 01.093 » qui bien évidemment, ne pourrait jamais être égalé en qualité et performance... Forcément. La question était de savoir qui de Mont-de-Marsan ou d'Avord allait devoir fermer.

Il nous fallut donc monter un dossier aussi étayé que possible, justifiant de conserver les Landais au détriment des Berrichons. Au niveau des OPS, les choses n'étaient pas trop compliquées, en ce sens que l'on bénéficiait déjà du support de la 91e escadre de bombardement, notamment pour le soutien administratif et les transmissions. Par ailleurs, il aurait été aussi assez facile d'accueillir des équipages supplémentaires en se serrant un peu dans les bureaux. C'est au niveau des services techniques que les choses étaient plus compliquées car la place était comptée, y compris au niveau des parkings avion. Alors certes, au prix de la construction d'un petit hangar de stockage, de quelques efforts de rationalisation des espaces, par exemple au vestiaire des mécanos, on devait y arriver tant bien que mal. Tout le monde y crut, personne ne voulut penser que « la Louve romaine », emblème de l'escadron, serait remisée au rayon des souvenirs, avec son fanion dans un placard poussiéreux du service historique de l'Armée de l'air...

Las, la décision tomba un jour comme un couperet, et c'était bien Avord qui était retenu comme berceau de la future unité et le grand 03.093 « Louve romaine » (*First arrived, last to leave* comme on le disait juste après les opérations du Golfe) était dissous en tant qu'escadron autonome. Le bal de fin fut l'occasion de quelques débordements festifs, peut-être un peu avinés, mais aussi de quelques larmes (sans doute que les premiers favorisaient les secondes ?...). C'était la fin d'une époque, il fallait passer le relais au 02.093 d'Avord, qui assurerait désormais la fusion des deux escadrons...

Un de mes collègues qui avait eu la tâche de dissoudre l'escadron de bombardement de Saint-Dizier me donna quelques tuyaux, notamment sur les textes réglementaires fixant les délais impartis pour une dissolution. Il m'avait même laissé entendre que toute dissolution (forcément réussie car correspondant à une manœuvre comptable) s'accompagnait généralement d'une lettre de félicitations. Il faut dire que rendre les comptes les plus exacts possible d'une unité fondée en 1964, qui connut la grande réforme de 1976[1], qui bourlingua de par le monde, par tous les monts et les vaux depuis sa création, en ayant en exploitation du matériel de différentes gestions, n'était pas forcément immédiat. D'autant plus que les choses étaient bien faites, il fallait par exemple rendre des véhicules techniques (type tracteurs de piste) plus neufs que neufs ! Passage en peinture et accastillage d'origine complet obligatoire ! Heureusement que nous sommes allés mener quelques opérations commandos dans l'escadron Mirage IV d'à côté !... Mais en définitive, les choses allaient bon train, sans trop de perte en ligne. Juste un vieux chariot porte-munitions qui datait de 1964 nous fut renvoyé avant expédition pour le Pacifique, car il manquait le lot de bord (un carnet et deux outils se battant en duel !).

1. Cette année-là, les FAS connurent une profonde restructuration qui rebattit complètement le jeu des unités.

Un petit zoom au passage sur les nécessaires qualités d'adaptation de l'officier mécano. Ce fut à l'occasion d'une belle journée d'été, coïncidant souvent avec les diverses cérémonies militaires scandant la vie des unités. C'était donc jour de festivités dans la zone FAS à Mont-de-Marsan (une prise de commandement), forcément assortie d'un « créneau de silence » afin de conférer la gravité et la solennité requises à l'événement. Cependant notre dissolution continuait et il nous fallait encore et toujours évacuer du matériel, notamment vers Istres. C'est pourquoi j'appris qu'un C-135 était prévu de passer avant le créneau fatidique, afin de récupérer des colis en souffrance, et de partir dans la foulée, avant le début des hostilités. Pour une raison qui m'échappe aujourd'hui (comme quoi, on vieillit !), je n'avais plus de personnel disponible au jour et à l'heure dits... mais pourtant ce foutu Boeing était bien prévu d'arriver... Du coup, je réussis à réquisitionner un armurier de l'EB 01.091 que je connaissais, car il avait travaillé avec nous du temps où nous équipions nos avions de leurres thermiques[2]. Le seul petit détail, c'est qu'il était prévu de cérémonie, donc en belle tenue sergé avec ses guêtres et ses gants blancs ! Fort de l'expérience acquise au cours des deux années, je me suis donc emparé d'une paire de raquettes et je réussissais à plus ou moins guider l'avion jusqu'à sa place de parking, mon armurier poussant les cales sur le train avant... Pas question de mettre le groupe en marche ou quoi que ce soit, on assurait le strict minimum... Heureusement qu'il n'y a pas eu de pépin du style « feu moteur » ou quelque chose comme ça, on aurait été beaux ! (mais j'avais prévu les extincteurs obligatoires tout de même, et on savait s'en servir).

L'accueil de l'avion par ces deux pistards improvisés ne posa pas de problème, mais surprit un peu. Dès la coupure des moteurs je m'entretenais avec l'ORV et le commandant de bord pour leur exposer la criticité de la situation, compte tenu du *timing* serré. Outre quelques colis soigneusement alignés dans la désormais fameuse panière du 03.093, j'avais deux palettes à charger. À la guerre comme à la guerre, je fonçais récupérer le chariot élévateur « 3 tonnes » équipé de la cultissime panière et me mettais aux manettes... sans avoir ni le permis pour, ni la

2. Durant la première guerre du Golfe, les C-135 furent équipés de lance-leurres qui éjectaient des cartouches destinées à tromper les éventuelles conduites de tir ennemies. Le châssis avait pris la place de l'antique radar Doppler dans le ventre de l'avion, et était chargé par des armuriers dont la 93e ERV ne disposait pas à l'époque.

formation, ni l'autorisation validée par le chef des Moyens techniques ! Je n'avais que ce que j'avais pu observer (et tester) durant ces deux ans et c'est fort de ce principe inoxydable que je me dirigeais vers le Boeing.

La seule petite difficulté dans la manœuvre d'un chariot élévateur, c'est qu'il faut coordonner les mouvements des pales (hauteur, inclinaison...) et maîtriser l'approche de l'avion car une légère fausse manœuvre, et c'est l'emboutissage assuré, avec les félicitations du jury à la clef ! S'agissait pas de réitérer l'exploit du soutier des Arabies sur le 747 d'Air France ! C'est donc en nage et au mépris de mes angoisses que j'approchai le chariot au millimètre, guidé par mon armurier bienveillant qui s'empressa de grimper dans le cargo après avoir assuré le blocage de la roue du chariot par une cale *ad hoc.* C'est à ce moment que je réalisai ma folie : sans doute aveuglé par ces deux ans passés sur le terrain et enivré par le tempo de la journée, je n'avais pas mesuré que virevolter avec un véhicule technique aux abords d'un avion, cela s'apprend ! Il y a même des gens dont c'est le métier ! Ainsi, chaque action sur un levier m'occasionnait angoisse et suée, aussi réfléchissais-je à deux fois : est-ce le bon ? Qu'est-ce qu'il se passe si je le pousse dans ce sens-là ? Et dans celui-là ? Surtout, ne pas se planter ! Mais pour une fois la chance me sourit et je pus amener la panière à la lisière de la porte cargo afin que mon mécano de circonstance puisse procéder au déchargement. La manœuvre inverse m'occasionna le même stress, car il ne s'agissait pas de tout faire capoter au dernier moment par une fausse manœuvre ! *In fine*, nous pûmes charger l'avion, l'armurier put rejoindre sa section de cérémonie juste à temps et je réussis à convaincre l'ORV de faire partir l'avion... Ce que je retiens de cette historiette, c'est qu'il n'est pas immédiat pour un officier mécanicien de remplacer au pied levé ses sous-officiers, n'en déplaise à certains stratèges que j'avais connus et qui s'estimaient aussi forts que n'importe quel chef d'équipe... Certes, il est plaisant de participer à la bidouille sur avion pour qui aime la mécanique, mais il faut savoir jusqu'où aller. Plusieurs fois au cours de ma carrière, je céderai au plaisir de mettre la main à la pâte, mais souvent sous le contrôle expert de mes spécialistes qui pour le coup, sauront me cornaquer rênes courtes ! Il m'arrivera pourtant un soir de vol de nuit d'emmener mon officier adjoint inspecter un parc de Mirage F1 (il s'agissait d'aller vérifier les protections thermiques du compartiment des servocommandes de profondeur), à la suite du classique message de 18 heures exigeant un compte rendu de l'état du parc dans les délais les meilleurs... Pour le coup, les pilotes traversant le hangar pour partir en vol de nuit furent pour le moins surpris, limite inquiets, de voir leurs officiers mécanos visseuses électrique en main en train de déposer les capotages des F1... Ce soir-là, je fus très scrupuleux dans la dépose de la cohorte de vis... s'agissait pas d'en paumer une !

Revenons à notre dissolution du 03.093. Pour l'ex-commandant du GERMaS monté en grade et devenu CST escadre, les choses n'allaient sans doute pas assez vite. Après m'avoir accusé de traîner les pieds, il m'enjoignit de gagner Avord dans les meilleurs délais... Résultat des courses, en tant que bon militaire, j'obéis aux ordres donnés, et je laissai la fin de l'exercice à un vieux PN (ORSA[3] !) à deux doigts de la quille. À lui de se dépatouiller avec la réintégration de l'outillage et autres restitutions de matériels de bureau et découvrir les arcanes de la logistique... Inutile de préciser que la fameuse lettre de félicitations n'avait plus cours ! En route pour le centre de la France donc... « Il faudra apprendre à travailler comme à Istres », comme ils disaient à l'escadre.

*Quelques-uns des voyous du formidable ERV 03.093 « Landes »...*
*le jour de la fermeture de l'escadron (coll. perso)*

3. Officier sous contrat. L'intéressé était d'ailleurs affectueusement surnommé « Papy ».

# Les copains d'Avord

Nommé capitaine avant de quitter Mont-de-Marsan, je débarquai comme chef des services techniques à l'ERV 02.093 « Sologne », notre *sister squadron.* C'était l'occasion de découvrir la BA 702 (Avord) à proximité de Bourges, mais aussi un esprit et une façon de travailler presque comparables à celles de mon escadron précédent, sauf que l'atmosphère y était un peu moins « explosive »... Sans doute que le calme Berry est plus propice au repos de l'âme que l'exubérant Sud-Ouest... Que diable, on n'a jamais vu George Sand dans une Bodega ! Le sentiment d'être isolés, loin de la maison mère et de l'escadre, mais « forcément » porteurs de tous les vices était assurément présent, ce qui paradoxalement renforçait le sentiment d'unité. C'était d'autant plus vrai que quelques mécaniciens de Mont-de-Marsan m'avaient suivi dans ce regroupement d'escadrons. J'y ai passé une petite année où mes relations avec l'escadre ont atteint des sommets d'acrimonie, et dont je garde en mémoire quelques coups de poignard dans le dos « bien sentis » qui n'ont fait qu'ajouter à mon aigreur grandissante. Il ne sera que temps que d'aller respirer ailleurs... Une petite « mise au vert » en école d'ingénieur à Toulouse à l'ENSAé[1] pour deux ans, puis comme professeur à l'École de l'air n'était pas pour me déplaire. Mais il y eut quelques anecdotes techniques savoureuses, au premier rang desquelles je retiendrai la journée portes ouvertes, dite « JPO ».

La BA 702 eut pour tâche d'organiser aux beaux jours une JPO, qui classiquement comprenait une exposition de matériels (aériens notamment) et des démonstrations en vol. Notre premier C-135 fut donc réquisitionné pour le plateau statique. *Boom* baissé, on lui cloqua un Mirage 2000N au derrière pour un simulacre de ravitaillement en vol, et le tout fut empaqueté derrière moult

1. École nationale supérieure de l'aéronautique et de l'espace, encore appelée « Sup'Aéro ».

barrières, de sorte que l'avion n'était plus accessible. Nous disposions d'un second appareil qui devait faire l'objet d'une opération de maintenance (une vérification au pas de 200 heures de vol dite HP2) mais devait en plus assurer le « spare[2] » pour certaines missions au départ d'Istres (une décision récente imposait que toute mission de ravitaillement disposât d'un avion de secours, le fameux « spare », où qu'il fût sur le territoire). La JPO se tenait le week-end et avait requis bien du monde, y compris dans l'unité, car organiser un tel barnum monopolise toutes les énergies disponibles. J'avais juste conservé une équipe d'alerte pour effectuer notre fameuse HP2 dans les délais les meilleurs, de façon à pouvoir assurer notre tour de *spare* au jour dit.

L'opération débuta classiquement, sans trop de soucis, l'affaire revêtant somme toute un caractère routinier. Tout allait trop bien, jusqu'au moment d'aller vérifier les échangeurs thermiques sur les moteurs. Il faut dire que l'environnement d'un moteur d'avion est une zone assez hostile, puisqu'il y fait généralement chaud et que ça y vibre pas mal. Les organes mécaniques y sont donc soumis à rude épreuve... Et bien évidemment, lorsqu'il s'est agi de déposer les échangeurs, certaines vis vinrent à casser net. Tout cela aurait été sans importance si l'on avait pu disposer de vis de rechange, mais les choses sont bien faites et dans le cadre de la loi de l'emm...t maximum, des vis, on n'en avait pas assez. Encore une fois, avouer ce dysfonctionnement aux cadors de l'escadre aurait jeté le discrédit sur l'escadron, d'autant plus que l'on ne pouvait plus assurer notre fameux tour de *spare*. Comme à cette époque l'Armée de l'air intégrait dans ses rangs les nouveaux avions radar AWACS[3] extrapolé du Boeing 707 et que cet avion est assez cousin du C-135, la tentation fut grande d'essayer d'y trouver quelques vis qui pourraient faire l'affaire. Ce qui fut fait, sauf que le compte n'y était pas et qu'il en manquait (au moins une de mémoire). Nous étions donc plongés devant un dilemme technico-logistique majeur, aux conséquences opérationnelles avérées : pour une foutue vis (certes au label aéronautique, c'est là toute la subtilité), la visite de notre C-135 ne pouvait se poursuivre et il allait falloir demander aux caciques de l'escadre de bien vouloir

2. *Spare* : anglicisme pour « remplaçant ».
3. AWACS : *Airborne warning and control system* - ou SDA en français pour Système de détection aéroporté.

entériner notre défection. Un coup à ruiner notre réputation, auquel je ne pouvais me résoudre. Alors des vis (de bon diamètre et au pas correct) on en a trouvé ! Certes, elles ne sortaient pas d'un équipementier aéronautique... Certes, la longueur était à corriger à la scie à métaux ! mais bon, j'assumais la prise de risque (au grand dam de certains de mes mécanos pour lesquels cette hérésie majeure violait leurs principes les plus sacrés), et je déclarais l'avion bon de vol. Et on n'en était pas à *une* vis sur je ne sais combien, les autres auraient forcément suffi ! et puis ce n'était *qu'une* vis me disais-je (*in petto* pour me rassurer...). À cette époque, la débrouillardise de terrain – parfois légitimée dans certaines circonstances exceptionnelles – cadrait mal avec la navigabilité des aéronefs telle qu'on l'entend aujourd'hui. Cela dit, j'avais estimé les circonstances exceptionnelles[4] !

Heureusement, l'avion n'eut pas à prendre l'air et nous pûmes récupérer une vis conforme dans les délais impartis grâce à une liaison logistique inopinée entre Istres et Avord, de façon à remettre notre avion en l'état, tout beau tout neuf. Pas vu pas pris ! C'était somme toute de la réparation « dommages de combat[5] » qui s'ignorait. Encore une fois, j'étais en avance sur mon temps...

Et puis le 02.093 « Sologne » fut dissous, comme les autres...

*Le parking du 02.093 « Sologne », un an avant sa dissolution, commun avec celui des AWACS. Un 4ᵉ C-135 est en zone d'alerte (coll. perso)*

4. Je devais récidiver quelques années plus tard, sur Mirage F1, en développant le concept de l'écrou à usage unique « réutilisable »... (après inspection technique).

5. Réparation dommages de combat (RDC), aujourd'hui appelée « de circonstances » : techniques de réparation « bouts de ficelle » mises au point afin de garantir un vol à un aéronef endommagé. Les premières bidouilles « à la Mac Gyver » se sont largement améliorées, conduisant aujourd'hui au concept de Réparation de circonstances, bien empaqueté dans la politique générale de Navigabilité. L'adaptation de ces techniques au C-135 fut néanmoins assez laborieuse.

# Retour à Salon

Deux ans d'études à Sup'Aéro furent pour moi une vraie cure de jouvence. Certes le rythme et le volume de travail, compliqués par la venue d'un nouveau-né, rendirent cette période pour le moins intense. Pour autant, cela fut captivant sur le plan de l'acquisition des connaissances, et sur un plan militaire, je quittais enfin ce marais glauque qu'était devenue pour moi la 93e escadre. Bien évidemment, la gestion d'une carrière militaire doit toujours se faire avec un coup d'avance, et à peine entamée la seconde année d'école, il s'est agi de trouver un point de chute, compatible avec les besoins de la DPMAA et accessoirement mes aspirations. Coup de chance, ma spécialisation en turbomachines m'ouvrait la voie à un poste de professeur de propulsion à l'École de l'air de Salon. Je devenais le cador du turboréacteur...

Cette place était bigrement intéressante pour moi, car elle me permettait de creuser des sujets qui me passionnaient et que je n'avais parfois que trop rapidement survolés à Sup'Aéro. Accessoirement, il m'arriva aussi d'intéresser parfois quelques élèves à ma matière, ce qui confinait à la plénitude ! Au passage, je m'attelais à un travail de cheval de labour, afin de rebâtir entièrement le labo de propu, dynamiser les cours, les exercices et les contrôles, repenser les TP et *in fine* moderniser tous les supports pédagogiques. Et comme souvent, une idée de génie me traversa l'esprit...

À cette époque, un major à la retraite, en cheville avec un musée aéronautique de la région, se trouva intéressé par un certain nombre de nids à poussière que j'avais dans mon labo (les fameux supports pédagogiques...). Pièces de musées intéressantes en soi, mais pour certaines complètement obsolètes. Assurément, un compresseur moderne d'un moteur de poids lourd était plus *up to date* qu'un turbocompresseur de Dewoitine, pour historique qu'il fût ! Je lui proposai donc un marché honnête : je m'attachais à voir avec la DCMAA comment lui rétrocéder les tas de ferraille qui l'intéressaient, et lui en retour se disait disposé à me laisser en prêt pour un temps le moteur d'un MiG-23 qu'il avait récupéré en ex-RDA. Mon idée était de faire faire aux élèves un peu de technologie comparative et de *retro-engineering* (matériaux, choix techniques, profils aérodynamiques...). La réponse vint d'en haut (à quel niveau de la hiérarchie, mystère ?) : « pas de matériels d'origine soviétique à l'École de l'air ». Un oukase en quelque sorte. J'en déduisais qu'il ne devait donc y avoir personne issu du Normandie-Niémen[1] au sein du commandement. Je restais donc avec mes moteurs franchouillards et mes chères pièces de musée, le major en retraite resta dépité. Mon génie avait fait flop.

1. Le Normandie-Niemen est actuellement un escadron de chasse qui tire ses traditions de la prestigieuse unité qui se couvrit de gloire en Russie durant la Seconde Guerre mondiale.

Troisième partie

# Le Mirage F1 CR

# Le 02.033 « Savoie »

Printemps 97. Au terme de mon mandat d'honorable professeur à l'École de l'air durant lequel j'avais essayé d'inculquer les rudiments de l'aérothermodynamique à quelques promotions montantes, j'apprends incidemment que je suis affecté comme chef des services techniques (donc une troisième fois !) du Glorieux Escadron de reconnaissance 02.033 « Savoie ». Inquiétude. Cela fait cinq ans que j'ai quitté les forces, le paysage de l'Armée de l'air a beaucoup changé, et je ne suis pas sûr d'avoir un référentiel à jour... Qui plus est, débouler *ex abrupto* au sein d'un escadron de combat – et pas n'importe lequel – ne me semble pas forcément de tout repos, surtout que je ne connais absolument pas le Mirage F1 qui équipe ma future unité. Pour parachever le tout, les escadrons de reconnaissance, de par leurs capacités à récolter du renseignement, sont de tous les combats. Dès que « ça se fritte un peu » quelque part sur la planète, tous les états-majors veulent savoir ce qu'il s'y passe. Autant dire qu'il vaut mieux être opérationnel ! Seulement moi, je ne connaissais que les FAS et le C-135. Il allait falloir s'adapter. Surtout qu'un camarade m'ayant précédé d'un an comme professeur à Salon, et affecté ensuite au 01.033 (autre *sister squadron*), me confirma par téléphone qu'effectivement, « ça piquait un peu les yeux au début »... Et me voilà parti, quittant la Provence pour la Champagne, avec un soupçon d'angoisse...

***

Première prise de contact. La base est uniformément de couleur vert kaki, les routes sont noires, de la couleur du ciel, bien plombé de nuages. Je découvre en fait la Force aérienne de combat, autrement dit la FAC, ancienne FATAC (Force aérienne tactique), dont le nom se suffit à lui-même pour évoquer le *staccato* d'une arme automatique. Ici, c'est la guerre… ou pas loin. D'ailleurs, les hangarettes abritant les chasseurs sont là pour le prouver. Nous sommes au cœur de l'Armée de l'air, la vraie, « encore plus opérationnelle », de celle qui fait peur… ou rêver, c'est selon. Débarquer dans une boutique de 160 mécanos, sur un système d'armes totalement inconnu m'incitait à la prudence. Petite surprise au départ : normalement, le « directoire » des services techniques de l'unité était assuré par trois officiers et deux majors. À mon arrivée, il n'y avait qu'un major ! Ouille ! Les autres étaient éparpillés entre le Tchad, l'Arabie saoudite et un déploiement quelque part en Belgique… Car c'était ça, la réalité de cet escadron. Comme je me plaisais à le dire : « Dans le hangar, les valises de ceux qui partent croisent celles de ceux qui rentrent »… Assurément, l'unité était opérationnelle, ultra-rodée, affûtée comme un sabre japonais, fière de son histoire, de sa culture et de son expérience. Ses faits d'armes l'avaient conduite au Tchad, en Arabie, en Turquie, en Italie, en Centrafrique… on pouvait facilement remonter jusqu'à la Première Guerre mondiale ! Car « La 33 », c'était quelque chose ! C'est quand même cette escadre qui restait dépositaire du souvenir de Saint-Exupéry. D'ailleurs, sa photo trône dans un couloir de l'escadron. Passons sur les querelles de traditions des unités militaires – mais c'est bien dans *Pilote de Guerre* que l'on peut lire « *Je rentre chez moi. Le Groupe 2/33 c'est chez moi. Et je comprends ceux de chez moi* ».

Le 02.033 « époque moderne » était incontestablement une redoutable machine de guerre, dont l'un des ressorts essentiels était l'identification du personnel mécanicien à la mission de reconnaissance, fruit d'une réelle connivence unissant pilotes et mécaniciens, acquise au fil des nombreux déplacements. Revers de la médaille, la gestion « administrative » des services techniques se devait d'être un tant soit peu toilettée, tâche à laquelle je devais m'atteler durant deux ans. En attendant, il fallait « prendre la température », observer, apprendre et s'installer à la tête de cette machine infernale. Fort heureusement, tout le staff technique – officiers, majors et chefs de service – était composé de « solides », des « velus » qui en avaient vu des vertes et des pas mûres, et qui avaient su faire leurs preuves. Il en était de même pour les plus jeunes, qui avaient su mériter leur place dans l'unité.

Néanmoins, l'affaire se présentait comme assez complexe pour moi, car les capacités du Mirage F1 CR (version reconnaissance de l'avion) conféraient à cet escadron un spectre d'activités assez large qui n'était pas immédiat à appréhender. La fonction « reconnaissance » recouvrait la mise en œuvre d'un certain nombre de capteurs : différents types de caméras, des systèmes optiques infrarouges, des nacelles diverses (radar, bidon photo, « pod[1] » d'analyse de signaux électromagnétiques...). Chacun de ces équipements correspondait à des systèmes d'exploitation et de traitement particuliers, généralement empaquetés dans des cabines mystérieuses que le béotien ne saurait distinguer du premier coup d'œil, sortes de gros cubes vert kaki, potentiellement projetables par avion. Parallèlement, l'avion avait aussi de réelles capacités air-sol et disposait de toute une panoplie d'armements à délivrer sur son prochain. Sans oublier une capacité d'autodéfense air-air, avec ses missiles Magic II[2]. Ça changeait quand même beaucoup par rapport au C-135 !... Néanmoins le F1 était un avion bigrement sympa, esthétiquement très réussi, fin et taillé pour la vitesse, bien campé sur ses petites pattes. En outre, il était très bien conçu et franc du collier, sans réelle surprise quant à sa mise en œuvre ou sa maintenance, autant dire une machine attachante...

*Superbe appareil que le Mirage F1 CR, ici en configuration « reco », lors d'un détachement (coll. perso)*

1. Équipements accrochés sous le ventre de l'avion.
2. Missile à guidage infrarouge, c'est-à-dire attiré par les sources de chaleur de la cible, et se plaçant en bout d'aile sur le F1. Le F1 CR est une amélioration du F1 C de défense aérienne dont il garda les capacités originelles.

Les premiers temps, j'analysais donc le déroulement des opérations quotidiennes. Première surprise, les mécanos se barraient le soir en laissant des avions en panne. Certes, avec un parc de vingt machines, on peut « voir venir » plus facilement qu'avec un parc restreint. Paradoxalement, les parcs aériens étoffés donnent plus de souplesse dans leur gestion. Néanmoins mes vieux réflexes alimentaient ma stupeur. Et mon chef de hangar, le major GG de me dire :

« À quoi ça sert de se mettre la pression sachant que "les cochers[3]" n'ont besoin que de quatre avions au premier tour ? Avec six on assure déjà deux *spares*[4], et voyez sur le tableau, on a prévu avec l'atelier dépannage d'en sortir deux en milieu de matinée pour le second tour, puis normalement deux autres dans l'après-midi si les "petites mains[5]" veulent bien s'en donner la peine... »

Alors va, je me pliais aux impératifs du dialogue technico-opérationnel. La chance que nous avions et que je découvrirais rapidement, c'est que nos chefs pilotes étaient certes exigeants, mais loin d'être bornés dans une tour d'ivoire, en tout cas à notre écoute et ouverte au dialogue. Globalement, le « chef OPS » m'exprimait le vendredi ses besoins pour la semaine suivante, fonction des exercices, des impératifs de formation des jeunes pilotes, des qualifications à passer, des armements à tirer... Il me demandait donc un nombre d'avions « en lisse » (généralement deux), c'est-à-dire sans quasiment aucun emport externe sauf les lance-missiles de bout d'ailes pour faire du combat aérien, des avions « bidonnés » (avec réservoirs sous voilure), avec ou sans contre-mesures électroniques, puis tout un tas d'options : paniers roquettes, lance-bombes divers, pod de reconnaissance, sans oublier le type de caméra souhaité... et quelques avions « spare » pour parer à toute défaillance inopinée ! Et tout cela se déclinait au jour le jour, avec un certain nombre de « tours » imposant les heures de mises en route et le nombre de patrouilles. À moi de me débrouiller pour fournir le parc aérien voulu. Le tout était d'être au rendez-vous dès le début de semaine et d'avoir suffisamment de ressources et d'anticipation pour maintenir le niveau souhaité en fonction de l'attrition due aux pannes au

3. Les cochers : les pilotes.
4. Avion de remplacement, en cas de panne des appareils titulaires de la mission.
5. « Petites mains » : électroniciens, censés être plus délicats que « les gros doigts », les mécaniciens avion.

cours de la semaine, les changements de configuration[6], les visites d'entretien programmées, la gestion du personnel, la préparation des déploiements, etc. Bref, une équation avec de nombreuses inconnues et beaucoup de paramètres !

***

Le 02.033 vivait sa vie comme tous les escadrons de combat de l'époque. En temps normal, les premiers arrivés (le permanent hangar en fait) réveillent la boutique vers 7 heures et demie, mon heure. C'est un moment privilégié de la journée. Tout est calme, le hangar ressemble à un musée, avec quelques avions en maintenance, et du matériel disposé çà et là. Dehors sous les « astroarches », on peut voir les Mirage qui attendent, sortes de gros moustiques camouflés de différents tons de vert, leur nez noir pointant juste à l'aplomb de la structure du bâtiment, comme pour humer l'atmosphère du jour. Petites touches de rouge par-ci par-là, conférées par les « flammes[7] » qui protègent les parties sensibles des appareils. En tendant l'oreille les jours de brise, on entend les « floc-floc » des rubans qui viennent fouetter les cellules... Mais Reims n'est pas Istres, et c'est plus souvent « la rince » matinale qui prévaut !

C'est à ce moment que je suis vraiment tranquille et que je peux traiter quelques dossiers administratifs, ma petite radio me donnant les infos du jour, la cafetière s'amusant à jouer les locomotives asthmatiques...

Alors j'entends les PN arriver, toujours un peu bruyants, signe de jeunesse j'imagine. Puis mes OAT[8] débarquent dans mon bureau et enfin les Majors... Je devrais dire « Messieurs les Majors ». Des Anciens, avec majuscule. Des gloires de l'escadron. Tous ceux qui sont passés par le 02.033 aux alentours du passage du siècle, se souviennent des duettistes GG et VV. C'est simple : des Cadors. Autonomes dans l'action, connaissant la musique comme personne, ayant foi dans la mission et passionnés comme au jour de leur engagement... Heckle et Jeckle comme ils aimaient à s'appeler, du nom de personnages de dessin animé. Moi, je les

6. Par exemple faire monter un emport particulier ou faire déposer les réservoirs externes.

7. Bandes de tissu ou de plastique de couleur vive qui signalent la présence d'une protection sur un point sensible de l'avion, comme la perchette de nez par exemple.

8. OAT : Officier adjoint technique. Généralement un capitaine et un lieutenant, le chef des services techniques (CST) étant théoriquement un commandant (à mon arrivée, j'étais encore capitaine).

appelais plutôt « les Muppets », ou « les Vieux », ça dépendait... mais toujours avec force respect.

Après le café, on se passait le film de la journée à venir, puis on montait faire un petit tour aux OPS, voir si le planning d'activités était resté conforme aux prévisions de la veille, si des fois un « drille[9] » farceur n'avait pas eu des visions durant la nuit. Rapidement, les « volatiles » disparaissaient du circuit pour s'en aller à leur briefing quotidien. Séance intéressante d'ailleurs que cette réunion matinale à laquelle il m'arrivait parfois d'assister. Outre un premier point sur la météo permettant de savoir à quelle heure nous allions nous « faire saucer », les officiers de renseignement avaient toujours un topo intéressant à présenter, sur tel ou tel matériel, le résultat de telle ou telle mission de reconnaissance... Et puis il y avait « la question du jour », grâce à laquelle un jeune « pim[10] » passait au trapèze et devait répondre – par cœur – à une question relative à l'emploi de l'avion, ou plus souvent les procédures de sécurité. Malheur à celui qui hésitait ou répondait à côté. La sanction du commandant d'unité était sans appel, et les têtes roulaient dans la sciure... du moins dans l'esprit.

Mais laissons là ce monde étrange des PN. Les officiers mécanos avaient eux aussi leurs rendez-vous quotidiens. Le premier concernait toute la fonction technique de la base : escadrons, ESTS, ESRT[11]. À tout seigneur tout honneur, c'était aux escadrons qu'il revenait d'ouvrir le bal et de présenter leur « dispo » du jour, c'est-à-dire le nombre d'avions « bons de vol », ceux qui étaient en panne, ceux qui étaient en maintenance. Cette « messe » comme on l'appelait, était présidée par un ancien, généralement un vieux lieutenant-colonel avec de la bouteille, qui connaissait l'avion, les problèmes des unités, la vie opérationnelle, la logistique... bref, ce ne devait pas être un lapin de six semaines, et malheur au jeune officier qui essayait de lui « bourrer le c... de paille » s'il ne maîtrisait pas trop son affaire ! Revenons à notre réunion de mécanos. Pour les escadrons, le but était bien évidemment d'avoir le plus d'avions « verts » afin d'assurer l'activité prévue par les PN. Une fois – une *seule* fois –

9. Commandant d'escadrille.

10. Jeune pilote.

11. Escadron de soutien et de ravitaillement technique : fournisseur de pièces détachées, comme son nom l'indique.

au cours des trois ans passés au 02.033, nous pûmes nous délecter du plaisir d'une disponibilité maximale, à savoir vingt avions aptes au vol... plaisir total... mais tellement fugace[12] !

Revenons à nos moutons et reprenons le cours de notre journée. Alors que nos amis volatiles étaient en briefing et que les anciens essoraient les plus jeunes, le bar PN[13] se trouvait soudain libéré. Avec les majors ou les OAT, on en profitait pour s'octroyer un petit café, voire « scraffer » quelques croissants du temps qu'on y était. Accessoirement, on constatait les dégâts de la soirée de la veille, le PN étant généralement joueur le soir après les heures de travail... surtout s'il a un jouet, comme un jeune pilote sortant d'école et nouvellement affecté par exemple... Incidemment, on récupérait une bouteille oubliée dans un coin, c'était toujours ça de pris pour le casse-croûte mécano ! En repartant, GG nous proposait immanquablement d'aller « voir les filles » – comprendre : dire bonjour aux secrétaires ! Un petit tour dans les différents services, histoire de jauger de l'humeur du jour, puis c'était le retour au service de piste, les pistards en charge des premiers départs revenant déjà du parking avion, leur VJ[14] effectuées. La danse infernale n'allait pas tarder à débuter...

***

Le rythme d'un escadron de chasse (ou de « reconnaissance », soyons puristes) relève de celui de la ruche survoltée. À intervalles réguliers, on voit les pilotes partir aux avions, accompagnés des pistards qui vont les brêler et les « faire partir ». C'est toujours la même chorégraphie réglée au millimètre. Le « tour avion » entre le pilote et le mécano qui lui présente « sa » machine et lui montre combien elle est belle, que tout fonctionne, que tout est en place et qu'il la lui confie. Étonnant de voir comment sa main caresse les différentes trappes pour s'assurer – une dernière fois – de leur bonne fermeture. Puis le pilote s'installe, on le brêle. Un traditionnel pas de deux

12. Campagnes de tir exclues. Il ne faut pas oublier que dans le quotidien, il y a toujours un ou deux avions en révision pour des opérations de maintenance programmée. Ces appareils ne sont alors plus disponibles durant leur immobilisation.

13. La tradition du « bar de l'escadrille » remonte à la Première Guerre mondiale. Lieu où traditionnellement se termine la journée, s'évoquent les aventures aériennes... et s'accueillent les plus jeunes !

14. La VJ (visite journalière) consiste à vérifier un certain nombre de points clefs sur l'avion, s'assurer que tout fonctionne et est conforme à ce qui est prévu, ainsi qu'à conditionner la cabine dans l'attente du pilote. Pour répétitive qu'elle puisse être, c'est une opération de maintenance à part entière, d'une importance vitale.

s'instaure alors, où le mécano et le pilote vont communiquer par avion interposé, le premier devant analyser les réactions de la machine suite aux sollicitations qu'il aura commandées au pilote. Mise en route du turboréacteur qui miaule avant de rugir. La danse du mécano commence. La profondeur[15] se baisse comme pour saluer, le drapeau[16] fait signe qu'il fonctionne bien, les ailerons se signalent en bouts d'ailes, les becs et les volets transforment le frêle moustique en rapace menaçant. Le mécano fait un rapide tour de l'avion pour s'assurer que rien ne cloche... pas de fuite, pas de bruit parasite, pas de trappe oubliée, rien qui dépasse... un signe au pilote le pouce levé, et l'avion part au roulage sur un coup de gaz... Puis le F1 s'en va rejoindre le seuil de piste, un peu pataud sur ses petites pattes de poulet.

*F1 CR s'apprêtant à partir en mission, le mécanicien effectue une vérification sous l'aile droite (coll. perso)*

Pendant ce temps, une patrouille de deux avions rentre de mission et s'annonce devant les astroarches désignées, aux ordres des parqueurs. Le bruit des moteurs au ralenti est rapidement couvert par le hurlement d'une patrouille de deux avions qui décolle plein pot, flèches poussées par les longues langues de feu de postcombustion. D'autres PN sont déjà au bureau de piste et débriefent leurs vols. Pour le premier, le pilote inscrit

15. L'empennage horizontal, gouverne située à l'arrière de l'avion.
16. L'empennage vertical, encore appelé gouverne de direction.

« RAS - TAT 0'40[17] » sur la Formule 11. Tout gagné, l'avion est bon. Il n'y a que la remise en œuvre à faire et c'est parti pour un autre tour. Pour le second, ce n'est pas du même tonneau. Un problème de commandes de vol impose de prendre l'avion en dépannage. C'est au tour des « Vieux » de gérer l'affaire. Appel au service concerné, explications, tractations, décision. L'avion est mis en place dans le hangar, parole aux experts. Reproduira-t-on la panne[18] ? Aura-t-on la pièce ? Est-ce que ça passe dans la journée ? A-t-on le personnel qui va bien ?...

Pendant ce temps-là, derrière son comptoir, le chef de piste, l'imperturbable J-L., ajuste ses lunettes pour relire ses « F11 », s'assure que les opérations de maintenance demandées ont bien été effectuées, donne quelques travaux à faire à un jeune qui passait par là et nous gratifie d'une de ses sempiternelles anecdotes sur le SMB2 du temps où il était à « la 12 », à Cambrai... Et c'est la même chanson toute la journée.

En milieu d'après-midi, notre seconde réunion quotidienne se tient au sein des services techniques de l'escadron, en présence de tous les responsables de l'unité. En famille quoi. Peut-être que d'autres unités font différemment ? Notre *meeting* à nous siège à 15 heures... *précises.* Celui qui arrive avec une milliseconde de retard doit y aller de sa pièce dans la tirelire prévue pour ça, que le major GG surveille comme le lait sur le feu. En fin d'année, elle sera bien utile pour une petite collation collective. Tous les chefs de service – les « directeurs sportifs » comme les a baptisés GG – sont là. Rapide tour de table sur la dispo du parc. Pas trop pour délibérer à l'envi sur le pourquoi et le comment de telle panne, mais bien pour décider quel avion « on sort », et à quelle heure pour être en phase avec les besoins opérationnels exprimés par nos amis les PN (que d'aucuns dénomment « les pneus », des fois). Quelques consignes générales, rapide tour d'horizon sur les activités à venir, et tout le monde repart au turbin avec sa feuille de route. Régulièrement, mon OAT 1, homme passionné et totalement investi dans sa mission, qui plus est doté de l'impulsivité des tempéraments méditerranéens, profite de notre séance plénière pour « rafaler » les services qui à ses yeux n'étaient pas au top de la performance qu'il estime normal

17. Rien à signaler, temps d'arrêt turbine de 40 secondes.
18. Il n'y a rien de pire pour un technicien que d'avoir une panne non reproduite au sol.

d'atteindre. Ce côté un tantinet sanguin avait le bon goût de pimenter les débats... Le canon à harissa arrosait parfois large !

*Retour de vol et remise en œuvre. Le mécanicien à gauche écoute le moteur pour mesurer le temps d'arrêt turbine, le fameux TAT (coll. perso).*

Vers 16 heures, l'escadron connaît alors un surcroît d'activité stupéfiant : la fin de journée approche, les derniers vols commencent à rentrer. Plus tôt on traite les pannes, plus vite on est chez soi. Et chacun est à sa tâche avec une ardeur déconcertante : ça trotte, ça galope, ça court dans tous les sens. Si panne il y a, on ne traîne pas pour prendre une décision. S'agirait pas d'hypothéquer l'activité du lendemain parce qu'on a mis trois heures à peser le pour et le contre. C'est aussi l'heure où il faut se magner, car l'ESRT est encore ouvert et que si l'on a besoin de pièces, s'agirait pas de s'endormir sur les commandes. Et puis l'ESTS va aussi bientôt boucler. Si d'aventure on a besoin de leur expertise, s'agirait d'attraper au vol le spécialiste « qui va bien » – motoriste ou chaudronnier – avant qu'il n'ait pris son bus. Bref, la machine est passée du 220 au 380 volts ! Que dis-je ?! Du 220 au 100 000 !

À 17 heures, tout s'arrête brusquement[19]. Reste un reliquat d'activité : parcage des derniers avions, rangement du hangar,

19. Hormis circonstances particulières (départ en mission, campagnes de tir...), j'ai toujours mis un point d'honneur à faire en sorte que les mécaniciens ne cumulent « pas trop » d'heures supplémentaires. Même si des fois, on est bien obligés de s'adapter aux impératifs des missions...

mais rapidement la ruche se fait musée, dont nous restons les gardiens avec les OAT.

Les travaux administratifs vont pouvoir commencer... En fin de journée, un passage par les OPS nous permettra de prendre un peu la température, apprendre incidemment qu'un PN a omis de signaler un défaut (forcément mineur mais tout de même, ça fait rager), échanger quelques anecdotes ou une boisson houblonnée, dans la plus pure tradition du « bar de l'escadrille ».

Si en plus il y a un jeune pilote sortant d'école qui se pointe en tant que nouvel affecté, on a droit à un spectacle gratuit[20] !...

*Départ en mission, sous la météo Rémoise... (coll. perso)*

20. Les jeunes pilotes (ou navigateurs) sortant d'école et affectés en unité opérationnelle (de combat en l'occurrence) ont souvent droit à une sorte de rite initiatique, souvent bon enfant et potache, où globalement, le « gamin » doit faire le pitre ou subir des couillonnades de ses pairs. J'ajoute que des directives strictes existent pour éviter le « toujours plus », et que tout débordement ou toute humiliation est proscrit.

# Campagne de tir

Au cours de la vie d'un escadron de combat, la campagne de tir représente assurément un temps fort de l'année. C'est en effet l'occasion de partir en unité constituée, à quelques exceptions près, avec le maximum d'avions disponibles, et ce pour s'entraîner de la façon la plus réaliste possible aux actions guerrières.

Il est vrai que le Mirage F1 CR est avant tout un avion de reconnaissance, et que sa mission principale reste le recueil de renseignement, qu'il soit photographique ou électronique. Mais ce remarquable appareil, véritable couteau suisse de l'Armée de l'air, dispose aussi d'un système d'armes performant lui permettant de distiller un certain nombre d'armements sur des malfaisants éventuels. À l'époque, la panoplie allait des obus de 30 mm aux bombes diverses de 125, 250 ou 400 kg, en passant par les roquettes (vraies « véroles » à mes yeux) ou les bombes anti-pistes. Accessoirement, avec le F1 CR, on n'allait pas tarder à inaugurer les armements guidés laser[1].

Cette quinzaine passée sur la BA 120 de Cazaux[2] est aussi l'occasion de resserrer les liens entre les différents acteurs de la boutique : PN et mécanos, mais aussi secrétaires, marqueurs, officiers, sous-officiers. Les traditionnelles (et quotidiennes !...) manifestations « de cohésion » – soyons clairs : les casse-croûte, les pots, les virées nocturnes – sont l'occasion de vérifier une fois de plus, que sous un même insigne se rassemblent des individus

1. De nos jours, le largage de bombes classiques ne se pratique plus guère en opérations. Les armements sont aujourd'hui guidés (laser, GPS...) et tirés à distance de sécurité. Le malfaisant éventuel réceptionne donc une quetsche tirée à plus de 20 km, avec une précision... chirurgicale (la Faculté appréciera la locution).

2. Les unités ayant une vocation « air-sol » effectuent leurs campagnes à Cazaux, les unités de défense aérienne s'entraînent au tir air-air à Solenzara en Corse.

mus par le profond désir de porter haut les couleurs de leur unité. Et chacun de se sublimer pour le bien de la collectivité et la réussite des missions des pilotes.

Le 02.033, comme tout escadron d'alors, formait vraiment *un tout.* Je dis « d'alors » car restructurations aidant, cette organisation a été délaissée au profit d'une intégration plus poussée de la fonction technique, qui a désormais acquis son autonomie. Néanmoins à l'époque, le Grand 02.033 incarnait « la » cellule de combat de base de l'Armée de l'air, qui tirait sa force du lien très étroit unissant le pilote et le mécano, pour « le succès des armes de la France ». Et quand les acteurs de ce formidable creuset se trouvaient confrontés aux soubresauts de l'Histoire, ou bien aiguillonnés par une saine émulation avec l'escadron d'à côté, nul doute qu'ils faisaient l'impossible pour être dignes du legs de leurs Grands Anciens et ne pas démériter.

*Ambiance de la campagne de tir : vingt avions de chasse alignés sur un parking... Grisant (coll. perso)*

Cazaux, printemps 1999. Comme souvent dans cette région, il pleut « raisonnablement » (mais durablement) et la campagne démarre mal. D'abord, venir dans le Sud-Ouest pour se récupérer le même temps qu'à Reims, ça ne vaut pas le coup. Le moral s'en ressent et je vois mes pistards partir aux avions plutôt la tête basse, encapuchonnés pour se protéger de cette petite pluie agaçante à force de constance. Les avions n'aiment pas trop être stockés sous la pluie trop longtemps eux non plus. Les circuits électroniques ne font pas trop bon ménage avec l'humidité ambiante, et les pannes de systèmes sont à craindre. Surtout quand la soute à équipements sur le dos de l'avion ressemble à un aquarium... Je ne parle même pas des champs de tir en zones sablonneuses souvent détrempées, dans lesquels les munitions tirées ont parfois le bon goût de se « planter » plutôt que d'exploser, polluant ainsi la zone de tir et retardant d'autant l'activité opérationnelle[3].

*Démonstration des capacités du F1 CR... Souriez, vous êtes filmés ! (© ER 02.033). Notez l'insigne de la coupe Comète, compétition inter-unités que l'escadron avait gagnée, peint sur la dérive.*

En ce début de première semaine, il y a justement un F1 qui se révèle particulièrement récalcitrant. Pourtant, il est « tout neuf », il sort juste de grande révision. Pour être sûr d'avoir nos vingt avions (plus il y en a mieux c'est), nous avons pris la décision de l'incorporer dans nos effectifs, sans vraiment avoir eu le temps de le conditionner et de bien le déverminer. On n'a même pas eu le temps de peindre son indicatif ! Cet avion nous avait posé des problèmes lors de sa préparation à Reims. En effet, avant de partir en campagne, les mécanos SNAR[4] se doivent de peaufiner le système d'armes et les armuriers – les « pétafs » – s'assurent du bon fonctionnement des circuits de tir. Et cet avion « ratatouillait » un brin. Certes, jugé suffisamment bon pour partir à Cazaux, mais pas vraiment franc du collier. Bref, les mécanos avaient un œil dessus, mais pas satisfaits de leurs réglages de la machine dans leur for intérieur. Et ce qui devait arriver arriva. Dès les premières missions, le SNA de l'avion était dans les choux. Les PN n'étaient

3. Dans les terrains très meubles, les bombes classiques d'ancienne génération peuvent parfois s'enterrer sans exploser. Le terrain est alors considéré comme « pollué » du fait de la dangerosité inhérente à la présence d'explosifs, et doit alors faire l'objet d'un traitement particulier.

4. SNAR : Système de navigation armement reconnaissance (le « R » est spécifique au Mirage F1 CR).

pas contents, leurs résultats de tir n'étaient pas bons. Bien sûr au début, les premières bombes un peu « longues » ou un peu « courtes » donnaient l'occasion au cocher jugé maladroit de se faire brocarder avant de payer son pot. Mais quand les chibannes constatèrent qu'ils envoyaient eux aussi leurs quetsches à dache, les sourires commencèrent à se figer. Au fil des vols, cet avion moisi nous gratifia de plus en plus de pannes erratiques... Les pires ! En fait, ce que le mécanicien aime bien, c'est la panne franche, qu'il peut reproduire au sol (le mieux étant l'absence de panne, bien entendu). Si en plus le pilote a eu le bon goût de se rappeler des actions qu'il a entreprises, c'est le top[5]. Là, c'était tout le contraire, à chaque vol une nouvelle panne, sans réelle corrélation avec les précédentes.

Par chance, le commandant de l'équipe technique m'a demandé de prendre avec nous quelques-uns de ses spécialistes, et leurs analyses expertes pourront peut-être nous tirer d'affaire[6]. De la discussion jaillit la lumière, et à chaque mission de l'avion, des avis s'accordent pour incriminer tel ou tel équipement... Une fois que tout ce qui pouvait être changé l'avait été, on repartait pour un tour de manège. On commença donc à croiser les divers équipements entre avions, histoire de faire du « lever de doute » et clairement identifier la panne. Malheureusement, non seulement rien n'indiquait qu'un équipement particulier était malade, mais l'appareil continuait à dysfonctionner, à un point tel qu'on l'avait retiré des avions en ligne. Cette nouvelle donne n'était pas vraiment pour me plaire. En effet, outre le fait de se coltiner une « brêle » dont on se demandait si elle allait pouvoir rentrer sur Reims autrement que par camion, ce canard boiteux nous « plombait » pour la campagne de tir car l'énergie que l'unité déployait pour sauver l'appareil se faisait au détriment du bon fonctionnement quotidien.

Au bout de trois ou quatre jours, les SNAR en étaient arrivés au diagnostic définitif selon lequel la panne ne dépendait pas de leur spécialité, mais de celle des équipements bord, les « élecs », que le major GG s'amusait à appeler « les Bretons[7] »...

5. À la suite d'une panne identifiée, l'action du pilote – et les réactions de la machine – sont des informations précieuses. Il est vrai qu'en fonction des phases de vol, le pilote a des priorités à gérer et que parfois, il n'a pas de réponse à toutes les sollicitations des dépanneurs. Il est également vrai aussi que ces derniers sont parfois exigeants... mais ils n'ont jamais piloté sous facteur de charge !

6. L'équipe technique était une petite unité spécialisée qui, outre la formation de base sur le type d'avion – en l'occurrence le Mirage F1 – était aussi chargée de certaines études, notamment de l'analyse des faits techniques. De ce fait, son personnel disposait d'une expertise reconnue.

7. Le major GG était une figure de l'unité. Il aimait à taquiner les spécialistes équipement bord (les élecs) au prétexte qu'on pouvait les appeler d'un nom à consonance bretonne, les « Cons d'élecs »... Il pouvait se le permettre, il était électricien lui-même !...

Balles neuves, comme on dit au tennis. Ou « passe à l'aile » de la part des SNAR, pour rester sur une image sportive. Quelque part, on avait progressé un peu, en ce sens que l'on commençait à cerner la panne, mais on était encore certainement loin du dénouement.

Devant la tournure que prenaient les événements, je décidai de mettre sur pied une « task force » dédiée à cet avion maudit. Bon, deux élecs pour commencer, parce que je n'ai pas non plus des effectifs pléthoriques. Bref accord avec une unité de la base, j'obtiens un hangar où mettre notre Mirage à l'abri, où les « Bretons » ont pour mission de finaliser le dépannage.

Pendant ce temps, la campagne de tir battait son plein. L'allocation de bombes de 400 kg avait été tirée, sans anicroches particulières. Les PN étaient contents, leurs résultats de tirs confirmaient que les avions avaient été bien préparés, et le commandant d'unité – « Notre Bon Maître[8] » comme je me plaisais à le dénommer – avait obtenu les meilleurs scores. Normal, il était chef… On allait maintenant pouvoir s'attaquer aux BAP 100[9].

***

Pour sympa qu'elle puisse être, la campagne de tir n'en était pas pour autant une partie de tout repos. En effet, les avions volaient beaucoup, en effectuant des tours relativement courts, beaucoup plus courts qu'à Reims. De plus, l'objectif étant de faire tirer les pilotes de l'escadron, il fallait donc une disponibilité maximale et minimiser les délais de remises en œuvre, ne serait-ce que pour respecter les créneaux horaires dévolus à l'unité sur les champs de tir. Le ballet débutait donc assez tôt pour un premier *check* matinal (sachant que de toute façon les avions avaient été préparés la veille au soir), puis c'était au tour des armuriers d'entrer en scène. La campagne de tir était en quelque sorte leur grand-messe. C'est toujours impressionnant de voir de l'armement réel tracté depuis le dépôt de munitions de la base. Les bombes de 400 kg, massives et trapues, bien alignées sur leurs chariots, vénéneuses comme de grosses rascasses des tropiques… les bandes d'obus de 30 mm dont

8. Clin d'œil au film *Les Visiteurs*.
9. Bombes anti-pistes.

personne ne voudrait déguster les pralines... les roquettes, ces espèces de fusées de feux d'artifice dont on sait qu'il faut s'en méfier, notamment au retour des avions si d'aventure l'une d'elles avait refusé de partir (il ne s'agirait pas qu'elle se décide à faire son *show* pyrotechnique au parking !). Même quand on a pris l'habitude de les côtoyer, il émane toujours des armements « bons de guerre » une sorte de magnétisme qui suscite un mélange de fascination, de respect, de méfiance... et de prudence !

Une fois l'affaire lancée, c'était une agitation permanente entre les avions qui mettaient en route, ceux qui revenaient et qu'il fallait reconditionner, les pleins, les armements, les débriefings de pannes avec les pilotes, et recommencer jusqu'au soir pour qu'on comptabilise ce qui avait été tiré (était-on en retard sur ce qui est prévu ?) puis attaquer les dépannages, pour lesquels *la* pièce dont les mécaniciens avaient immanquablement besoin n'était pas (ou plus) dans le lot de déploiement et qui devrait donc faire l'objet d'une « agitation logistique » en express, en mettant en œuvre tous nos réseaux possibles (y compris avec des liaisons en Mirage entre Reims et Cazaux, en utilisant le fameux « bidon-valise[10] »).

***

Mes deux élecs avaient pris leurs quartiers dans le hangar dédié au Mirage en panne. Consciencieusement, ils entamaient de nouvelles recherches de pannes, en essayant de procéder avec le maximum de méthode et de rationalité. Petit à petit, ils étaient amenés à déposer ou faire déposer par d'autres spécialistes des équipements, afin de progresser. Mais ce qu'ils craignaient, et qu'au fond d'eux-mêmes savaient inéluctable, c'est qu'il fallait désormais s'attaquer à de « la filasse », c'est-à-dire reprendre les torons de câbles un par un, vérifier le bon état des prises, faire du « fil à fil » en s'assurant de la bonne continuité, de la qualité de l'isolement et traquer « le court-jus »... En effet, il peut arriver qu'une protection de circuit endommagée fasse naître des mises à la masse « baladeuses », éventuellement erratiques si le câblage a un peu de jeu, donnant des informations aberrantes au système d'armes. Et là, c'est une autre paire de manches. Déjà

10. Ancien réservoir de carburant qui avait été modifié afin de le rendre apte au transport de petits colis. Ce faux réservoir se montait sous le ventre de l'avion.

qu'à la maison, dans notre hangar à Reims, ce n'est pas le genre de panne qui est très apprécié, mais à l'extérieur, en pleine campagne de tir dont la date de retour est déjà fixée et s'approche à grands pas, cela ajoute de la pression supplémentaire... Bref, on partait en plein brouillard, en essayant de garder la tête froide. Néanmoins, les investigations se poursuivaient bon train, et l'avion commençait à ressembler à un vrai gruyère. Les déposes d'équipements s'enchaînaient allègrement afin d'avoir plus d'accessibilité aux entrailles de la machine, et les différents morceaux étaient consciencieusement rangés par terre, alignés les uns à côté des autres. Un vrai Mirage en kit ! Pour un avion qui sortait de grande révision, c'était réussi ! Je commençais à m'inquiéter un peu devant la tournure des événements et sur le devenir de cette machine. Tout d'abord j'insistai lourdement pour qu'il y ait un enregistrement on ne peut plus scrupuleux de toutes les actions entreprises. Remarque inutile en soi car les mécanos savaient très bien ce qu'ils avaient à faire, mais qu'il me parut utile de rappeler pour le coup où une fatigue passagère les aurait détournés du droit chemin. Néanmoins, je pus constater qu'une espèce de cahier de marche permettait de reconstituer le dépannage de l'avion heure par heure (chose qui m'intéressait bigrement pour le compte rendu final de dépannage)... Ensuite, je commençai d'échafauder quelques plans de sortie de crise : « Même si on trouve la panne, il va falloir tout remonter et tester bon nombre de circuits sur l'avion. Combien de temps cela va-t-il prendre ? Et si on ne trouve rien ? Laisser une équipe sur place poursuivre le dépannage jusqu'à ce que mort s'ensuive ? Commencer à voir avec la DATA[11] de Reims si l'on peut envisager de démonter l'avion pour le rapatrier par la route ? Manip un peu lourde, mais qui aurait pu constituer un excellent exercice d'application pour un jeune lieutenant. Faire appel au deuxième niveau, l'ESTS[12], pour qu'il prenne l'affaire à sa charge ? Je doute que cela apparaisse très séduisant aux yeux de son commandement ». Le mieux pour cet avion aurait été d'y mettre le feu, ça aurait simplifié les choses, mais dans le doute, on poursuit les démontages et on verra après...

***

11. Division des activités techniques aéronautiques. Organe de coordination sur les bases plate-forme où plusieurs escadrons cohabitaient. Les DATA, émanation des CCTO (!), étaient les descendants de feu les Services techniques escadre...

12. Escadron de soutien technique spécialisé. Nouveau nom de feu les GERMaS.

Au cours de cette campagne de tir, un lieutenant de l'ESTS était venu faire un petit séjour d'une semaine, histoire de faire connaissance avec l'escadron, avant d'y être affecté en septembre suivant. Manifestement, le parrainage de ce jeune officier au port un peu altier, avait été conduit de façon très sérieuse car il pouvait déjà se prévaloir d'une certaine culture technique, ainsi que d'une bonne connaissance des règlements (il sera plus tard un OAT très apprécié au 02.033 et aura la chance d'assurer les fonctions de CST d'escadron à l'étranger). Pour l'instant, il en était au stade de l'observation novice, comprenant que les impératifs de disponibilité et de réactivité des escadrons n'étaient pas forcément du même ordre que celui de l'activité conduite au sein de l'ESTS, et qu'il revenait en définitive aux officiers mécaniciens d'assurer la concordance des temps.

La campagne commençait à tirer à sa fin. Hormis l'avion toujours en panne sur lequel butaient les élecs, tout s'était à peu près bien passé. Mais un soir à l'issue des vols, alors que l'activité commençait à se calmer, mon chef armurier me demanda de passer au « callebot des pétafs »... J'avais une petite idée sur la motivation de cette invitation, mais je n'étais pas au bout de mes surprises. En passant la porte de l'atelier, l'adjudant-chef L. m'avoua qu'il y avait un problème avec un siège éjectable. Aïe, ça finissait mal. Un siège éjectable, on peut l'échanger, encore faut-il en avoir un sous la main. L. avait dû lire mes pensées.

— Je vais vous expliquer, vous allez vite comprendre le problème mon Commandant[13]. Tout d'abord, ne cherchez pas, des sièges, il n'y en a pas de dispo pour l'instant.

— Il n'y en a pas d'autre quelque part en France ?

— Ça, on n'a pas regardé. De toute façon, on n'aura pas le temps de le recevoir avant de repartir pour Reims.

Dans le même temps, le jeune lieutenant s'autorisa une réflexion, à voix basse :

— Vous avez vu mon Commandant, ils ont organisé un apéro...

Il énonçait ça presque horrifié. Effectivement, la pratique n'était pas très orthodoxe. Ce qu'ignorait le lieutenant, c'est que L. m'avait prévenu et demandé l'autorisation, et comme je savais que c'était un chef de service « à l'ancienne » et qu'il n'aurait pas toléré de débordements, j'avais bien évidemment donné mon accord... D'ailleurs, l'impudent qui aurait osé déroger aux règles fixées par

13. À l'époque de cette anecdote, j'étais passé officier supérieur.

l'adjudant-chef, se serait trouvé confronté à l'ire d'un colosse de près de deux mètres et de plus de 120 kg avec des paluches d'étrangleur faites pour porter les bombes à la main !... Et puis somme toute, il commençait à faire chaud en cette fin de journée... Nous saluâmes donc ceux qui avaient la chance de déguster leur apéritif anisé, et L. nous entraîna au fond de l'atelier.

— C'est le vérin électrique de relevage qui commence à merder... Manifestement, il va nous lâcher sous peu.

— Faites-moi voir.

— Voyez, on a démonté le vérin pour voir les contacts à l'intérieur, mais je doute qu'il aille bien loin... Regardez là, c'est charbonné...

Le lieutenant ouvrant des yeux horrifiés s'autorisa une seconde remarque à voix basse :

« Mais mon Commandant, ils n'ont pas le droit d'ouvrir le vérin ». Je retrouvais le syndrome de la petite bille...

« Certes, mon jeune ami. Encore que, qu'un escadron fasse du NTI2 ne me choque pas. D'ailleurs les ESTS font bien du NTI1. Et puis, on ne va pas rester les bras croisés à contempler ce vérin ! »

J'essayais de faire comprendre à ce jeune esprit que l'on pouvait décorréler structures de maintenance et niveau d'intervention. De toute façon, la mécanique reste la mécanique, et L. était un homme d'expérience. Alors il me proposa : « On va remonter le siège sur l'avion et on demandera au pilote d'éviter de toucher au réglage électrique ».

Et c'est sur ces bonnes paroles que l'on put se ruer sur les cacahuètes !

Au passage, je me demande si ce n'est pas à cette occasion que j'ai vu passer le polytechnicien qui effectuait sa première année à l'escadron, scotché – au sens propre – sur un vélo... les pieds et les mains, disposition qui n'autorise que le mouvement de pédalage et qui rend l'arrêt délicat à négocier !... Barbouillé de graisse et de peinture qu'il était, son passage dégageait force flammes, étincelles et fumées roses... du fait du fumigène que « d'aucuns » lui avaient coincé entre le séant et la selle ! Ça ne m'étonnerait pas que cela fût la signature des pétafs... À la réflexion, j'en suis même sûr : il me revient que le jeune X-man[14] avait été chargé d'apporter un pli au chef pétaf (le Géant...), et

14. Élève de l'école polytechnique.

je crois me souvenir que la missive contenait un message du style « *Les pétafs sont des petites b...* (anonyme) ». Je gage que c'est par pure affection qu'ils ont voulu lui faire faire « la Patrouille de France en vélo[15] » !

***

Comme un fait exprès, mes deux « Bretons » commençaient à émerger, et s'annoncèrent avec la mine plus ou moins déconfite.

— Je crois qu'on a trouvé mon Commandant.

— Alors, verdict ?

— On a *tout* démonté et *tout* testé. *A priori*, ça doit être un problème de digibus...

Fatalitas !

— Aïe, ça se complique. À quel niveau ? Où, quand, comment ?...

— On ne sait pas trop dire, mais il doit y avoir une coupure ou un défaut quelque part... ça démarre du fuselage et ça part dans l'aile...

Pour faire simple, le digibus est le bus numérique sur lequel dialoguent tous les équipements du SNAR[16]. Cette découverte avait au moins le mérite de donner une explication aux pannes. Sauf que :

— Et vous savez réparer ou le changer ?

— Ça, on n'a jamais fait. On ne sait même pas où est le problème.

— Qu'est-ce qu'on peut faire ?

— On va essayer de voir si on peut trouver du digibus, et si c'est difficile à changer.

— Mais pour la localisation du défaut ?

— Il nous faudrait un réflectowattmètre

Le genre d'appareil dont on se sert tous les jours !

— Bon, je crois qu'on n'en a pas en soute... Où peut-on trouver ça sur cette base ? Et d'ailleurs, vous savez vous en servir ?

— On verra sur place. Peut-être qu'ils en ont à l'ESTS ? Ou au Centre d'essais en vol ?

Banco, c'était ça la solution ! Le CEV de la base de Cazaux ! Aussi sec, je demande à GG de voir avec l'ESTS s'il y a moyen de

15. Ne nous méprenons pas : cette facétie était assurément une marque de sympathie, preuve que le jeune aspirant avait été « adopté » par l'équipe ! D'ailleurs, l'intéressé était très bien inséré au sein de l'unité... et semblait apprécier son traitement, en témoignait le sourire qu'il arborait d'une oreille à l'autre !

16. À la différence du F1 C ou B d'origine, le système d'armes du CR est bâti sur une architecture numérique au sein de laquelle les différents équipements dialoguent par le biais d'un bus numérique.

faire quelque chose, et moi je fonce au CEV avant la débauche...

Finalement, les choses ont été plus simples que prévu. L'ESTS me promettait deux mécanos et leur machine infernale, mais pas avant deux jours. Ils sont prévus d'arriver par un Morane « Paris ». Deux jours ? C'est deux de trop, il faudra faire autrement. Le CEV a bien voulu me prêter la bouzine « réflecto-chose » que mes spécialistes ont essayé d'apprivoiser... Par acquit de conscience, un bon vieux multimètre a confirmé la panne et sa localisation, juste à l'emplanture de l'aile droite. Chance ! Il n'y aura peut-être pas besoin de démonter tout le câblage. Re-chance ! Notre gestionnaire a déniché du digibus à Dijon, et la commande est déjà en route pour Cazaux. Ne dirait-on pas que nos actions sont de nouveau à la hausse ? Le digibus fut reçu comme prévu et bien monté sur l'avion, même si ce fut un peu une première pour mes gars. Les spécialistes du NTI2 ont pu jeter un œil à l'affaire après leur arrivée. Les nombreux équipements ont été remontés, l'avion a été testé. Il est réputé « bon de vol »... mais douteux.

***

Pour parachever l'affaire, mon chef pétaf m'annonce que « le vérin est cramé, il s'est bloqué au remontage ». Résultat des courses, le siège est bloqué en position fixe.

Comme il avait bien fallu rendre dispo l'avion duquel le siège avait été déposé, c'est finalement le F1 « déjà bien malade » qui hérita du siège bloqué ! Décidément, cet avion n'avait pas de chance ! Mais comme il fallait désormais envisager le retour sur Reims, la remise en vol de l'appareil commençait à me poser des conjectures. Je sais bien que l'on pouvait faire voler un avion avec des « réserves de vol », mais on touchait là un peu les limites de l'exercice... D'autant plus qu'il devait bien y avoir un ou deux défauts supplémentaires... Notamment un vario-alternateur en panne ! Une paille !

J'allais donc voir le lieutenant-colonel D., chef des opérations, pour exposer ma problématique :

— Pour le retour du 6xx[17], j'ai besoin d'un pilote « velu » car le SNA est... comment dire... douteux.

— Mais l'avion est bien réparé ?!

17. Les numéros d'avions au 02.033 étaient de la série six cents. Mais je ne me souviens plus de celui qui nous avait posé tant de problèmes.

— Oui bien sûr, mais on a eu pas mal de soucis, et comme c'est le digibus qui est concerné... En plus, un vario-alternateur[18] est HS...

— Rien que ça ?!! Tu rigoles ? Qu'est-ce qui peut arriver ? Ça craint pour la sécurité des vols ?

— Oh non... Si ça lâche, tu risques juste de perdre les visus... voire le jus...

— ?!

— Oui, au pire, tu n'auras plus rien, tout noir !... juste la montre et l'horizon secours. Comme dans un Cap 10, quoi ! C'est pas bien sorcier, ça doit suffire pour rentrer en VFR[19], il fait beau... Et si le vario lâche, tu auras toujours le second, et c'est pas les terrains de déroutement qui manquent...

— On ne peut pas faire autrement ?

— Si, on peut toujours, mais c'est compliqué... en tout cas, ça prendra du temps.

— OK ! C'est moi qui m'y colle.

— Ah, juste une petite chose, le siège est bloqué... le réglage est HS...

— Tu en as encore beaucoup comme ça[20] ?!!

Et c'est ainsi que nous nous sommes retrouvés au pied de l'avion, les majors, le lieutenant, le chef pétaf et moi, pour assister au départ de notre chef OPS. Forcément, vu l'état de l'avion, nous échangeons quelques plaisanteries au pied de l'échelle, plus pour conjurer le sort qu'autre chose ! (Parfais même, GG bénissait les avions au moment du départ, ce qui avait le don d'agacer les pilotes !...). Notre pilote fait le tour avion avec le pistard, tout est en ordre... du moins extérieurement ! Il a juste ses jambières, monte à l'échelle et s'installe en cabine. La centrale à inertie est déjà lancée, *a priori* tout fonctionne. On commence à respirer. Le pistard aide notre pilote chevronné à se brêler, puis retire les sécurités du siège et descend de l'échelle. Une fois celle-ci ôtée, D. nous gratifie de son éternel sourire, nous fait un petit signe et abaisse la verrière...

Mais bing !, il ne peut pas la fermer ! Le siège est trop haut et son casque touche le plexiglas ! La poisse totale nous poursuit !

18. Équipement entraîné par le moteur et produisant du courant électrique. Une sorte de dynamo en fait.

19. VFR conditions de vol par beau temps, par opposition au vol sans visibilité.

20. Je confesse que si c'était à refaire, je ferais autrement, comme en laissant l'avion sur place par exemple. Mais objectivement, l'affaire avait été longuement soupesée et était maîtrisée.

Décidément, cet avion nous en aura fait voir jusqu'au bout ! Et jusqu'au moment de rentrer ! Déjà, le C-160 devant nous ramener à Reims est annoncé !

En toute hâte D. descend de sa cabine, et nous échafaudons un scénario rapide :

— Bon, dis-je, au point où nous en sommes, on va prendre le pilote le plus petit.

— Le seul qui fera l'affaire sera H., mais il y a un problème...

— Quoi encore ?!

— Eh bien, il a un vol pour sa qualif' CP !

Au cours de leur progression professionnelle, les pilotes (mais aussi les navigateurs) passent un certain nombre de « qualifications » qui vont crescendo : PCO, SCP, CP[21]. Et c'est justement à ce dernier obstacle que doit s'attaquer H. Il s'agira pour lui de savoir assurer la conduite d'une patrouille à quatre avions. Responsabilité avérée que celle de mener en l'air un tel dispositif, et pour laquelle il convient de s'entraîner, notamment en effectuant des missions d'assaut à quatre appareils, aussi dénommées ASV4.

— Mais ce n'est pas du tout ce qui est prévu ! L'avion doit rentrer direct sur Reims[22], et en souplesse !

— Tant pis, on n'a pas le choix...

Alors H. a préparé sa mission, embarqué dans son avion, et il partit avec sa patrouille de quatre... Le personnel mécanicien rentra en avion également, mais tassé dans un Transall. Les majors et moi également, un peu anxieux quand même...

Arrivés à l'escadron, nous pûmes constater que tous les F1 étaient rentrés, y compris « le malade »... Et comble de plaisir, il avait été noté « RAS » sur la Formule 11 ! Tout vient à point à qui sait attendre... Néanmoins, il devait repasser entre les mains expertes de l'ESTS pour une certaine convalescence...

21. Pilote de combat opérationnel, sous-chef de patrouille, chef de patrouille.

22. Il est évident que le Mirage incriminé aurait été accompagné d'un autre avion, et serait rentré par beau temps, ce qui était le cas.

# Le MIRAGE III
# de la campagne de tir

Petite aventure savoureuse, ayant pris naissance lors d'une campagne de tir à Cazaux.

Tout se déroulait classiquement. Vols, remises en œuvre, armements, débriefings, dépannages, barbecues... Rien de très neuf. Le commandant d'escadron m'appela un soir dans son bureau pour m'exposer une problématique intéressante :

— Vous savez Roux, nous allons exposer un Mirage III devant le 02.033.

— Très bien mon Colonel (surprise !). Comment allons-nous faire ? Où est-il ?

— Eh bien il y a à l'ETIS à Reims un Mirage III R qui traîne dans un hangar. Ce serait bête qu'il soit détruit.

— Effectivement, c'est un avion mythique, qui fait partie de l'histoire de l'escadron.

Je me demandais bien ce que cette histoire de Mirage III venait faire en pleine campagne de tir. On aurait pu attendre le retour à Reims.

— Alors voilà, nous allons retaper ce Mirage III, et l'exposer devant l'escadron. C'est magnifique le Mirage III. Je dois être un des derniers à en avoir fait... Je me souviens quand nous effectuions nos vols à Mach 2, et nanani, et nanana... une fois je survolais Brest et nanani...

— Formidable ! (revenons aux faits). Mais il va y avoir du boulot, parce que je crois avoir vu cet avion une fois de loin, il est assez fatigué...

— Oui, bien sûr, bien sûr... Il faudrait faire ça d'ici mars-avril...

— Pas de problème, ça nous laisse une petite année pour retaper « la bête ». On pourra l'intercaler dans nos chantiers.

— Ah, mais vous ne m'avez pas compris Roux. C'est pour mars *prochain* !

On devait être en janvier ou février.

— Hein ?! Dans un mois ? Mais c'est proprement impossible mon Colonel ! Vous vous rendez compte du boulot ! Il faut quasiment dédier une équipe rien qu'à ça ! Et on n'a pas que ça à faire ! Et puis...

— TsssTsssTsss. Vous verrez, on associera les PN, ils viendront vous prêter main-forte. Nous le ferons !

Je sortais estomaqué de cet entretien. Manifestement, le chef n'avait aucune idée de ce que ça représentait ! Mais bon, ces considérations terre à terre ne le concernaient plus, sa décision était prise. Et je ne doutais pas une seconde du « prompt renfort » de nos camarades ailés...

***

Alors un beau jour, les pistards allèrent chercher le fameux Mirage III, et le tractèrent jusqu'à l'escadron, où on le mit à l'abri dans une hangarette. Mine de rien, ce tractage tout le long du taxiway n'était pas exempt de danger, considérant que l'avion n'avait plus de système de freinage et que personne n'était en cabine[1]. Les premières opérations du chantier furent rapidement identifiées. Avant toute chose, il fallait décaper la cellule. J'en avertissais les OPS et effectivement, un jeudi matin – jour du sport dans l'Armée de l'air à l'époque – je vois débouler sur les coups des dix heures du matin, une bande de joyeux gugusses en survêtement, embrigadés par quelques esprits forts (en gueule surtout !) qui investissent la hangarette et se jettent à l'assaut du Mirage III, éponge grattante et papier de verre en pognes. Et vas-y que ça gratte, et que ça frotte, et que ça astique... et ce jusqu'à onze heures, heure de départ programmée de la navette pour le mess ! Car le PN déjeune tôt. Onze heures, premier service en général. Au passage, ça lui permet d'avoir les buffets d'entrées et de desserts toujours pleins. À cette heure-là, sur la base de Reims, c'était l'heure de « la messe » des officiers mécaniciens, autrement nommée réunion technico-OPS quotidienne, qui permet aux différentes unités de présenter la disponibilité de leurs flottes respectives, de faire le point sur

1. Autant dire que pour un avion opérationnel, on était totalement hors la loi (les normes imposent qu'un opérateur soit en cabine pour actionner les freins « au cas où »...). Mais en « maîtrisant le risque » à l'aide de cales à main, à vitesse réduite, le voyage s'effectua sans encombre.

les difficultés techniques et logistiques, d'appréhender les activités à venir. Pendant ce temps, le PN déjeune et doit ensuite rapidement préparer sa mission de l'après-midi...

Résultat des courses, ce fut la première et dernière fois que l'on vit les PN à la tâche, et le vieux combattant qu'était le Mirage III revint dans le giron des mécanos, qui choisirent de le bichonner à leur rythme. Le chef ne suivait plus le chantier que de loin...

Les pétafs déposèrent le siège éjectable. On en profita pour aérer et assainir l'habitacle qui dégageait une odeur pestilentielle de rat crevé, fruit d'années de pourrissement dans un coin de base, dans l'humidité ambiante. On décapa toute la cellule, et l'ESTS nous aida à la repeindre. On peignit aussi la verrière et les vitres des caméras[2] en noir, ce qui donna une authentique touche « de classe » à cette pièce de musée[3]. Grâce à de savantes recherches logistiques, nous pûmes récupérer une paire de bidons pendulaires, et l'avion fut prêt à être exposé. Une fois passé l'obstacle du dernier trottoir, le Mirage III RD rejoignit ce qui temporairement allait être sa dernière demeure[4]. Les mécanos qui s'étaient chargés du chantier m'informèrent qu'ils avaient choisi de décorer l'avion aux armoiries du 02.033, du temps où il stationnait sur la BA 124 de Strasbourg. Quelques-uns étaient en effet issus de la « Reco, canal historique », et cela leur faisait chaud au cœur de faire revivre les traditions de leur ancienne unité. Recréer l'insigne de l'ER 02.033 « période alsacienne » n'était pas le plus difficile. Quelques pochoirs, un peu de peinture et l'affaire était entendue. Mais il manquait la touche finale.

À peu de distance de là, l'escadron participa à un déploiement sur la base d'Orange, dans le cadre de l'exercice Odax (sorte de Datex, mais en plus moderne). De ce fait, un échelon représentatif de l'unité quitta la région rémoise pour une quinzaine, rejoignant le Vaucluse, les côtes du Rhône, le

2. Les versions de reconnaissance du Mirage III (les « R » et « RD ») avaient plusieurs caméras dans le nez, ce dernier percé d'autant de vitres protégeant les optiques.

3. Je devais faire pratiquer de même quelques années plus tard, lors de la restauration d'un Mirage IV qui trône aujourd'hui sur la base d'Orange. Anecdote : à cette époque, plusieurs unités essayaient vainement de commander de la peinture verte pour leurs avions... nous avions été plus rapides, pour notre relique. Mais quelle relique !

4. Depuis, la BA 112 a été fermée, et l'ER 02.033 vivra ses dernières heures à Mont-de-Marsan.

Ventoux magnifique, et un peu de soleil ! Cette année-là, l'exercice réunissait sur la BA 115 un détachement italien qui volait sur les extraordinaires F-104, derniers en activité au sein de l'OTAN, et un détachement marocain qui mettait en œuvre de magnifiques Mirage F1, *a priori* repeints de fraîche date. Ces avions étaient revêtus d'une superbe robe camouflée verte et sable mais surtout, on pouvait lire, sur le flanc du fuselage au niveau de la cabine, entre divers stickers techniques, le majestueux calligramme « Mirage F1 », écrit avec ces enroulés si caractéristiques dont le « M[5] » taillé à la serpe qui participa à la légende du célèbre patronyme. Le sergent-chef A., tout mécanicien « sol » qu'il était mais amoureux des avions tout de même, effectua précautionneusement un calque qu'il conserva précieusement jusqu'au retour, et la mythique inscription Mirage III s'apposa sur les flancs de notre avion, clôturant ainsi le chantier[6].

L'inauguration eut lieu à l'été, preuve que la restauration avait été bien menée.

*Un instant rare : la seule fois que les PN grattèrent le Mirage III... (coll. perso)*

*La mise en place sur le lieu d'exposition... (coll. perso)*

5. Je ne suis pas sûr qu'à l'époque, les avions basés à Strasbourg arboraient cette inscription. Seuls les puristes pourraient le dire.

6. Je ne suis pas sûr que cette inscription subsiste aujourd'hui (l'avion a été transféré sur la base de Mont-de-Marsan). D'ailleurs, il semble que l'indicatif de l'avion ait été changé.

# Arabie saoudite
# Deuxième époque

Depuis la première guerre du Golfe, le 02.033 avait été – comme toujours – sur tous les fronts. Forcément, l'intense activité qui régnait dans la péninsule arabique du fait des animations orchestrées par M. Hussein, n'aurait su s'envisager sans la participation active des escadrons de reconnaissance. Il y en eut même de toutes sortes : ceux de la « Reco tactique » (les prestigieux 01 et surtout 02.033[1]), celui de la Reconnaissance stratégique (l'ERS 01.091 sur Mirage IV) et incidemment celui dont les avions laissent traîner leurs oreilles un peu partout pour écouter ce qui se raconte sur la bande FM...

À l'identique de son *alter ego* britannique, l'Armée de l'air avait été fort cordialement invitée par son alliée américaine, et ce dans un charmant havre de paix, une délicieuse localité dénommée Al Kharj. Pour qui veut profiter du temps qui passe, faire un repli sur soi, travailler son karma, alors assurément c'est l'endroit rêvé ! Mieux que la lande irlandaise... car pas de pluie et pas de bière... ou alors sans alcool (nouvelle purge redoutable !). Le détachement opérationnel français était donc installé dans un coin de l'immense base aérienne d'Al Kharj, un état-major assurant le lien avec les hautes autorités depuis la capitale Riyad. La base saoudienne avait des dimensions proprement gigantesques, et l'USAF avait planté la bannière étoilée à quelques encablures de la piste.

C'était bien une installation « à l'américaine », à savoir que *rien* ne manquait dans la reconstitution de l'*American way of life.* En effet, le soldat américain n'est pas empreint de culture

1. Sans chauvinisme aucun...

napoléonienne, et ne saurait survivre longtemps hors des schémas protecteurs de la Mère Patrie. Aussi lui faut-il cloner cette dernière autant que faire se peut…

Sur un rectangle d'environ 5 à 6 km$^2$, un immense camping de tentes collectives était déployé, avec des allées bien rectilignes, bien perpendiculaires, comme à New York ! Les sanitaires méritaient le détour, car outre quelques petites cabines individuelles peu nombreuses, des tentes spécialisées étaient réservées… au(x) besoin(s), avec des toilettes bien alignées (en rang d'oignons !), sans cloison de séparation… Pratique, cette situation permet de briser la glace avec son voisin, et de se passer le rouleau de papier hygiénique plus aisément ! Plus sobrement, la base comprenait quatre mess (sous tentes) où des contractuels pakistanais nous servaient de la bonne nourriture américaine bien roborative, bien « raffinée[2] », quoique toutefois un peu riche. Mais on trouvait aussi un « vrai » restaurant à chaque coin du camp (tout, du hamburger à la pizza, en passant par les glaces énôôrmes), un salon de coiffure (hommes et femmes), une petite supérette, une boutique à « souvenirs » (authentiquement faux) et des lieux de détente. Avec les majors, GG ou VV, on aimait bien aller fréquenter l'estaminet tenu par la communauté afro-hispanique, où l'on se délectait d'une bonne bière (0 % !) bien fraîche en écoutant du rap bien gras, distillé à la machine hydraulique, au maximum des capacités d'une sono surmenée… L'Amérique ne serait pas complète sans ses gymnases et ses salles de musculation. Car l'Américain aime à lutter contre le bourrelet sur des rythmes syncopés, et l'Américain soulève de la fonte à tours de bras à longueur de journée, histoire de canaliser son trop-plein de testostérone… et puis l'Américain (à la différence du Français, on y reviendra) ne peut pas sortir en ville… et même s'il avait pu, les lieux de plaisir sont inconnus en Arabie. Pour l'aider à soulever ses haltères, l'Américain trouve de tout au *drugstore*, y compris des compléments alimentaires – style pâtée pour chien – dont il se gave du matin au soir, des produits dopants, des anabolisants et des diurétiques pour s'affiner… C'est intelligent ça, des diurétiques en plein pays désertique où il fait parfois 45° C (voire plus) à l'ombre ! J'oubliais : les machines à boissons gazeuses sucrées et autres

2. Il est vrai que la nourriture est essentielle au militaire français. Mais n'exagérons rien, on arrivait à se nourrir fort correctement. Juste un peu lassant au bout de deux mois…

pop-corn sont saupoudrées à droite à gauche. Dans cet inventaire à la Prévert, on trouve aussi une petite piscine où malheureusement un de nos jeunes pilotes décédera, des terrains de basket où de jeunes éphèbes *shootent* et *dunkent* toute la journée, une piste de roller... Le matin de bonne heure, en allant à la tente sanitaire du coin, il n'est pas rare de croiser dans la lumière rosée d'un soleil levant éclairant mollement le camp, une section de commandos US se déplaçant au pas de gymnastique, fanion en tête, en scandant ce tempo universellement connu : « Oiinnne Two Three Fouuuur »... En fait, toute la journée – et parfois même aux heures chaudes – il y a du monde qui court autour du camping. Sauf les Anglais (ne les oublions pas) qui passent leur temps libre à essayer de capter le soleil – donc bronzer – et qui de fait rosissent consciencieusement avant de cramer tout court.

Une chose est sûre : on a beau critiquer et faire les malins, il faut bien admettre que « la culture du débarquement » des Américains force le respect. Tout est pensé et organisé de façon à simplifier la vie, sans se poser de questions... Ne pas composer avec le besoin, tel est le maître mot. Et encore, je n'ai décrit là que la zone vie. La zone opérationnelle, au passage desservie par ligne de bus, n'est pas moins impressionnante. Indépendamment du nombre d'avions stationnés sur les immenses parkings – il y a pas loin de toute l'Armée de l'air française – les moyens de soutien ne sont pas en reste. Un jour que j'avais besoin de faire exécuter de menus travaux de chaudronnerie sur une pièce de F1, j'eus l'occasion de parcourir les différents services de maintenance que l'USAF avait déployés en plein désert... Sans commentaire, nos unités de deuxième niveau de métropole – pourtant bien équipées – n'arrivaient pas à la cheville de l'USAF. D'une certaine façon, cela se comprend, les moyens financiers n'étant pas du même calibre. Pour autant, étions-nous moins opérationnels ? Certainement pas, comme nous le verrons plus loin. Certes nous ne mettions en œuvre qu'un « petit détachement » (cinq Mirage 2000C, trois Mirage F1 CR et un C-135 tout de même... pas si mal), mais la qualité de nos matériels, la vista de nos pilotes... et le savoir-faire des mécanos faisaient là un cocktail redoutable d'efficacité ! On parlerait même aujourd'hui « d'efficience » pour faire mode, car il s'agit d'une efficacité « à moindre coût » !... La qualité d'un matériel ne vaut que par celle de ceux qui le servent. Et l'Armée de l'air, c'est avant tout des hommes (et des femmes, bien sûr !), qui la servent particulièrement bien.

***

Pour l'instant, tant que la base est sous toile de tente, le « coin français » (le fameux *French Corner*, ainsi dénommé par nos amis US) est un village gaulois. Un chalet en bois fait office de bâtiment central, et le détachement occupe une dizaine de tentes.

Ces tentes (américaines) sont bien fichues, avec un petit salon convivial que les occupants essayent d'améliorer au fil des détachements, et chacun dispose d'un coin privatif. Un lit, une table, une armoire. De gros climatos distillent de l'air frais à volonté. Un luxe insolent ! Dans le salon, une télé diffuse les programmes US, parfois abêtissants au possible, mais de temps à autre France 5, qui donne des nouvelles du pays.

Pour faire fonctionner tout ce barnum, une impressionnante armada de groupes électrogènes est planquée derrière un merlon et rugit plein pot H24, baignant tout le camp dans un grondement permanent, auquel s'ajoute le bruit des avions qui décollent, les hélicos qui tournicotent, et la sono base qui distille des messages incompréhensibles. Sans oublier le Rap ! En un mot : c'est MASH !

Avec forcément quelques anecdotes...

*Le camping perdu au milieu du désert... Le genre de toile de tente que l'on essayait d'améliorer avec les moyens du bord. (coll. ER 02.033)*

# Première aventure arabique à la gomme

Ce détachement d'hiver se passait plutôt bien. Aux alentours de Noël, le climat est assez doux, comme toujours, pareil à un beau mois de juin en France. Je me rends compte que j'ai souvent eu l'occasion d'effectuer des détachements en Arabie entre novembre et janvier… De quoi passer quelques réveillons exotiques, en tout cas peu arrosés ! Les conditions météo sont donc idéales pour nos avions. Ceux-ci volent régulièrement, avec un premier décollage tôt le matin, plus rarement un second tour dans la journée.

Le détam est bien entamé, avec une disponibilité fort correcte depuis le début. La logistique suit, les pannes rencontrées n'ont rien eu d'extraordinaire jusque-là, l'ambiance est bonne, la vie est belle. D'ailleurs aujourd'hui c'est « *no fly* », autrement dit, pas de vol. Néanmoins, comme je me suis plu à le rappeler aux mécanos en début de détachement, « *No fly* ne veut pas dire *no work* ». Que les pilotes ne volent pas, soit. Que certaines équipes en profitent pour faire un tour en ville, re-soit. Mais la mécanique se doit de veiller au grain, peaufiner les machines car l'ambiance sablonneuse est redoutable pour nos bêtes de course, vérifier les lots opérationnels, dépanner ce qui peut l'être, nettoyer les locaux de la zone opérationnelle… bref, il y a toujours quelque chose à faire. Mais on peut vivre quand même ! Et les premières heures chaudes de l'après-midi peuvent très bien donner lieu à une petite « siestounette » bien méritée, ce dont je compte bien m'acquitter consciencieusement.

Allongé sur le lit, les doigts de pieds en éventail, bercé par le ronron du climato General Electric… Quelques pages du bouquin emprunté en salle commune, et les paupières se font délicieusement lourdes... La digestion en souplesse du repas US de midi va pouvoir s'opérer en douceur. Et plus rien, je bascule dans le néant... D'où je suis tiré d'un coup d'un seul, un mécano entre en hurlant dans la tente :

— Mon Capitaine ! Mon Capitaine[1] !

— ?... (émergement des limbes digestifs)

— Mon capitaine ! Il faudrait que vous veniez ! Il y a des Américains qui nous causent, on ne comprend pas trop, mais il doit y avoir un problème en *flight line*[2] !

À moitié ensuqué, la trace des draps incrustée dans le visage, je sors aussi prestement que possible, en short et baskets. Là, une petite troupe s'est rassemblée autour d'un 4x4 kaki aux dimensions « américaines » - plus proche de l'AMX 30 que de la 2CV - et trois balèzes essaient de discuter avec mes troupes, toutes radios grésillant des messages dont on devine l'importance à la véhémence du ton... L'aura divine de l'officier me précède - et peut être l'espoir de la part de mes subordonnés que je sais aligner trois mots d'anglais - et voilà que nos amis US me déblatèrent à la vitesse du son un torrent de paroles nasillardes, ponctuées de « sir », au milieu duquel je capte quelques mots-clefs qui me font craindre un incident majeur en zone opérationnelle. Le temps de récupérer un tee-shirt, et je fonce dans ma petite voiture, filant le train au 4x4 qui nous ouvre la route à toute blinde.

Les quelques kilomètres qui nous séparent de la *flight line* sont avalés en moins de temps qu'il n'en faut pour le dire, et nous nous trouvons vite bloqués à environ 200 mètres de nos callebots par un *show* à l'américaine... Des barrières sont érigées, notamment des bandeaux en plastique jaune, comme dans les feuilletons TV où la police balise les scènes de crime. Mais le plus impressionnant, c'est le nombre de camions de pompiers (8 ? 10 ? 15 ?) aux dimensions « américaines » - c'est-à-dire plus proche du TGV que de l'estafette de gendarmerie - tous gyrophares allumés, encadrés par une armée de *firemen*, équipés comme pour aller éteindre un incendie dans une raffinerie ! Mais que se passe-t-il ? Nos avions brûlent-ils ? Des obus sont partis tout seuls ? Une attaque chimique de la part de Saddam ? Un incident

1. Je confirme ce que j'ai annoncé, la chronologie n'a pas toujours été respectée...

2. Zone opérationnelle, où étaient stationnés les avions et implantés les différents services.

nucléaire ? Je commence à nourrir quelques angoisses. Moi, aux dimensions françaises (malgré le léger surpoids diagnostiqué vingt ans plus tôt par le fameux docteur si jeune[3]), toujours en short-baskets, je me fraye un chemin au milieu de ce déploiement de force où manifestement règne une certaine tension à en juger par les ordres gueulés en tous sens, aux radiotéléphones qui couinent dans tous les coins, aux gus juchés à 5 mètres de haut sur les camions, lance à mousse en batterie... Il se passe quelque chose mais quoi ? Quelque chose de sérieux en tout cas... Deux sous-officiers de mon détachement sont là, un peu interdits devant ce déploiement de force. Eux non plus n'ont pas l'air de bien comprendre. À force d'errer au milieu de cette kermesse, je finis par être interpellé par un homme grisonnant, tout droit sorti d'un documentaire sur le Middle West, casquette de base-ball vissée sur le crâne, téléphone portable en poche. Il ne se présente pas, mais vu son âge, je me dis que ça doit être un chef d'équipe des pompiers ou un officier de sécurité quelconque... Il m'enjoint de le suivre, et à quelques encablures de nos bungalows techniques, derrière la délimitation du périmètre de sécurité, il m'explique et me montre – *a priori* pas content du tout – quelque chose (mais quoi ?) qui doit vraisemblablement présenter un grand danger, peut-être susceptible de mettre en jeu la sécurité de la base, nos vies mêmes, si j'en juge par l'armada de sapeurs qui nous entourent... Il ne manque plus que l'hôpital de campagne ! Je comprends qu'il doit s'agir de produits toxiques, qui vont peut-être exploser, ou se mélanger et dégager des vapeurs ultra-mortelles ! Me voilà beau ! Alerte aux gaz ! Verdun ! Mais qui est responsable de ce foutoir ?! Forcément, moi, mais après ? Je n'ose imaginer le compte rendu au COMELEF[4] ! D'ailleurs, si ça se trouve il est déjà au courant, en *hotline* avec le patron de la base US. Alors le leader américain me tend une paire de jumelles et j'observe... Rien ! Il n'y a rien, je ne comprends pas, tout à l'air archi-normal. J'ai beau m'écarquiller les yeux, examiner tous les détails de la zone française, il n'y a rien qui cloche. Les matériels sont correctement rangés, les bungalows sont fermés, les véhicules de servitude m'ont l'air en parfait état. Un peu plus loin, les avions sont correctement « parkés »... tout est rigoureusement

3. Petite facétie, si je ne « m'abuse »...
4. COmmandant des ELéments Français : le chef suprême des troupes françaises sur le théâtre.

nominal. D'où ma stupeur et mon étonnement auprès des autorités « locales ». Alors le petit joueur de base-ball commence à s'énerver. Il parle de plus en plus vite, de plus en plus fort, je sens que ça commence à caraméliser... Je reprends donc les jumelles, fort de ses nouvelles explications et je me retransforme en observateur animalier... Ça fait déjà un moment que ça dure, la plaisanterie, et je crains de plus en plus les retombées « en pluie fine »... Quelques Français se sont rameutés, car les nouvelles vont vite apparemment. En observant bien, je scrute notre camion à plateau, sur lequel un certain nombre de matériels sont en attente d'élimination... On ne voit pas très bien, mais c'est *a priori* « ça » qui trouble l'ordre public... et ma sieste accessoirement ! Alors je me retourne vers le paysan du Middle-West (en anglais) :

— Il n'y a qu'une solution, Sir. Il faut que j'aille voir.

— Mais vous êtes fou ! Je ne suis pas d'accord.

— Oui, mais c'est moi le chef de la zone ici, je crois savoir de quoi je parle.

— Bon, mais mes hommes vous accompagnent !

— Mais pour « quoi faire » ?

— On ne sait jamais, s'il y a des vapeurs toxiques et que vous vous sentez mal, mes hommes sauront vous secourir.

Je ris sous cape... *Mais il débloque plein tube !* me dis-je *in petto.* Enfin, il n'a pas l'air de rigoler, il faut quand même que je m'investisse. Alors j'y vais : dans le plein soleil de l'après-midi, je brave le danger et je me glisse sous le ruban en plastique de la « *restricted area* »... toujours en short, baskets et tee-shirt ! Sauf que je suis escorté par deux cosmonautes, des pompiers ricains, qui sont équipés comme pour aller dépanner la centrale de Tchernobyl : combinaisons amiantées, bottes et surbottes, bouteilles d'oxygène, masques respiratoires ! Comme exercice NBC, ça se pose un peu là.

Et le conquérant du Far West de m'enjoindre d'être prudent, ce à quoi je lui rétorque :

« Je vous dis peut-être adieu. Occupez-vous de ma femme ! » (textuel[5])

Mon humour tombant à plat, autant s'en retourner à notre mission de décontamination. Alors on progresse, comme en terrain miné ! Je me souviens même de mes anges gardiens

5. Aux fautes d'anglais près !

me demandant d'aller moins vite !... Et on approche du camion mortel... piégé si ça se trouve !

Et je découvre l'objet de tant de panique... Les mécaniciens « servitudes » – ceux qui entretiennent les matériels d'environnement (véhicules, groupes électrogènes...) – ont l'habitude de stocker les batteries usagées (ou à recharger ?) sur le plateau du camion, dans l'attente de leur évacuation. Profitant de l'aubaine, et sans trop se casser la tête, les photographes ont jugé bon de déposer subrepticement leurs produits photo usagés, pensant peut-être les évacuer en douce ! Ah, les fourbes ! Ah, les félons ! Ah, les gueux ! (Rires) Mais colère... gâcher une sieste qui s'annonçait bien... et en plus dans tout ça, l'heure tourne et la préparation des avions pour le lendemain risque de prendre du retard. Pour l'heure, je tourne les talons, je plante mes deux explorateurs sous-marins sur-le-champ et je retourne dare-dare rassurer la casquette de base-ball.

Quelques rapides explications, un peu emmêlées et je vois nettement sur le visage de mon interlocuteur un mélange de stupeur et d'incompréhension, puis de colère, d'indignation, et de mépris... Si sa casquette avait été une cocotte-minute, je crois bien que le sifflet aurait commencé à tourner fort ! Les deux vulcanologues ont quitté leurs combinaisons : ils sont rubiconds, transpirant comme deux jambons au soleil. C'est sûr, il doit faire chaud dans leur papillote d'aluminium et pour ce genre d'exercice, il vaut mieux un short ! Une poignée d'ordres, deux coups de téléphone, et mon camarade de jeu dangereux fait démonter le dispositif : les pompiers regrimpent dans les camions, ces derniers démarrent en trombe, s'éloignent gyrophares allumés, en un clin d'œil la zone est de nouveau calme... ne reste que le ruban de sécurité. Fin du film catastrophe.

Je retiens de cette affaire qu'outre un catastrophisme démesuré, les Américains sont décidément efficaces, bien équipés, et appliquent rigoureusement leurs procédures sans se poser de questions. Je retiens aussi que j'ai bien fait « d'en passer une » aux photographes !...

Épilogue : par acquit de conscience, j'ai rendu compte à mon chef de détachement qui a ri... un peu jaune. On a attendu vainement une réaction (forcément violente) du COMELF...

Il ne s'est rien passé. En revanche, je devais apprendre peu de temps après que la casquette de base-ball coiffait le crâne du super-chef de la base américaine, le big boss *himself* !... Et dire qu'il n'a même pas daigné donner un coup de fil à ma femme...

*F1 CR vu depuis la place de l'opérateur de ravitaillement en vol d'un C-135 (coll. perso)*

# Au pays du pétrole

Nouveau détam en Arabie. Je commence à avoir mes habitudes. Comme chaque fin d'année, j'ai la chance de faire un séjour au soleil, une fois pour Noël, une fois pour le jour de l'An, ça dépend du calendrier des relèves entre escadrons.

Ce détachement se passe particulièrement bien. Le premier mois, nous avons eu une disponibilité diabolique de 100 %, aussi bien sur les F1 que sur les Mirage 2000. Ça en est à un point que les Américains en arrivent à mettre en doute les indicateurs que nous leur fournissons. Force est de constater que dès que les avions se posent, ils n'ont que des pannes très légères (classiquement un équipement qui fonctionne plus ou moins bien, et pour lequel il suffit de procéder à un échange standard, souvent rapide), et ne nécessitent que le temps de la remise en œuvre avant d'être déclarés « dispos ». Les Américains sont un peu sceptiques, en ce sens qu'ils constatent que nous arrivons à de telles performances avec un minimum de personnel (les effectifs des détachements français n'ont jamais été pléthoriques), et avec une logistique « mesurée » (eu égard à nos surfaces de stockage de pièces de rechange...).

C'est sûr, s'ils prenaient comme référence les performances du détachement britannique, ils auraient de quoi se poser des questions. Nos amis d'outre-Manche jouent de malchance. Hormis un épiderme manifestement plus habitué aux brumes londoniennes qu'au soleil d'Arabie, et qui de ce fait transforme inexorablement leur détachement en un immense plat de crevettes roses, ils ont la lourde charge d'essayer de faire voler une flotte de Tornado... Le Tornado, c'est bien. Manifestement, l'avion est massif, puissant, capable d'emporter force carburant et munitions... Encore faut-il qu'il puisse décoller ! Autant les mécanos français ont pour l'instant la vie belle, autant les

« Rosbifs » marnent comme des bêtes pour un résultat qu'ils doivent trouver décourageant. Il n'est pas rare de voir (et d'entendre, car le Tornado fait un barouf de tous les diables !) cinq – parfois six ! – Tornado mettre en route dans un hurlement collectif effroyable, avec des panaches de fumée noire dignes des hauts fourneaux lorrains... mais ce ne sont souvent que quatre qui partent au roulage... et régulièrement, il n'y en a que trois qui décollent... quand ce n'est pas deux ! De quoi avoir le moral au plus bas, « au fond des chaussettes » comme on dit chez nous. Au début, j'étais un peu envieux quand je voyais de loin tous leurs moteurs et leurs nombreux sièges éjectables alignés dans leur coin de parking. Rien à voir avec nous, qui sommes plutôt à flux tendu[1]... La justification d'un tel tombereau de pièces détachées tenait dans leurs consommations... et ils consommaient beaucoup...

Mais pour nous aujourd'hui, tout va bien. Nous sommes partis tôt ce matin, le major GG et le jeune officier mécanicien des Mirage 2000, dans notre petite voiture, toutes vitres ouvertes en écoutant la radio FM de la base US... *Sweet home Alabama* me reste en tête. Les mécanos sont déjà « montés » au boulot, les VJ sont en cours, tout baigne dans l'huile.

Neuf heures : les PN arrivent dans leur gros 4x4, leur nouveau jouet avec lequel ils engouffrent une quantité industrielle de super (mais c'est gratuit, en self-service sur la base !). Le soleil est déjà haut, il commence à faire bon. Les centrales à inertie sont déjà lancées, les groupes électrogènes ronronnent. Après avoir signé les F11 en piste, chaque groupe de pilotes part vers ses avions, F1 CR d'un côté, Mirage 2000 de l'autre. Pendant qu'ils effectuent leur tour avion et préparent leurs cabines, j'en profite pour regarder les avions de l'USAF qui eux aussi partent en mission.

Quatre F-16 passent devant nous, dans un sifflement caractéristique. Les grandes gueules de leurs entrées d'air rasent le bitume, au risque d'avaler un FOD[2] et de casser le moteur... Chargées comme des mules entre les nacelles d'identification, les missiles d'autoprotection et les charges offensives, on

1. Encore que d'une façon générale, les unités en OPEX n'ont que très rarement eu à se plaindre de la logistique.

2. *Foreign Object Dammage.* Il s'agit d'objets qui traînent par terre, comme une vis ou un caillou, pouvant être ingérés par le moteur au risque de le casser. Les avions français étaient moins sensibles à ce problème, leurs entrées d'air étant plus hautes.

sent qu'ils ne sont pas là pour rigoler. L'Oncle Sam s'est levé de mauvais poil ce matin... Les avions roulent vite, les pilotes nous font un signe amical au passage... toujours très *cool* ces Ricains ! Puis quatre F-15 s'annoncent un peu plus loin. Là je reste admiratif. Ce biréacteur est absolument magnifique, racé et puissant, sans doute l'un des plus beaux avions qu'il m'ait été donné de voir. Le F-15 fait partie de ces bêtes de race, faites pour s'assurer de la suprématie aérienne, dont se dégagent un indéniable sentiment de puissance absolue, une quasi-animalité de grand prédateur. Roulant à bonne allure en jouant des muscles, ils sont chargés de trois énormes réservoirs pendulaires – de quoi rester un bon moment en l'air – et d'une flopée de missiles air-air, de quoi « assaisonner » tout pauvre MiG irakien qui aurait des velléités d'excursion en direction de l'Arabie. Juchés à bonne hauteur, les pilotes nous adressent également un salut amical, à l'américaine, pouce levé, sourire Gibbs d'une oreille à l'autre, les visières de casque sur les yeux. On est en plein film !

Puis c'est au tour des nôtres de mettre en route. Chorégraphie désormais rodée, gestuelle des mécanos qui dansent autour des avions. C'est aussi l'occasion pour certains spécialistes issus du NTI2 ou ayant quitté la vie d'escadron depuis quelque temps, de retrouver l'automaticité du pistard, de savoir où braquer le regard, de maîtriser sans hésitation les gestes de sécurité...

Petit aparté au passage. Ces détachements « mixtes », constitués de personnel de divers horizons, notamment des escadrons (NTI 1) et des ESTS (NTI 2) étaient redoutables d'efficacité. Entre des mécanos qui utilisaient l'avion au quotidien, en relation directe avec les PN, connaissant leur état d'esprit, leurs exigences et leur façon de relater le comportement de la machine, et ceux qui avaient l'habitude d'aller plus en profondeur dans les interventions ou la remise en état des différents organes, il y avait là toutes les briques d'une maison solide, bâtie sur du granit. Et pour peu que deux détachements s'enrichissent mutuellement de leurs connaissances respectives de leurs machines, ou mieux ! que certains aient pu bénéficier d'une acculturation sur plusieurs types d'appareils, alors là c'était « eau et gaz à tous les étages » ! Finalement, avec des effectifs relativement réduits, l'Armée de l'air avait su se doter d'un outil humain permettant de faire face à pratiquement toutes les situations, dans tous les coins du monde. Il fallait juste que la logistique suive, ce qui était (et est toujours) le cas pour l'Opex. Mais ça, c'est une affaire de gros sous...

Mais pour l'instant, nos avions vont partir au roulage. Les F1 les premiers. Les pilotes poussent les moteurs, les avions s'avancent, freinent, repartent, et s'en vont en direction du taxiway. Petite curiosité des avions français : la « pissette » de trop-plein à l'arrière du fuselage, laisse s'échapper quelques litres de carburant... Chose effarante pour un éventuel observateur américain, qui pour le coup, n'hésiterait pas à rameuter une escadrille de Canadair en prévision d'une hypothétique inflammation !

Cette fois-là, je décide d'aller voir au seuil de piste comment ça se passe, et je saute dans la voiture...

Des Américains sont sur place, préparant deux F-15. Étonnant de voir le nombre de personnes qu'il leur faut pour ôter les sécurités et faire partir un avion. On se demande bien ce qu'ils maquillent, et pourquoi un tel aréopage. Je doute que leur machine soit particulièrement complexe à mettre en œuvre. Je gage qu'ils ont adopté une organisation du travail ultra-fractionnée, voire qu'ils ont une approche très (trop ?) sécuritaire ? En tout cas, rien de tel chez nous, et nos avions sont rapidement rendus aptes au décollage par effacement des dernières sécurités « sol », puis attendent sagement au point de manœuvre le feu vert de la tour pour s'aligner sur la piste. Souvent, ça peut durer un « certain temps », ce qui nous fait craindre la surchauffe de certains équipements par manque de ventilation des compartiments électroniques. On ne parle même pas du pilote qui cuit tranquillement sous sa verrière, dont l'entrebâillement ne suffit certainement pas à rafraîchir le cockpit !... On ne parle pas non plus de la consommation de carburant qui, sur des petits avions comme les nôtres, finit par ne plus être neutre au bout d'une demi-heure de fonctionnement depuis la mise en route. Heureusement qu'il y a le ravitailleur en vol, cette vieille connaissance, qui est de la partie.

Enfin les premiers avions s'alignent. Les F-16 d'abord. Stables sur les freins, montée en puissance du réacteur, écartement des pétales de la tuyère et craquement formidable de la post-combustion. Lâcher des freins ! Les deux avions partent comme des flèches, avalent la piste à une allure prodigieuse, se délestent à mi-bande et, comme deux balles ricochant contre un mur, montent presque à la verticale dans le ciel d'Arabie à une vitesse hallucinante. Ils ne sont bientôt plus que deux petits points, dont le rugissement s'évanouit au loin... Impressionnants. Puis c'est au tour des F-15. Chargés comme ils le sont, l'accélération initiale semble moins brusque, mais la sono est bien là, et les dards des PC déchirent l'air dans un grondement venu des Enfers... Puissance tranquille mais formidable des aigles qui s'arrachent du sol plus majestueusement que leurs prédécesseurs, estimant sans doute ne pas avoir à faire d'esbroufe pour méduser les observateurs... Majestueux.

*Le fantastique F-15, la puissance à l'état brut...*
*(coll. perso)*

*Majestueux F-15 (© Armée de l'air)*

Puis c'est au tour de nos vaillants petits Mirage F1 CR d'emboîter le pas ! Là, les choses sont un tantinet différentes.

Les deux avions sont au seuil de piste, bien campés sur leurs petites pattes. Pleins gaz PC, le F1 n'a rien à envier aux autres, question décibels. Pour ce qui est d'arracher le goudron au démarrage, disons que c'est un peu moins... violent. D'abord, bien que vaillant et fiable, son moteur pousse moins. Il est vrai qu'il est d'une génération plus ancienne. Et puis il commence à faire chaud, alors il pousse d'autant moins... C'est vrai qu'il faisait aussi chaud pour les autres, mais par chauvinisme, on dira que « ce n'est pas pareil » ! Enfin, dans sa configuration « de guerre », l'avion est bigrement chargé, mine de rien : bidons, contre-mesures électroniques, missiles Magic et surtout un gros *pod* de reconnaissance, qui traîne tout ce qu'il peut et « pèse un âne mort » ! On est plus proche de la camionnette que du coupé sport ! À mi-bande, les avions essaient toujours d'accélérer... en fin de bande, ils roulent toujours !... et finissent par déjauger et rentrer le train ! (les mécanos sont satisfaits, car tous observent le décollage) Mais l'avion continue sur sa lancée, tout droit, à basse altitude, il prend de la vitesse !... et finit par afficher une pente de montée digne de ce nom. Certes, ce n'est pas un décollage « à l'américaine », mais le tout est d'être en l'air, n'est-ce pas ? Comme le disent gauloisement certains de mes camarades PN : « la pi... dans le ciel ! » Sauf que parfois, c'est comme en économie, la croissance est molle !...

Les Mirage 2000 sont déjà en place, et n'attendent pas 107 ans pour s'élancer. Plus véloces que le F1, ils n'ont pas trop de mal à se planter dans l'éther azuré, en terminant leur montée par une gracieuse glissade trois-quarts dos... Ils disparaissent eux aussi dans un grondement sourd. C'est fini, « la ferraille est en l'air ». Mais cet instantané a conservé toute sa magie.

Les mécanos sont déjà en train de repartir dans leur minibus alors que nous regagnons notre voiture. Nous avons trois heures devant nous, une éternité.

*Départ en mission en configuration lourde, sous la chaleur du soleil d'Arabie (coll. perso)*

La matinée est donc à nous pour poursuivre nos activités techniques. Les mécanos ont du boulot, qui pour réparer telle antenne radar, qui pour préparer le retour en France d'un certain nombre de pièces démontées des avions, qui pour mettre à jour ses listings. Les « servitudes » démontent un groupe électrogène qui « ratatouille », le gestionnaire constitue des palettes pour une prochaine expédition en France. Tout ce petit monde s'affaire, et en profite également pour nettoyer les locaux, car la poussière ultrafine est omniprésente dans ce pays... sans oublier les sanitaires, centre névralgique du détachement en zone opérationnelle. Car s'il est un endroit que l'on aime garder propre, c'est bien celui-là... alors on ne lésine pas sur l'eau de Javel, l'huile de coude et le bon usage des serpillières et balayettes !...

Souvent, au cours de ces matinées, il m'est arrivé de partir en réunion sur la base pour traiter de sujets divers : infrastructure, construction d'une nouvelle aire bétonnée, « FOD » et sécurité des vols, télécommunications (cas du sketch fameux du coup de pelleteuse qui arrache le câble de téléphone !), etc. En tant « qu'officier mécanicien de l'Armée de l'air française », je suis culturellement (et par la force des choses) astreint à une certaine polyvalence, voire pluridisciplinarité... ce qui ne laisse pas de surprendre quelques hauts responsables américains de la plate-forme, qui s'étonnent de ne voir « que » moi assister à ces réunions, même s'il faut bien le reconnaître, mon pouvoir d'inflexion sur les décisions prises en séance demeure assez faible. Il me faut donc expliquer que « chez nous », l'officier mécanicien ne fait pas « que » de la technique aéronautique, mais a bien d'autres cordes à son arc... qui pour le coup ressemble plutôt à une harpe !

***

La fin de matinée approche, et avec elle la fin de mission. Tout le monde se prépare donc à accueillir les avions, et commence à orbiter tranquillement vers le bureau de piste et le parking. Pour l'instant, nous – les officiers et le major – restons bien à l'ombre sous la tonnelle, assis sur notre banc en bois, « fabrication maison », observant la piste de loin et quelques mouvements d'avions... Un peu de calme avant l'agitation prévisible du retour de vol...

Soudain, un camion de pompier US (donc forcément énorme) passe devant nous toutes sirènes hurlantes, et fonce vers le parking avion… *a priori*, on dirait même qu'il se dirige vers le bout de piste. Et puis un autre, et un autre ! Toute une escouade de pompiers ricains qui déboule à fond la tringle vers ce que nous pensons être le voisinage de l'extrémité de la piste. Sachant que c'est dans cette direction que se tient le détachement des U2, et plus loin le dépôt de munitions…

Que se passe-t-il ? Un incendie ? Un exercice ? Peut-être… Manip réelle ? Faut voir. Pour l'instant, on attend à l'ombre. Prémonition ? Le téléphone sonne ! Ce sont les OPS ! Un de nos avions a semble-t-il de gros problèmes ! Problèmes de carburant, *a priori*. Houlàlà, c'était donc pour nous ce déploiement de forces ! Et il y a justement un camion américain qui arrive vers nous, dont descend un *fireman* nous indiquant quelque chose dans son jargon nasillard, duquel on ne retient que *problem*, *fire* et *accident*, le tout sur un ton de forte surexcitation… Il ne faut plus traîner, mais y aller de suite ! Avec le capitaine, je saute dans la 306 et je fonce vers le lieu où manifestement tout le monde se presse, tant les gyrophares nombreux nous balisent la zone.

Arrivés sur place que voit-on : notre bel avion, un Mirage 2000, immobilisé en bout de bande, ceinturé par un cordon de camions de pompiers autour desquels s'agitent leurs équipages, tous habillés en scaphandres ignifugés, vociférant ordres et directives dans leurs radiotéléphones… Décidément, ça devient une habitude ! Un remake de *La Tour infernale* !…Que vont-ils nous sortir cette fois-là ? Je constate de loin que l'avion a « les pieds » qui baignent dans un liquide transparent, apparemment du carburant. Je vois nettement deux spécialistes US dérouler une sorte de rouleau géant de papier absorbant, histoire d'éponger la crise. Ils sont décidément équipés, ces Ricains… Voulant m'approcher, je suis (une nouvelle fois) arrêté par un responsable local, deux mètres de haut, petite moustache à la Burt Reynolds, casqué d'argent ; vêtu d'un habit de lumière, des mains d'étrangleur gantées jusqu'aux coudes, et le talkie-walkie syndical sans lequel il se sentirait coupé du monde. Forcément j'explique qui je suis, ce que nous faisons, et que d'une certaine façon, nous sommes un peu censés connaître l'avion objet du *show* d'aujourd'hui, et que ma foi, il ne serait pas complètement idiot que l'on puisse y jeter un œil et même, si ce brave homme prenait sur lui de m'autoriser à m'approcher du corps du délit, son initiative lui vaudrait sûrement l'estime de ses chefs, l'amour de sa fidèle épouse restée *at home*, et un témoignage de satisfaction du Congrès qu'il pourrait encadrer au-dessus de sa cheminée... Ouf, il nous laisse approcher ! Je ne peux m'empêcher une petite astuce au sujet du papier absorbant, faisant remarquer que finalement, le pétrole retourne d'où il vient ! Mais cet humour à deux *cents* laisse mon interlocuteur de marbre... *In petto*, je me dis que pour le peu de pétrole répandu, et avec la chaleur qu'il fait, le parking sera comme neuf dans une demi-heure et qu'ils feraient aussi bien de remiser leur ouate absorbante.

Approchant de l'avion, mon OAT et moi rencontrons le pilote du 2000 et l'un de mes armuriers du détachement F1. Le pilote m'explique que quelques nautiques avant le terrain, le niveau carburant a brusquement chuté, et le témoin de basse pression s'est allumé. Panne rouge, donc grave. L'avion a bien voulu se déhaler jusqu'au seuil de piste, et là, notre pilote l'a « vautré » aussi vite que possible, puis s'est dirigé tout droit vers le bout de bande. Et c'est là qu'intervient mon pétaf. Attendant les F1 pour les désarmer avant qu'ils ne retournent au parking[3], il a vu arriver le Mirage 2000 « en vrac ». Comprenant l'urgence de la situation, il se précipita vers l'avion, s'assura que les sécurités étaient en place, et dans la foulée aida le pilote à procéder à une « évacuation rapide ». Comme quoi, sans être un spécialiste de la machine, il a tout de suite eu les bons réflexes, su faire preuve de sang-froid et de professionnalisme et finalement prendre les bonnes initiatives[4]. Le pilote a eu chaud. La même chose quelques minutes plus tôt, l'incident se terminait par une extinction moteur franche et donc une éjection. D'autant que ce brave pilote n'en est pas à son coup d'essai, ayant déjà eu l'occasion de s'éjecter durant les opérations sur la Bosnie, suite à un incident lors d'un ravitaillement en vol, qui lui donna l'occasion de vérifier si l'Adriatique était aussi bonne qu'on le disait...

Les nouvelles allant vite, le reste de l'équipe des 2000 arrive peu après. Rapide analyse du problème.

— C'est peut-être la tuyauterie d'alimentation des vérins de tuyère ?

3. Sur le Mirage F1, certaines opérations d'armement, comme sécuriser le canon par exemple, sont à effectuer sur une zone réservée, avant que l'avion ne rentre au bercail. Sur d'autres avions, ces séquences s'effectuent toutes seules, par le biais de palettes aérodynamiques actionnées ou pas par les filets d'air.

4. L'intéressé fut récompensé à l'issue par une lettre de félicitations pour son sang-froid, sa promptitude dans l'action et sa technicité.

— À voir. Pour l'instant, il faut purger ce qu'il reste dans le circuit, puis tracter l'avion chez nous

— OK. Vous allez rapidement chercher un bac, et vous ramenez un Tracma et une barre de tractage

Aussitôt dit, aussitôt fait... Enfin presque. Car le temps de remonter toute la piste, trouver le matériel nécessaire, et revenir avec le petit tracteur d'aérodrome qui ne dépasse pas le 40 km/h avec sa fameuse boîte automatique, un temps « plus que certain » s'est écoulé... et nos amis les pompiers commencent à s'énerver, trouvant sans doute que nous manquons de répondant, alors que eux, ils étaient à la pointe du combat... Mais tandis que je fais tout mon possible pour nouer un dialogue franco-américain, telle la cavalerie légère, voilà mes mécanos qui se ramènent dans leur petit tracteur à roulettes, la barre de remorquage accrochée derrière... Ils s'annoncent tout sourire vers le chef pompier et moi avec... un seau ! Je sens nettement le spectre hideux de l'incompréhension déployer ses ailes au-dessus du front bas de notre ami d'outre-Atlantique. Il nous faut lui expliquer que certes, l'avion fuyait un peu à l'arrivée, mais que de toute façon, il s'est sûrement vidé de son carburant et il ne doit pas rester grand-chose... Effectivement, la purge des tuyauteries ne remplit que la moitié du seau. Il ne nous reste plus qu'à tracter l'avion. Scepticisme du pompier leader, qu'il me faut dissiper avec une assurance de commissaire.

Et dix minutes plus tard, le Mirage 2000 est tracté le long du taxiway, laissant derrière lui une tache de carburant sur le parking, des Américains médusés repliant leur papier absorbant, et dix camions de pompiers dont les gyrophares semblaient saluer notre départ...

Décidément, l'esprit français déroutera toujours.

***

Le soir même les mécaniciens du détachement 2000 avaient trouvé la panne. Il y avait effectivement une tuyauterie qui s'était rompue au niveau du moteur. Pour banal que puisse être le fait technique (heureusement un cas isolé), il aurait effectivement pu avoir des conséquences dramatiques. Néanmoins, ce jour-là, nous avons eu de la chance.

L'échange du moteur ne prit que quelques heures (l'opération est en effet assez facile sur Mirage 2000 ; en tout cas plus que sur le F1), et en fin de soirée, les mécanos étaient fiers de déclarer l'avion disponible.

J'appris par l'intermédiaire des OPS que les Américains émirent de sérieux doutes sur la véracité de notre compte rendu. Vu de leur place, il ne semblait pas crédible de rendre disponible en si peu de temps un avion ayant connu une telle avarie. Mais bon, c'est qu'ils ne connaissaient pas vraiment les ressources du Mirage 2000 !

# Le système D

Une fin de détam en Arabie... Comme il est de coutume, le détachement organise un petit repas de clôture, auquel quelques personnalités sont conviées, notamment le COMELEF et l'échelon précurseur des escadrons qui nous relèvent, Mirage F1 et 2000, en l'occurrence Reims et Orange. Cette soirée sera très certainement l'occasion de dissiper quelques petits malentendus, provenant entre autres du fait qu'un certain nombre d'accidents de la circulation ont eu le bon goût de mettre hors de lui le chef suprême des forces françaises. C'est vrai qu'il est un brin « impulsif »... Incidemment, mon adjoint « Mirage 2000 » s'est ainsi vu interdit de conduite dès la première semaine en terre arabe, ce qui ne nous a pas vraiment facilité les choses. Mais bon, dans l'euphorie de la fin du séjour, tout le monde en rigole un peu et on se dit que cela fera des souvenirs. Au menu ce soir : samossas et crevettes achetés en ville, fromage français importé direct, le tout arrosé de jus de fruits ou de bière sans alcool (dommage).

Nous avons renoncé au barbecue cette fois-ci. Bien que les Américains aient depuis peu aménagé des aires « pique-nique » dignes de ce nom avec des barbecues à gaz aptes à faire rôtir des bœufs entiers, ils restent très procéduriers en matière de lutte contre l'incendie et la commission de sécurité chargée de valider les manifestations diverses relève d'une bureaucratie tatillonne que l'on préfère finalement éviter... Même si lesdits barbecues sont implantés au beau milieu de nulle part, dans une zone désertique !

La soirée s'annonce sympa. Discours, remises de cadeaux et d'insignes, premiers verres de l'amitié... Quelques mécanos sont chargés de récupérer les victuailles en ville, et tout le monde les attend... Et attend de plus en plus, que ça commence à en devenir louche...

***

Cette dernière journée avait pourtant donné du fil à retordre au détachement F1. Cela faisait quelques vols qu'un avion avait des soucis de transfert de carburant, et la panne n'étant pas réellement franche, les mécaniciens avaient du mal à progresser. Ils avaient déjà changé pas mal de choses sur le circuit, mais manifestement, cet appareil était habité d'un « esprit » diabolique... en tout cas, en froid avec le kérosène ! Autant par fierté que par tradition, le chef de service des mécaniciens « avion », ce bon adjudant-chef P. (malheureusement aujourd'hui disparu) tenait absolument à laisser à celui qui allait le relever, une situation aussi claire que possible. Il n'est en effet ni très agréable ni très bien vu de refiler des « patates chaudes » en fin de détachement, même si, parfois, on reste victime des circonstances. Par honnêteté vis-à-vis des nouvelles équipes montantes, il est de bon ton de passer le relais en confiant des avions dans le meilleur état possible. Donc c'était dit, ce soir serait le grand soir, P. ne participerait pas aux agapes et assurerait « son » dépannage. Par solidarité, son *alter ego* assurant la relève sera de la partie. Et les voici donc qui s'éloignent discrètement, retournant en *flight line* poursuivre le dépannage amorcé depuis quelque temps...

***

Pour l'instant, l'apéro s'éternise et les noix de cajou s'épuisent. Un léger malaise s'installe, mais tout le monde fait bonne figure. Peut-être que les « grands chefs » ne se rendent-ils compte de rien ?... Alors je vois mes coursiers revenir sur la pointe de pieds, et me faire un petit signe entendu...

— Bon alors les gars, vous étiez où ? Ça commence à être longuet...

— C'est-à-dire mon Commandant, il y eut un léger problème.

— Quoi donc ? (prêt à tout...)

— On a eu un « carton » et on a plié la voiture ! Il a fallu appeler à l'aide...

— Jusqu'au bout ! J'en connais un qui va être content ! Si le COMELEF apprend ça le dernier soir, on est tout beaux tout neufs !

La soirée finira par se dérouler dans la bonne humeur dans la tiédeur d'une belle nuit saoudienne. Cependant, avant qu'il ne soit trop tard, je décide de porter quelques gambas et un morceau de fromage français à mon équipe de dépanneurs...

***

Le trajet a quelque chose de somptueux. Alors que la route se devine dans la nuit, tracée au milieu d'un océan de sable noir, les lampadaires orange balisent au loin la zone opérationnelle. Avec la douceur ambiante, on pourrait se piquer d'illusion optique et se croire en bord de mer, longeant quelque baie invisible... Après avoir savouré ces brefs moments de rêverie, j'arrive finalement près du F1. Il y a là mes deux adjudants-chefs, l'un en cabine, l'autre sur le dos de l'avion, un mécanicien servitudes[1] qui gravite autour, mais aussi un soutier américain assis sur un fût, à côté de son camion-citerne.

Mes deux compères délaissent leur avion et s'approchent pour m'expliquer leur vision des choses :

— Bon, on croit qu'on a trouvé.

— Ah la bonne heure ! De quoi s'agit-il ? (ils sont forts ces anciens !)

— *A priori* de la vanne de séquence de remplissage de carburant. On l'a changée, mais pour valider l'affaire, il faudrait refaire une séquence complète.

— Parfait... Y'a plus qu'à.

— Sachant que l'avion est plein, on va procéder à un épuisement des nourrices. Mais il y a un problème...

— Lequel ?

— Le soutier veut bien nous faire le plein, mais il refuse de nous reprendre notre pétrole, considérant que pour lui, il est d'ores et déjà contaminé.

— Pas de souci. Vous vous chargez du dépannage et avec le « servitudes », on se chargera de la reprise carburant. Mais d'ici là, on mange !

1. Il s'agissait du sergent-chef A., l'homme qui décalqua le signe « Mirage » sur l'avion marocain.

Et c'est comme ça que vers minuit, nous nous sommes retrouvés assis par terre, au pied d'un Mirage en panne, dans la lueur orangée des éclairages de parking, avec le ron-ron du groupe électrogène. La nuit commence à se rafraîchir, une petite collation ne peut pas faire de mal.

Sous le regard proprement ahuri du soutier américain, colosse « Black » à la sauce ricaine, nous attaquons les gambas grillées, arrosées à la Barbican, « pure faux houblon »... Dans son US Air Force, ça ne doit pas lui arriver souvent de voir un commandant pique-niquer de nuit avec trois de ses sous-officiers au beau milieu d'un dépannage... Surtout que nous nous proposons de l'inviter à se joindre à nous ! Ce qu'il fait bien volontiers. Rompre la glace est toujours sympathique entre ressortissants étrangers, et qu'en plus les gambas-crevettes le tentent bien... Bon, dès qu'il apprend qu'elles viennent « d'en ville », ça le refroidit quand même, puisque l'écartant un peu de ses schémas hygiénistes anglo-saxons. Mais en définitive, il s'admet beau perdant et se régale, nous confirmant quand même que nous avons de la chance, nous les Français, de pouvoir nous évader en ville... Si la gamba lui plaît, en revanche il refuse catégoriquement l'obstacle du camembert. Il y a des choses au-delà desquelles la raison l'emporte sur la passion[2] ! En pleine séance d'ethnologie, le Big Jim des essences nous regarde de plus en plus comme des Extraterrestres, à nous délecter de notre *French Stinking Cheese*, qui fleure bon le pays que l'on va bientôt retrouver ! Puis il faut quand même se remettre au travail.

Alors toute notre équipe retourne vers le F1. Les deux adjudants-chefs récupèrent la tuyauterie de caoutchouc *ad hoc* qu'ils connectent à l'avion pour le vidanger. Le sergent-chef A. a déjà mis en place un bac de récupération pour le carburant. P. s'installe en cabine, son *alter ego* pilotant la tuyauterie.

L'opération d'épuisement consiste à vidanger progressivement l'avion en comparant le détotalisateur qui indique le volume « consommé » et la réaction de l'avion dans ses différents transferts internes. Avant de commencer, il faut également prendre de quoi récupérer tout ce beau pétrole qui ferait le bonheur des automobilistes. Pas de problème, il nous faut des fûts. Ça, on a. Puis se pose la question de vidanger le bac de

2. Une année, j'avais également remporté un franc succès en déballant un jour au mess, des fromages de chèvre que certains de mes amis facétieux m'avaient expédiés de France... Entre les délais de transport et la chaleur, les Américains ont dû croire à une attaque aux gaz !

récupération dans lesdits fûts. Toujours prompt dans la décision, je suggère au « servitudes » de voir si dans son atelier il n'y aurait pas une pompe à main. « Il a » me rassure-t-il, *on progresse*, me dis-je. Et ne voilà-t-il pas que je le vois revenir cinq minutes plus tard, la mine déconfite !

« Il y en a vraiment qui se foutent de la g... du monde ! » éructe-t-il (textuel)...

Ceci est d'autant plus étonnant qu'il est d'un naturel calme, plutôt policé. Et que me montre-t-il ? Le carter de la pompe Japy qui est fendu en deux...

— La pompe est pétée, mais il y en a qui l'ont « bien » remise en place dans le lot de l'atelier, au lieu d'en commander une autre !

— C'est pas grave, le rassuré-je, on va se le faire « en manuel » !

Aussi sec, je le *drive* vers le F1, au passage on récupère deux bidons vides de fluide hydraulique, deux coups de canif pour les couper et hop ! nous voilà avec deux écopes de compétition ! Alors le dépannage reprend, sous les rires et les quolibets des deux anciens en cabine... Le F1 se vide consciencieusement de son pétrole dans le bac de vidange sous les yeux experts des deux mécanos avions, et nous, le sergent-chef A. et ma pomme, nous vidangeons ledit bac *manu militari*, ou plutôt « manu petrolari », avec nos deux écopes bricolées, dans le fût précédemment évoqué !

À cet instant de l'histoire mondiale, le soutier américain est scié ! Ses schémas mentaux ne peuvent expliquer l'incongruité de la scène ! À minuit, pendant que deux vieux « chibannes » s'évertuent à siphonner un avion de chasse, un commandant et manifestement un de ses subordonnés, vidangent un bac de pétrole à la main, avec deux écopes fabriquées dans des bidons en plastique. Facteur aggravant : ils mangent tous du fromage-qui-pue ! Et le pire, c'est qu'ils y arrivent... et que le dépannage est confirmé !!

***

Finalement, notre beau Mirage F1 CR sera transmis flambant dépanné au détachement suivant. Et même si le dépannage se termina tard, nous pûmes profiter de la fin de la soirée... et le COMELEF n'a jamais su qu'une équipe de mes mécanos avaient plié une voiture de plus !

# Derniers regards sur l'Arabie

Si je dresse un premier bilan de ces quelques expériences américano-arabiques, je ne peux qu'être admiratif devant la puissance du rouleau compresseur américain. La force brute du déploiement de masse, pour lequel rien ne manque, me laisse proprement pantois. C'est quand même grâce à nos amis US que j'ai pu découvrir l'Internet à mes heures perdues... au fin fond du désert !

Quand je repense comme nos détachements sous la tente étaient sympas les premiers temps, avec un côté boy-scout... et comme nous craignions de perdre en convivialité lorsque nous apprîmes que les Américains bâtissaient une base « en dur », au milieu de nulle part ! Mais finalement, comme ces chambres individuelles, climatisées avec douche et WC privatifs se révélaient confortables ! Et comme nous avions gagné en passant de la piscine de jardin, remplie d'eau saumâtre surmenée en fin de journée, à la piscine olympique creusée au milieu du désert (où il n'y a pas trop d'eau d'habitude...) Moments somptueux, les jours de *no fly*, que d'arriver à la piscine de bonne heure, admirer les reflets du soleil dans l'eau turquoise... au fond de laquelle un contractuel pakistano-enturbanné déversait des pelletées de chlore pur jus... Certes, on en ressortait les yeux confits, mais quel bonheur que d'admirer, une fois retourné sur sa chaise longue, tous ces beaux corps américains huilés... depuis ces athlètes body-buildés survitaminés qui nous renvoyaient la désespérance de nos bourrelets franchouillards, jusqu'à ces créatures aux formes trop parfaites dont les prothèses mammaires nous renvoyaient les reflets de nos mines déconfites après deux mois de « régime sec »...

Et ces avions ! Quelle puissance ! Quel nombre ! L'Armée de l'air sur un parking !... Mais au fond, les nôtres ne sont pas si mal... Je me souviens de deux pilotes US de F-15, sûr d'eux-mêmes comme de l'invulnérabilité de leurs machines de guerre marchant comme des cow-boys avant d'aller « briefer » avec nos pilotes... Au retour de mission, nous qui n'y entendions rien en matière de tactiques aériennes, apprenions que non seulement les *Eagles* avaient laissé filer les petits F1 CR, mais qu'en plus ils s'étaient fait « tarter » par les Mirage 2000... Comme quoi, Goliath doit toujours se méfier de David...

Enfin, ces séjours étaient aussi l'occasion de redécouvrir le génie français, et son désir exacerbé de braver l'interdit... lointain avatar de l'esprit de Résistance ? Alors que j'étais responsable de la manœuvre logistique du détachement, au profit duquel nous devions assumer la gestion d'une petite enveloppe destinée aux frais courants, je fus surpris de débusquer quelques commandes passées « en douce », pour des Cocotte-minute et autres autocuiseurs accompagnés de tuyauteries de divers longueurs et diamètres... Mais en furetant dans le détachement quelque temps après, il me fut facile de découvrir, planqués çà et là, tout ce joli matériel valorisé en petits alambics de fortune qui « bonifiaient » les fruits fournis en libre-service par les mess[1] ! Michel Audiard aurait pu dire « Des magiciens, ces mécanos ! »

*La distillerie de campagne...*
*le génie français !*

1. Rendons à César ce qui doit l'être : la première expérience de ce genre dont j'ai eu connaissance est à mettre à l'actif de PN, comme quoi ils savaient bricoler eux aussi !

# La tempête

Fin 99, la France connut une tempête comme il n'y en avait pas eu beaucoup au cours du siècle précédent. Les dévastations causées à cette occasion allaient nous permettre, bien involontairement, de nous mettre en valeur...

Projetons-nous quelque temps en arrière. Le chef de service de « la photo », l'adjudant-chef C., frappe un jour à mon bureau et me soumet une question délicate liée à la photographie couleur. Il faut dire que dans le cadre de la distribution des tâches, le 02.033 en avait l'expertise.

« Voilà mon Commandant, avec la couleur, ce n'est plus possible ! »

Moi, dubitatif :

— Ah bon ? Et pourquoi donc ? Quel est le problème ?

— Eh bien la développeuse est absolument hors d'âge, et on n'arrive plus à la maintenir en état...

— Comment ça se passe actuellement pour le ravitaillement en pièces détachées ?

— C'est simple : il n'y en a plus !

— Alors comment vous faites ?

— On se débrouille, on fait comme on peut, on bricole, on rafistole...

Ça, je le savais. En fait, ces belles machines avaient certainement dû être un *must* vingt ans en arrière, mais aucun marché de soutien n'avait été prévu pour les maintenir en état. Le fait est que dans le monde civil merveilleux auprès duquel les Armées ont toujours malheureusement tendance à se comparer partant de l'adage fameux qui dit que « dans le civil c'est forcément mieux », tout service de photographie argentique[1]

1. Je rappelle qu'à cette époque-là, le numérique n'en était qu'à ses balbutiements.

du moindre supermarché de banlieue, voyait sa développeuse changée tous les trois ans, voire moins... Nous en étions loin ! Une petite visite au service me confirma que l'on essayait tant bien que mal de maintenir sous perfusion une machine archi-usée, dont les pignons en nylon avaient le mordant d'un nonagénaire sans son dentier, dont les circuits avaient l'étanchéité du même nonagénaire prostatique... Bref, ça bringuebalait et ça fuyait de partout. Seule solution : le musée des arts et métiers... ou la décharge municipale !

Par acquit de conscience, je posai la question au chef des officiers de renseignement :

— Dis-moi, la photo couleur, ça te sert à quelque chose ?

— Sur un plan opérationnel, aucun ! On travaille avec les films en noir et blanc. Le contraste est bien meilleur et surtout le temps de développement est beaucoup plus court[2]...

— Alors quel intérêt d'en faire, à part de « la perruque[3] » ?

— Ça peut faire des cadeaux... la maison du général... ou celle du préfet !

— Bref, si on n'en a plus, ça ne t'empêche pas de bosser ?

— Aucunement !

Ce qui est dit est dit ! Je pars voir le commandant d'escadron et je lui explique l'affaire, insistant sur le fait que la « couleur » ne présente de l'intérêt que pour le prestige et que si l'Armée de l'air veut continuer à rayonner de la sorte, libre à elle, mais il serait alors bon qu'elle investisse dans du matériel plus moderne, parce qu'il arrive un moment ou ça ne va plus... Je m'autorise même cette hardiesse (textuel) :

« Que je sache, le CEMAA[4] ne roule pas en 403 ! »

Accaparé par des problèmes ? Lassitude ? Perspective de la fin d'année ? Mon bon maître ne me prête qu'une moitié d'oreille attentive et m'assure de sa totale compréhension, sans doute en réprimant le bâillement que lui inspire ma démonstration...

De retour au bureau, je contacte la photo et leur annonce que « la couleur, c'est bâché » et qu'ils peuvent faire des choux et des raves de leur machine infernale...

Une page se tournait, la photo couleur était rangée au rayon des souvenirs (du moins pour l'instant). Dans la foulée,

2. De plus les films étaient tirés en diapositives, donc en positif. Les temps de tirage pour de la couleur auraient été incompatibles avec l'urgence de livraison du renseignement recueilli.

3. La perruque : du travail à un profit autre que celui dédié à la mission opérationnelle...

4. CEMAA : Chef d'état-major de l'Armée de l'air... le n°1, pour faire simple !

il me fallait rendre compte à notre état-major de tutelle de la pertinence de notre décision, et je me fendais d'un message adressé à la FAC[5] précisant que notre développeuse couleur était morte et qu'il fallait procéder à son renouvellement, si les autorités estimaient devoir poursuivre dans l'expression artistique... Incidemment, nous étions en fin d'année et la trêve des confiseurs s'approchait à grands pas. Nul doute que mon cri d'alarme ne suscita pas d'émotion particulière, et tout était pour le mieux dans le meilleur des mondes.

***

Seulement voilà, cette fin d'année se solda aussi par une tempête impressionnante, balayant la France en diagonale, causant accessoirement quelques dégâts. Bloqué à Lyon quelques jours, j'étais passablement inquiet pour l'escadron, car à cette époque, d'importants travaux de rénovation avaient lieu au 02.033, et je craignais que le chantier ne souffrît des bourrasques. En fait, il avait été décidé de procéder à l'échange des portes du hangar et à cette époque, ce dernier était proprement ouvert à tout vent, c'est le cas de le dire. Considérant la période hivernale, le hangar avait été « bourré » au mieux, et les mécanos avaient réussi une belle imbrication de F1 placés tête-bêche. La base de Reims fut bien secouée par la tempête. À telle enseigne qu'un hangar quelque part sur le domaine militaire s'écroula purement et simplement, écrasant au passage les camions qui se croyaient à l'abri. Des arbres furent endommagés, des clôtures arrachées, des dégâts survinrent çà et là, vitres brisées, tuiles envolées... mais au 02.033 : rien de rien ! Tout prédisposait à ce que la tempête s'engouffre dans le hangar et crible les avions de déchets divers, voire en retourne un ou deux au passage... Mais rien, pas la plus petite éraflure sur les peintures[6] ! On a la baraka ou on ne l'a pas, c'est comme ça. Du coup, l'activité pouvait reprendre lentement en début d'année, le temps d'échanger les vœux et que les organismes se remettent des agapes infernales... Cependant, tout n'était pas aussi rose dans le nord-est de la France, et la forêt vosgienne avait souffert, ressemblant désormais plus à un jeu de mikado qu'autre chose.

5. Force aérienne de combat, dont l'état-major était implanté sur la base de Metz.

6. En revanche, il est des bases où les dégâts infligés aux avions, C-160 notamment, furent plus que significatifs. Toutefois, notre beau Mirage III eut sa dérive un peu abîmée par la chute d'une branche d'arbre...

*Le hangar qui s'était pris « une soufflante ».*

Mon chef m'interpella un matin :

— Je viens d'avoir un appel de Metz : il faut urgemment constituer un dossier pour le cabinet du Premier ministre. Ils veulent des photos aériennes du désastre.

— Pas de problème, on répond toujours présents. J'ai les mécanos et les avions, je vais en faire préparer deux « asap[7].

— Parfait. Il faut de l'Omera 40 et de la 33[8], avec photos couleurs... Faut que ça parle !

À cet instant, je me sentis proprement liquéfié :

— Mais... de la couleur... on ne peut plus en faire ! La développeuse est HS, on a tout benné !

— Tu te fous de moi ?!

— Non, rappelle-toi, avant Noël, je t'ai dit qu'on ne savait plus entretenir ce vieux machin. La couleur, c'est fini.

Stupeur du Chef... Remémoration du Chef... Réflexion du Chef. Réponse du Chef, laconique et lapidaire :

« Tu te dém..., les photos il les faut ! »

Boum ! Uppercut dans la cafetière ! Alors là, je sentis que ça commençait à roussir doucement, et qu'il n'allait pas tarder à faire « gros temps » sur les services techniques du 02.033...

Ni une, ni deux, je convoque les photographes, chef de service en tête :

— Bon alors dites-moi, la développeuse couleur, on en est où ? Qu'est-ce qu'on peut faire ?

7. Asap : as soon as possible (aussi vite que possible, dès que possible).

8. Le F1 CR est équipé de deux types de caméra Omera (33 ou 40). En l'occurrence, l'OM33 permet de faire des photos « dans l'axe » de l'avion, alors que l'OM40 fait des photos d'horizon à horizon. En fait, seules les photos de l'OM40 ont été tirées pour cette mission.

— C'est-à-dire mon Commandant, on a tout démonté... on essaye de récupérer des pièces pour les autres machines ;

— Mais vous avez tout le kit complet ?

— Ah ça oui, on a tout !

— Eh bien, vous essayez de me la remonter... et de me la faire fonctionner ;

— Mais vous vous rendez compte du temps qu'il va nous falloir ! Et on est sûrs de rien !

— Du temps ? Vous en perdez déjà !

Et c'est comme ça que mes photographes sont repartis dans le petit matin froid du janvier rémois, essayer de réparer leur machine dont ils avaient cherché à se débarrasser, espérant au fond d'eux-mêmes en récupérer une plus moderne et plus performante.

La météo joua pour nous. Pour une fois, le mauvais temps sur l'objectif retarda la mission, donnant justement aux photographes du temps dont ils manquaient. Et donc la mission fut planifiée. Il fallut s'y prendre à deux fois, car le brouillard restait désespérément accroché à la canopée. Mais le deuxième coup fut le bon : un F1 partit tout seul faire son tour des Vosges. Comble du bonheur, la caméra fonctionna de façon nominale : pas de bourrage de film, pas d'erreur de défilement... Les photos furent de belle qualité, et le dossier arriva en temps et en heure à ceux qui l'avaient commandé... Sauf que la développeuse n'était pas encore prête, et que les « Rens » avaient dû courir tirer leurs belles photos couleur en région parisienne[9].

Et puis les photographes ont bossé dur. Nettoyant les petits mécanismes usés, ajustant au mieux les pignonneries, traquant les fuites, retendant les courroies... le miracle survint enfin, chose dont je n'avais jamais réellement douté au fond de moi. Je savais que les mécanos, quels qu'ils soient, ont toujours du mal à se débarrasser des matériels. Ils aiment bien garder tout un tas de bricoles : « Ça peut toujours servir » énoncent-ils souvent avec une fausse candeur qui a du mal à cacher une malignité de bon aloi, mais qui permet parfois de se sortir de situations au prime

9. Les « Rens » durent aller dans un obscur sous-sol de l'état-major tirer les films sur une développeuse diapo. Comme le format de la machine n'était adapté qu'au 24x36 et pas aux standards des Omera, il fallut tronçonner les films de la 40 en bandes de 2 mètres (le film de l'OM33 était trop large) et le lendemain matin, après une nuit complète de travail, le capitaine L., officier de renseignement, put remettre en mains propres au général B. le dossier complet des photos demandées. Ils n'étaient pas forcément que mauvais, ces Rens !...

abord inextricables... Accessoirement, je les savais aussi capables de miracles. Et c'est comme ça que je vis revenir le chef de service, avec un sourire entendu :

« Je crois que c'est bon mon Commandant, ça va le faire... »

Finalement, le 02.033, certes habitué à la « banalisation de la performance », avait surtout retrouvé des couleurs !...

*La fameuse machine que n'aurait pas reniée Nadar...*

# Un petit oubli d'outillage

En matière de maintenance aéronautique, la juste comptabilité des matériels employés, et notamment des outillages, est un souci constant de la part des équipes de techniciens, scrupule enseigné dès l'école de formation initiale. Chaque intervention sur avion (ou sur un sous-ensemble) doit donner lieu à un inventaire précis des outils employés, dont le résultat doit être consigné dans la documentation de maintenance qui suit la vie des matériels. On trouvera ainsi classiquement couchée sur le carnet de santé d'un avion, en regard d'un compte rendu de dépannage, la classique formule « application de la fiche 21 du RRM[1], vérification zone de travail – RAS ». C'est dire si on ne rigole pas avec ça...

On comprendra aisément que la perte d'un outil, aussi insignifiant soit-il, constitue un piège potentiellement mortel pour un aéronef en ce sens qu'il peut bloquer une timonerie, coincer un mécanisme de sécurité quelconque, abîmer une connexion électronique...

À côté de ça, il est un cas on ne peut plus classique, qui fait bondir le mécano intérieurement, mais qui, dans sa sapience infinie, conserve un calme olympien et travaille son karma. Il s'agit d'un grand classique, celui du PN qui perd « malencontreusement » son bouchon de stylo en cabine ou qui, en se relevant pour sortir de son cockpit, casse « malencontreusement » un petit cabochon du tableau de bord ou un bouton du manche à balai[2]. La pièce rebelle va alors se perdre au fin fond de la cabine, et il s'ensuit souvent de longues périodes de recherche, imposant parfois de déposer le siège éjectable sur un chasseur – opération

1. Règlement de maintenance.
2. Pour un chasseur, on utilise plutôt le vocable de « poignée pilote ».

qui n'est pas neutre en soi – mais qui finalement sont acceptées avec résignation comme une fatalité avec laquelle il faut composer et qui impose une vigilance accrue. En revanche, l'oubli ou la perte d'une vis, d'un écrou ou d'une douille de la part d'un mécano intervenant sur avion est frappé du sceau de l'interdit, et passible de l'écartèlement sur la place d'armes, avec ingestion de plomb fondu et supplice du pal ! Tout cela pour dire que les mécaniciens sont tenus de parfaitement maîtriser leurs matériels : outillages, ingrédients, pièces déposées.

J'ai en mémoire deux anecdotes. Lors d'un séjour en Arabie, un pilote de l'USAF nous narra qu'un jour, un tournevis oublié dans une chaîne de commandes de vol d'un F-15 conduisit à l'éjection du pilote qui ne pouvait plus contrôler son appareil. Cela me laissa dubitatif, mais quelques années plus tard, j'eus à enquêter sur un cas de blocage du « manche à balai » d'un Mirage 2000, qu'une tête de vis, rompue pour une raison quelconque, venait bloquer lorsque le pilote voulait l'incliner à droite. Globalement, l'avion ne pouvait plus tourner que dans un seul sens ! Cocasse ! L'histoire s'est bien terminée, mais prouva une fois encore, s'il en était besoin, que l'on n'est jamais à l'abri d'un incident...

Revenons à nos moutons. C'était un vendredi, en début d'après-midi. Comme un fait exprès, c'est toujours le vendredi que les problèmes arrivent... Je me souviens qu'il faisait beau (à Reims, ça s'apprécie) et que le week-end s'annonçait sous de bons auspices. Comme à l'accoutumée, l'escadron connaissait son pic d'activité syndical, conjonction du retour au bercail des dernières patrouilles et de l'arrivée du week-end... Tout allait pour le mieux dans l'épectase la plus aboutie... jusqu'à ce qu'un chef de service vienne nous trouver, « les vieux » et moi. Il avait sa tête des mauvais jours, mélange de contrariété, d'angoisse et de contrition. La chose était simple, il venait nous informer qu'*a priori*, « ils » (qui ?) avaient paumé un tournevis... Une paille ! Cette nouvelle tombait on ne peut mieux, à l'heure qui va bien... En tout cas, elle nous glaça un peu les sangs. S'il est un cas de figure qui est redouté des mécanos, officiers en tête, c'est bien celui-là. La chose m'était arrivée dix ans auparavant, mais s'était rapidement soldée par la réintégration de la douille d'alors, éprise de liberté. Dans le cas présent, la première question qui vient à l'esprit est de savoir s'il faut arrêter la flotte de vol, si les avions encore en l'air courent un risque, s'il faut stopper toute activité pour retourner l'escadron de fond en comble et chercher le foutu outil. Dans ce domaine, pas d'état d'âme à avoir, juste procéder avec ordre et méthode. Les questions fusent, presque avec automaticité : « à quelle panoplie d'outillage appartient ce tournevis ? », « qui l'a en compte ? », « depuis quand s'est-on rendu compte de sa disparition ? », « quelle équipe s'en est-elle servi ? quel(s) chef(s) d'équipe ? », « sur quel(s) avion(s) ? quel(s) chantier(s) ? »... Autant de questions que le pauvre chef de service - pourtant homme averti - prenait en pleine poire comme un boxeur atone contre lequel son adversaire déroule ses « gauche-droite ». Le chef d'atelier repartit prestement, à la recherche des précieuses informations. Forcément, dans le quart d'heure qui suivit, il revint penaud avec l'air du cocker battu, avouant qu'il avait fait chou blanc. Alors là, la pression s'est mise à monter d'un coup, le sifflet de la Cocotte-minute s'était emballé... Appel à la sono de l'escadron et convocation « expresse » de tous les chefs de service. Premières explications : que tous les mécanos fouillent leurs poches pour voir si par hasard, l'un d'entre eux n'aurait pas conservé par-devers lui et par inadvertance ce maudit tournevis pour une raison X ou Y. Par exemple pour régler ses freins de vélo ? « Qu'il » le dise, on ne lui en voudrait pas... Du moins on essaiera... Tout au plus paierait-il son coup... Action !

Un quart d'heure plus tard, l'assemblée des visages fermés ne fit que me confirmer ce que je pressentais depuis le début : *mauvaise limonade*, me dis-je... Alors aux grands maux...

— Qui est censé s'être servi de la panoplie ?

— Ben... nous (le service dépannage).

— Bravo ! Quelqu'un se souvient-il si on vous a emprunté un outil par hasard ?

— Non, personne n'est venu nous demander quoi que ce soit.

— On progresse ! Quels chantiers sont-ils susceptibles d'avoir été concernés ?

— Ben... on a eu deux échanges de moteur et un recul (ndlr : de moteur).

— Quels avions ? Les 6xy, 6yz et 6qp ?

— Oui, ceux-là.

— OK ! Action. Vous me redéposez les trois moteurs, et vous (collectif) m'inspectez les moulins et les cellules à fond « de chez fond »... Vous perdez déjà du temps !

Comme une volée de moineaux, les chefs de service s'évanouirent dans leurs callebots respectifs pour donner les consignes « qui vont bien », comme dit la formule consacrée...

Sur la base, l'heure était déjà à la débauche (rien de graveleux, juste la fin du travail !), les cars ramenant le personnel *at home* étaient déjà en route, alors qu'au 02.033, on en était à monter une équipe de choc pour re-déposer trois moteurs.

Là, j'avais cogné fort. Il faut dire que sur le Mirage F1, la dépose ou l'échange du moteur ATAR 09 n'est pas une opération anodine qui se traite en « deux coups les gros ». De nos jours, sur Rafale, « deux sauterelles et un Velcro » et hop, l'affaire est dans le sac. Sur F1, il faut d'abord mettre l'avion sur vérins, s'assurer de la bonne horizontalité de l'affaire, débrancher toutes les tuyauteries et connexions reliant le moteur à l'avion, dont les « carottes de poussée[3] », puis insérer deux longs rails de guidage entre la cellule et le moteur, sur lesquels viendra coulisser ledit moteur en sortant de la cellule, rails qui ont le bon goût d'être hyperstatiques d'un ordre significatif... Avant l'affaire, on aura accolé tant bien que mal à l'arrière de l'avion le fameux chariot de dépose que « le monde entier nous envie »... et au bout de pas mal d'efforts, on arrive à reculer « la bête »[4]... Le « renquillage » du moteur est tout aussi délicat, avec les branchements à refaire, plus une petite mise en route, histoire de s'assurer que ça tourne rond et que rien ne fuit. Du velours. Sur Mirage 2000, avion bien plus moderne, la chose est beaucoup plus facile... Sur Rafale, c'est un vrai plaisir... Le lecteur l'aura compris, déposer trois moteurs un vendredi après-midi, en dehors des heures ouvrables n'était pas une sinécure, et n'enthousiasmait pas les mécanos.

« Aucune angoisse », les rassurais-je, « je n'impose pas d'heure » (de fin du travail !)

De toute façon, la situation ne les satisfaisait pas. Ce n'est pas tant le fait de s'être fait pincer à égarer un tournevis qui les inquiétait, c'était la conviction profonde que ce petit bout de métal constituait un piège potentiel pour l'un de nos pilotes. La sécurité des vols était manifestement en jeu, et il n'était pas question de chercher à biaiser. Il *fallait* retrouver l'outil, point.

Les trois moteurs furent déposés en début de soirée. J'avais rarement vu une telle débauche d'énergie. Était-ce l'angoisse ? L'énervement de louper le début de week-end ? Leur fierté

3. Pièces métalliques qui reprennent la poussée du moteur pour la transmettre à la cellule.

4. Ne nous méprenons pas : le premier vol du Mirage F1 date de 1968 !

écornée les avait-elle piqués au vif ? Toujours est-il que les trois avions furent rapidement soulagés de leurs moulins, et inspectés du sol au plafond. Rien ! Fatalitas ! La pire situation car le doute subsistait toujours. Soit on était passés à côté du tournaga, soit il était peut-être sur un autre avion, soit il était ailleurs, mais où ? Re-recherche sur avions, sur moteurs, dans les ateliers, les panoplies d'outillages, les poches de treillis... Rien. Fallait-il se résoudre à en rester là, et s'en remettre à la Divine Providence ? Possible, mais pas satisfaisant.

Le major GG émit alors une hypothèse plausible : serait-ce possible que le fameux tournevis ait été laissé par mégarde sur un des chariots de transport des moteurs, et que lors d'un voyage vers le banc d'essais, l'outil fantôme ait chu quelque part ? Pourquoi pas ! Zou, une équipe de Sherlock Holmes du vendredi soir part aussitôt inspecter la route et les abords du trajet entre l'escadron et le GERMaS. Belle balade de plusieurs kilomètres quand même.

Une heure plus tard, à part trois papiers gras, une pièce de monnaie et des « pétounes » de lapins, ils n'avaient rien trouvé. Là, la situation prend une saveur douce-amère des plus désagréables...

On remit donc les avions en ligne de vol dès le lundi matin. Les premières mises en route et les roulages matinaux restaient marqués d'une certaine tension. Les décollages de nos trois suspects coïncidèrent avec un petit pic d'adrénaline, mais tout se passa bien, même si nous n'étions pas réellement rassérénés. En fait, je pense que nous, officiers, major et chef du service, conservâmes tous un « petit clignotant » nous maintenant sous pression pendant une bonne semaine. Puis il fallut se rendre à l'évidence que le tournevis avait sombré corps et âme, et que si l'on était puriste, il aurait fallu adresser un compte rendu circonstancié au chef du soutien technique de la base. La comptabilité publique ne se discute pas, le procès-verbal de perte était de mise, la Cour des comptes veillait... même si l'encre et le papier auraient coûté plus cher que l'outil perdu. Car en définitive, mobiliser des techniciens de haut niveau pendant de longues heures pour rechercher un tournevis à 10 sous, voilà qui n'est pas trop « efficient », mais qui avait certainement déjà servi de leçon.

Qu'importe, la sécurité n'a pas de prix mais je gage que cet épisode tout sauf burlesque aura su marquer les esprits d'alors.

# Ça a démarré un mardi...

30 mars 1999. Un mardi soir comme les autres. Comme d'habitude, il y a vol de nuit, moment privilégié dans la semaine, car il permet de se recentrer sur notre vrai métier qui est de faire voler des pilotes, en oubliant toutes les tracasseries qui nous perturbent dans la journée. En fait, ces séances de nuit sont toujours pour moi du bonheur pur jus, au contact des pistards et autres « élecs » ou SNAR. Attendre les premiers pilotes tout en contemplant le crépuscule qui cède la place à la nuit constitue un réel moment de plénitude, aussi bizarre que cela puisse paraître.

Normalement, il y a toujours un officier ou un major qui est désigné pour assurer l'encadrement de ces activités aéronautiques nocturnes, mais bien souvent, je profite autant que je peux de ces soirées, autant par engagement personnel que pour me faire plaisir, sachant qu'elles sont comptées et qu'un jour viendra où il me faudra « lâcher la rampe »...

Mais ce soir, mon épouse m'a demandé de rentrer plus tôt. Alors soit, profitons de la soirée en famille, surtout m'a-t-elle dit, qu'elle avait commandé quelques spécialités asiatiques au traiteur du coin, spécialités qui sont ma foi excellentes. Et donc sur le coup de 19 heures 30, je rentre au bercail, satisfait de la journée de travail, confiant dans la soirée qui s'annonce en piste – mais sans moi – et heureux de « pantoufler » un peu en famille.

Sonnerie de la porte d'entrée.

« Va ouvrir, m'enjoint ma moitié du fond de sa cuisine, c'est le Vietnamien qui nous livre ! »

Malgré la fatigue inhérente à une harassante journée de dur labeur au service de la France, je ne me fais pas prier pour baliser le chemin au porc laqué et autres rouleaux de printemps. Et là, surprise ! Ce n'est pas le visage souriant de l'Annamite attendu qui se présente à moi, mais la mine réjouie du commandant en second de l'escadron, accompagnée des tronches hilares d'une bande de pilotes, eux-mêmes escortés des épouses et fiancées apportant fleurs, victuailles et force boissons ! Mon épouse – la traîtresse – était dans la confidence de ce « dégagement », traditionnel et sympathique, et avait bien mené son affaire. Je me suis bien fait ferrer, mais j'apprécie le côté farce.

La soirée s'écoula (au propre comme au figuré) jusqu'à tard. À la fin du vol de nuit, le commandant R., adjoint au chef des opérations de l'escadron, nous rejoignit, s'étant acquitté de ses fonctions de directeur des vols de la base pour la soirée. Sa combinaison de vol embaumant le musc inhérent à l'homme d'action, était également joliment décorée d'auréoles signes d'une activité physique intense... Assez tard, j'aidais la maîtresse de maison à ranger la vaisselle et descendre les « quelques » bouteilles vides à la poubelle...

***

Le lendemain matin n'était pas glorieux. Réveil poussif, œil glauque et haleine de poney justifiaient amplement d'une bonne douche réparatrice. Le café serré avait été complété d'une aspirine, histoire de « retaper le colosse », mais force était de constater que la journée commençait doucement, voire péniblement, non sans quelques remarques ironiques du major GG (l'autre « vieux », VV, était en Arabie)...

À la pause-déjeuner, il se trouva que pour une fois, nous étions seuls à prendre le café avec mon adjoint technique, lorsque la sono de la base retentit :

« Le Commandant Roux est prié de rappeler son unité immédiatement... Je répète, le Commandant... »

Quelque part, je me doutais que cela allait arriver...

— Allo, J-M., qu'est-ce qui se passe ?

— Il se passe que l'on part au plus vite pour le Kosovo !

Glaciation des sangs ! Le genre d'annonce qui vous remet aussitôt les pendules à l'heure et les yeux en face des trous !

***

Flashback. Bien après la guerre de Yougoslavie, le théâtre des Balkans demeurait une poudrière d'où s'échappaient des fumerolles menaçantes. Bien sûr, la situation de la province du

Kosovo était suivie par tous les observateurs, et la question était de savoir *quand* une intervention occidentale allait survenir. Il y eut une longue phase de valse-hésitation. À l'escadron, il y avait ceux qui prônaient que « La 33 » ne pouvait « que » y aller, et ceux qui s'en tenaient aux informations rapportées par notre chef à la suite de réunions en haut lieu, assurant que « ce n'était pas pour nous ».

Au fil des jours et des remontées d'informations alarmantes, on sentait bien une certaine tension s'installer, pas de celles qui vous paralysent, plutôt de celles des veilles de grands matchs et qui vous stimulent. Le sujet revenait de plus en plus fréquemment dans les conversations à l'escadron, mais comme souvent, tout le monde donnait son avis, sans que rien de tangible ne vienne l'étayer. Conversations de café du commerce...

Pour autant, je commençais à nourrir quelques inquiétudes face à l'éventualité d'une montée en puissance rapide, assortie d'une projection d'une partie des moyens de l'unité. Cette capacité de projection – « en réel » – faisait assurément partie du patrimoine de l'escadron, mais ne l'ayant encore jamais pratiquée, j'éprouvais forcément une petite angoisse. Et si ça se déclenche, que dois-je faire ? Serais-je à la hauteur ? On n'était plus dans le cadre d'exercices planifiés, de campagnes de tir ou de déploiements en Opex ultra-rodés, pour lesquels de solides dossiers d'archives servaient aisément de guide-âne.

Pour une mise en place réelle, une « entrée de théâtre » comme on dit, l'unité doit se débrouiller pour monter son affaire et être au rendez-vous, sachant que dans ce genre de circonstances, toute la chaîne hiérarchique militaire surveille de près le déroulement des opérations. En clair : pas de droit à l'erreur.

J'avais donc décidé d'anticiper au mieux l'ordre fatidique qui pourrait peut-être tomber, sachant que l'on n'avait absolument aucune directive ni planification de prévue.

Durant ce petit mois de « drôle de guerre », j'avais demandé aux chefs de service de surveiller les niveaux de leurs lots opérationnels, notamment en traquant les carences logistiques avérées, et je me posais quotidiennement la question : « Et si tu devais partir maintenant, quels avions prendrais-tu ? »... Cette dernière réflexion étant liée aux potentiels des machines avant révisions de leurs différents éléments[1].

1. Les avions suivent ce que l'on appelle un plan d'entretien, qui définit un certain nombre de visites techniques. Par ailleurs, bon nombre des composants de l'avion (moteurs, organes hydrauliques...) ont également des potentiels limités en utilisation, et sont régénérés à l'occasion de visites d'entretien.

Retour au présent. Le temps de foncer à l'escadron, je demande à l'OAT de mettre les chefs de service « sous pression », dépoussiérer les listings de matériels, commencer d'étudier le choix des avions pendant que je vais aux nouvelles chez le chef...

Conseil de guerre dans le bureau du commandant d'escadron : il y a là le second de l'escadron (notre chef du moment), le chef OPS, le chef des « Rens[2] ».

Les consignes sont rapidement données : on commence par partir avec trois avions, avec le potentiel qui va bien, en « conf' » de guerre : bidons supplémentaires, Phimat, Barax, Corail[3], Ospei[4], Magic, pods de reconnaissance... La vraie guerre est en route. Ce que je redoutais est arrivé. C'est « ma » guerre, ne pas la louper ! Peut-être qu'au fond de moi, je suis assez satisfait d'embarquer pour cette aventure, même si elle a des relents de violence ?

Question posée :

— On part pour où ?

— Solenzara, en Corse. Il n'y a plus de place pour nous en Italie.

Le fait est, une bonne partie de l'aviation de combat occidentale squattait déjà dans la botte italienne, et nous, nous allions être servis après les autres. Dommage pour la solde Opex, mais bon, ce n'est pas ce qui est important pour le moment.

Retour aux services techniques de l'escadron. Réunion d'urgence des chefs de service. D'abord bâtir un tableau d'effectif, un peu « costaud » si besoin au début – c'est une mise en place au coup de sifflet bref, on ne va pas mégoter – quitte à dégraisser plus tard.

Le problème... c'est que le lendemain, une partie de l'escadron doit partir pour le Tchad, major GG en tête... et que l'OAT1 est en Arabie avec son détachement... Finalement, cette mise en place fait que nous allons devoir supporter *trois* déploiements en même temps ! Du jamais vu ! Je me demande ce que doivent penser les gus de l'escadron d'à côté...

Bref, on regarde ce qui nous reste... et force est de constater qu'il va falloir racler les fonds de tiroirs ! Alors on fait le bilan, et rapidement il nous faut demander de l'aide aux autres unités : l'ESTS, le 01.033. Finalement, j'aurais les noms et les pedigrees des individus qui vont se joindre à nous dans la soirée. Au total,

2. Les officiers de renseignement, qui avec leurs équipes, préparent les missions avec les équipages et exploitent les informations recueillies par les avions au retour de mission (photos, enregistrements...).

3. Phimat, Barax, Corail : systèmes de lance-leurres et de brouillage dont est équipé le Mirage F1 CR.

4. Ospei : obus semi-perforant explosif et incendiaire.

trente-cinq gus pour une première mise, dont vingt-cinq du 02.033. Reste le matériel. Comme ce n'est pas aux vieux singes qu'on apprend à faire la grimace, la plupart des services ont déjà bouclé leurs listings, lancé leurs commandes, préparé leurs lots de déploiement.

Consigne est donnée de tout rassembler dans le hangar, pendant que l'on demande à l'escale de nous préparer des palettes aérotransportables.

Un truc important nous manque : un moteur de rechange, c'est bien le minimum. Ça tombe bien, le troisième escadron de la plate-forme, le 03.033 « Lorraine », s'apprêtait à partir en campagne de tir pour… la Corse ! Tant pis pour eux, ils peuvent faire une croix dessus. Tout comme le moteur qu'ils ont préparé, on leur piquera au passage ! Reste le choix des avions. Il faut partir à trois, donc on en prépare quatre, au cas où. La DATA[5] assure son rôle de directoire, chaque escadron préparera donc deux avions. Merci le 01.033. Sur ces entrefaites, le chef du soutien technique de la base débarque dans le hangar. Comme il se doute que l'on va devoir consommer des ressources logistiques, il nous a fait préparer un lot d'ingrédients et ouvrir des lignes logistiques de façon à ce que les choses soient plus faciles pour nous sur place. Tout baigne.

L'impression qui se dégage de la base est proprement grandiose. L'électrochoc de l'appel de midi a libéré des énergies qui s'agrègent pour que nous, escadron de reconnaissance 02.033 « Savoie », nous puissions partir au plus vite, porter haut les cocardes françaises et nos insignes sur les Balkans. Toute la base est avec nous. C'est comme si une puissante motrice nous poussait en avant, nous prenant comme figure de proue portant l'étendard de la collectivité. Le constat de cette synergie qui s'emballe est tout simplement enivrant. J'ai l'impression d'avoir le cerveau en surmultipliée, que j'arrive à tout appréhender, et que dès que j'identifie un point dur ou un sujet de préoccupation, la machine répond présent et qu'il y a toujours quelqu'un qui a la solution, que toutes les pièces du puzzle s'emboîtent inexorablement… presque sans accroc. Plus trivialement : ça pulse fort ! On a l'impression de s'inscrire dans l'Histoire, de vivre des moments essentiels.

5. Organe de coordination technico-opérationnel entre les diverses unités.

Juste le temps de passer en coup de vent dans mon bureau et d'appeler mon épouse :

— Écoute, tu me prépares une valise, avec une tenue de combat.

— Qu'est ce qui se passe ? Vous allez où ?

— *A priori*, le Kosovo se confirme. On part en Corse, à Solenzara.

— Vous partez quand ?

— Le plus vite possible, sans doute demain. Combien de temps, je n'en sais rien. Je ne sais pas à quelle heure je rentre ce soir.

Boum, servez chaud ! Un peu sec, j'en conviens. Il faut bien reconnaître que les épouses de militaires ont parfois un rôle difficile quand même... Retour aux affaires en vitesse, dans le bureau des majors.

Il s'agit maintenant de prévoir un plan de transport, car on ne va quand même pas aller en Corse à la nage. Dans la kermesse ambiante, l'OAT2 a tout naturellement déjà compilé le devis « poids-volume » qui permet d'avoir une première estimation de ce que nous allons devoir embarquer. C'est assez hallucinant de voir tout ce qui est nécessaire pour que trois avions de reconnaissance puissent assurer leurs missions. Il est vrai que l'on doit embarquer quelques colis encombrants, comme des cabines « photo » (dont chacune occupe un C-160 Transall à elle toute seule), des pods de reconnaissance aux conteneurs particulièrement volumineux, des palettes, des colis, des bagages... Bref, tout ça représentant un premier jet de 50 tonnes, en 340 $m^3$ !...

Depuis le bureau des majors, je passe un coup de fil à l'état-major de l'Armée de l'air, histoire de donner quelques informations, mais aussi d'aller aux nouvelles :

— Oui, le COAIR[6], j'écoute ?

— Bonjour, Commandant Roux du 02.033 de Reims...

— Hmm... Ah oui, c'est vous qui partez pour Solenzara avec les F1 ?

— Oui, c'est pour ça que je vous appelle. Je vais vous donner mes besoins en transports en avance de phase sur le message qui doit être « dans le tuyau », mais le temps qu'il arrive...

6. À l'époque, centre d'opérations qui se trouvait « sous » la base aérienne 117, à Paris.

— Alors, dites-moi.

— Eh bien, c'est simple… il me faudrait… sept C-160… Pas des Hercules, sinon ça ne rentre pas en largeur… donc sept Transall j'insiste… en plus de celui déjà prévu pour la campagne du 03.033, je le réquisitionne au passage, avec son moteur dedans…

(un blanc, puis la voix de l'interlocuteur se tourne manifestement vers quelqu'un d'autre)

— Eh Roger (s'appelait-il comme ça ?...), il y a un commandant de Reims qui veut sept Transall !!

(la troisième voix de répondre)

— Il est marrant, lui ! Pour trois avions ?! Ah i'sont gonflés les gus…

— Mais pour trois avions, qu'est-ce que vous emportez donc ?

— Eh bien c'est simple : un pour la cabine photo équipée, un pour la cabine de développement, un pour la cabine traitement, un pour…

(un autre blanc, puis la voix dépitée)

— Mais où voulez-vous que je trouve sept Transall à cette heure ? (textuel)

— Moi, je n'en sais rien, mais ça, c'est votre boulot…

Toc ! Et c'est comme ça que je repars dans le hangar surveiller le déroulement des opérations. Dans l'agitation brownienne qui préside, le responsable désigné des SNAR vient me trouver pour m'exposer une problématique particulière. Selon lui, sous une même référence peuvent exister plusieurs versions des brouilleurs électromagnétiques adaptables à l'avion. Du point de vue du mécanicien, cette subtilité pouvait nous être totalement transparente, en ce sens que nous n'avions pas à connaître les contenus des différentes déclinaisons des bibliothèques de guerre des CME[7]. Ce genre d'informations est bien sûr hautement protégé, et selon la formule consacrée, nous « n'avons pas à en connaître ». Néanmoins, encore faut-il monter la bonne ! Mais lui, l'adjudant B., s'est souvenu d'une affaire analogue du temps où il était à Strasbourg (si ma mémoire ne me fait pas défaut). En tout état de cause, il était totalement pénétré de la mission qui incombe au collectif et avait fait sienne une affaire qui relève spécifiquement de la branche « OPS », PN et officiers de renseignement. Belle preuve de compétence, d'initiative et de conscience professionnelle.

7. CME : contre-mesures électroniques.

Vers les 19 heures, les choses se calment un peu. Les palettes commencent à prendre forme dans le hangar, les matériels commencent à s'aligner. Le dîner est rapidement pris au mess où règne une certaine agitation, et la soirée s'annonce sous le signe de la préparation des deux premiers Mirage F1CR. S'agissant de partir pour une distance lointaine, il est primordial que chaque appareil, et tous ses sous-systèmes, disposent d'un potentiel suffisant pour assurer une activité aérienne soutenue, éventuellement appelée à s'inscrire dans la durée. C'est ainsi que forts des listings établis par le bureau technique de l'escadron, les mécanos vont procéder à l'échange d'un certain nombre d'équipements, à commencer par les roues, histoire de partir avec des « godasses neuves ». Le système d'armes sera réglé « aux petits oignons » en choisissant des centrales à inertie « retaillées », en peaufinant les réglages du radar. Les armuriers équiperont les sièges éjectables de paquetages de survie adaptés aux missions des pilotes, et s'assureront du parfait fonctionnement des circuits de tir de l'avion. L'avion sera « bidonné[8] » puis équipé de ses CME.

Le travail dura tard dans la nuit. Je n'aurai eu aucune consigne particulière à donner, les équipes s'étaient constituées naturellement, et tout le monde travailla d'arrache-pied pour préparer les machines. Preuve de solidarité entre les unités, il en fut de même au sein de l'autre escadron, qui nous annonça avoir préparé ses deux avions sans encombre. Le repos fut le bienvenu ce soir-là.

***

Le lendemain matin fut consacré à régler quelques problèmes administratifs et logistiques, s'assurer que Solenzara nous attendait bien, et confirmer notre plan de transport.

Le matin, les avions furent équipés de leurs munitions réelles. Tout d'un coup, le tourbillon de la veille qui avait occulté notre appréciation de la situation s'évanouit, laissant place à une atmosphère plus lourde, plus menaçante. Les bandes d'obus qu'amenaient les « pétafs » n'avaient plus rien à voir avec les obus d'exercice en plastique bleu. C'était de la munition de guerre, pour des opérations en Europe, dans le cadre d'un conflit ouvert. Les pastilles qui étaient chargées dans les caissons à munitions

8. Équipé de réservoirs pendulaires, accrochés sous les ailes.

n'étaient assurément pas du genre à l'eucalyptus... Viendront ensuite se cloquer dans les lance-leurres les « boulettes[9] » nécessaires à l'autoprotection des avions.

Alignés sur le parking de l'escadron, les quatre chasseurs furent armés de leurs missiles « Magic » d'autoprotection. À la différence des missiles d'entraînement dont les avions sont régulièrement équipés, ces fusées venimeuses ont des ailettes plus massives et plus visibles, les rendant plus agressives, ne laissant planer aucun doute quant à leur destination.

Deux avions étaient déjà équipés de nacelle de reconnaissance « Raphael ». Hauts perchés sur leurs trains, les quatre Mirage F1 avaient troqué leur apparat de bel avion éblouissant les foules aux meetings et les observateurs en bordure de la base, pour se muer en machines de guerre, qui iront survoler les territoires ennemis pour en espionner les activités militaires. Mission difficile que celle de la reconnaissance, consistant à se dévoiler aux yeux de l'ennemi pour mieux le démasquer. En tout cas, une sorte de gambit annoncé à l'échelle de l'ex-Yougoslavie qui se déchirait.

Et c'est comme ça que le 1er avril 1999, les trois premiers F1 décollèrent à 15 heures pour Solenzara. C'était le début de l'opération *Trident* pour le 02.033.

Le premier Transall embarquant la plus grosse partie du personnel et quelques matériels s'arracha du sol à 16 heures... À minuit le même soir, trois cabines de reconnaissance « SARA » seront prêtes à être installées. Quelle tourmente depuis deux jours ! Dès le premier soir, nous débarquons dans un hangar déjà occupé – Ô surprise – par le détachement des Mirage IV ! Tant mieux, on les connaît, on les a déjà croisés en Arabie, ce sera plus sympa[10].

*Les Transall prêts à être chargés, sur le parking du 02.033*

9. Il s'agit de leurres électromagnétiques et infrarouges qui ont pour but de déjouer les conduites de tir d'adversaires éventuels.

10. Outre une mission de bombardement stratégique, le Mirage IV avait été prévu pour effectuer des missions de reconnaissance à haute altitude. Vers la fin de sa vie opérationnelle, cette unique mission sera conservée. Les Mirage IV ont par ailleurs eu l'occasion d'aller dans le golfe Persique lors des missions de surveillance de l'Irak.

*Plein ras la soute... Formidable Transall ! (coll. perso)*

Les types du COAIR n'étaient pas au bout de leurs peines. Pour parachever notre déploiement, un quatrième F1 viendra compléter le dispositif, ainsi qu'un certain nombre de matériels, toujours aussi volumineux, voyageant exclusivement par Transall... Mais on a bientôt fait le plein de ce qu'il nous faut pour démarrer nos missions. Les matériels trouvent leurs places, mon chef armurier, le Géant vert, case ses armements au dépôt de la base, entre des palettes de bombes qui traînaient par-là, les cabines photo ont trouvé eau et électricité... Les pilotes ont leurs bureaux et le téléphone, tout baigne !...

Une remarque émanant de l'un de mes mécanos (le fameux « Servitudes » avec qui je vidangeais du kérosène à une certaine époque...) fut pour moi la plus belle des récompenses. Alors que les choses se calmaient un peu, il me lâcha tout de go devant ses collègues :

« Mon Commandant, il faudrait qu'ils soient tous aussi opérationnels que vous à Salon ! » (textuel)

Je ne sais pas s'il avait raison, et je ne voudrais aucunement souffrir d'un quelconque surdimensionnement de mon ego, mais Bon Dieu ! Quelle douce musique à mes oreilles que ces quelques mots !

Sur le plan logistique, la manœuvre était ainsi montée que j'étais censé dépendre d'une cellule de coordination du théâtre d'opérations, implantée en Italie ! Les conflits se jouaient donc à l'échelle des continents... Du fait de notre isolement, l'affaire se présentait mal et s'avérait pour le moins compliquée. Il nous fallait donc rapidement fluidifier les processus à venir et considérant que nous étions les seuls F1 « CR » concernés par ce barnum, j'estimais qu'il revenait à notre base arrière de Reims de nous assurer le soutien *ad hoc*. C'est donc ce que je proposais à la « cheffe » de la cellule en question, en ces termes (textuel) :

« Écoute ma cocotte[11], vu que je suis loin, que je suis spécifique avec le CR, tu m'oublies et je me débrouille tout seul. »

Ladite responsable de la cellule en question n'en demandait pas tant et ne cacha pas sa joie de se voir ôtée une épine du pied, considérant qu'un détachement de moins dans son escarcelle, c'était autant de problèmes évités.

Mais ce dont elle ne se doutait pas, c'est que, outre les classiques mais parfois erratiques liaisons aériennes par Transall, nous disposions d'une botte secrète, à savoir le fameux « bidon-valise[12] » qui, accroché sous le ventre d'un F1, permettait de nous livrer quelques petits colis (certes à un coût prohibitif) en plus d'entraîner un jeune pilote à la navigation sur le trajet Reims-Solenzara aller-retour !

L'accueil sur la base de Solenzara (« Zara » pour le personnel de l'Armée de l'air) fut quelque peu surprenant. Loin de céder à quelque léthargie méditerranéenne, la base avait adopté un régime de combat, sous l'impulsion de son colonel, lui-même un ancien de la 33. En fait, le mot d'ordre était assez simple : tous les services de la base étaient à notre disposition. Étonnant de réactivité.

« Vos mécanos embauchent à six heures ? La base ouvre à six heures. Cinéma, laverie, service d'entretien : tout est prévu. »

Même les mess se fendaient de prestations hors normes... Je crois bien que tout le monde a un peu pris du poids à cette époque... (ce qui n'arrangeait pas mes affaires !)

Dès le posé du premier Transall, j'ai dû faire appel à un service de mécanique générale de la base pour me faire confectionner un support nécessaire au déchargement du matériel. Un civil – oui, un civil corse ! – s'est précipité et m'a réalisé exactement ce que je voulais en un temps record (qui plus est, on était en dehors des heures normales de travail...). Là-dessus il me laisse son numéro de téléphone et m'invite à faire appel à lui en cas de besoin. Du jamais vu !

11. L'intéressée était une responsable technique connue et renommée, aux compétences éprouvées.

12. Ancien bidon carburant modifié de façon à pouvoir emporter de petits colis. Ce bidon se plaçait généralement en point ventral.

Le lendemain soir suivant notre départ de Reims, nous étions fin prêts pour les activités opérationnelles, il ne nous manquait que nos pilotes.

*Un C-160 Transall vraiment bien rempli...*

Et la première mission arriva. Depuis 6 heures du matin, les mécanos étaient sur le pied de guerre à préparer les avions, deux titulaires et un *spare*. Les VJ étaient faites, les centrales à inertie bien réglées, les pellicules dans les caméras, les emports de reconnaissance affûtés, les armements prêts à servir. Le jour qui se levait nous livrait un spectacle fantastique.

Il faut dire que la BA 126 de Solenzara présente un cadre à couper le souffle. D'un côté, la montagne corse à une jetée de cailloux, avec ses hauts sommets enneigés, et de l'autre côté la Méditerranée, avec ses reflets d'argent dans le soleil qui montait, éclairant peu à peu le parking où étaient stationnés nos beaux avions.

À tout seigneur tout honneur, le commandant d'escadron *leaderait* la première mission, prenant comme équipier le jeune R., jeune pilote affecté depuis assez peu de temps, mais qui avait déjà acquis pas mal de bouteille. Au sortir de la salle d'OPS, s'engageant sur le parking, la tension nerveuse était visible sur le visage de nos deux pilotes. Une petite plaisanterie au passage histoire de dérider l'atmosphère, mais on sent bien que l'esprit est ailleurs, et la concentration à son apogée. C'est normal, ils partent au-dessus d'un territoire hostile, à faire des ronds dans le ciel histoire de voir ce qui se passe chez les copains d'en face… qui n'auront qu'une envie, c'est de leur envoyer un missile sol-air aux fesses !

Tour avion, brêlage classique des pilotes… attente… les verrières se ferment. Mise en route ! Pourvu qu'aucune panne de dernière minute ne vienne perturber l'affaire ! Non, les moteurs démarrent sans problème, valse des mécanos, coup de gaz, coup de freins, et les deux bestiaux partent vers le seuil de piste. Coucou des pilotes au passage, tous les mécanos sont alignés et les saluent en retour. L'émotion est palpable quand même, les gorges un peu nouées. Quelques PN sont là aussi, et tout le monde s'approche du merlon en bord de piste. On entend plus qu'on ne distingue nos F1, qui sont désormais au seuil de piste… Montée des gaz, grondement de tonnerre des ATAR 09K, nuage de fumée noire au loin, et les avions lâchent les freins ! Dans le petit matin corse, sur un décor de carte postale de vacances, les deux chasseurs passent en hurlant devant nous, s'arrachent du sol traînant leurs longs dards de flammes, rentrent le train, grimpent et s'éloignent rapidement, à n'être bientôt que deux petits points noirs dans le ciel azuré… C'est fini, à eux de jouer maintenant, on ne peut plus rien faire pour les aider. Frisson de la première mission. Je pense que nous devons ressentir ce que tous les mécaniciens qui ont vu partir leurs pilotes pour une mission de guerre ont ressenti au cours de l'Histoire. Puisse le Ciel faire qu'ils nous reviennent sains et saufs…

Les avions rentreront sans encombre, le plein de renseignements fait. À la descente de leurs cabines, l'excitation de nos deux pilotes sautillant sur le parking trahissait bien un surcroît d'adrénaline en train de s'évacuer… Désormais, à chaque retour de mission, le même cérémonial allait se dérouler. Dès la coupure des moteurs, une course contre la montre s'organise. Les mécanos tout d'abord, qui vont faire tout leur possible pour minimiser les délais de remise en œuvre et de dépannage. Les photographes aussi, qui passent en premier sur les avions et extraient les précieuses pellicules avant de foncer vers la cabine de développement qui chauffe déjà... La problématique en matière de renseignement, c'est d'obtenir des informations exploitables au plus tôt, pour que les décideurs puissent disposer d'éléments d'appréciation pertinents, « up to date »... Tout sera fait sur cette Île de beauté pour que les précieuses données remontent au plus vite en région parisienne. Les Mirage IV iront directement se poser à Creil afin de faire décharger leur conteneur photo CT 52 et ses fantastiques clichés[13]. Pour les CR, c'était un peu plus compliqué. Avant de pouvoir expédier des photos numérisées, on alla jusqu'à faire passer à Solenzara des avions-écoles pour récupérer des clichés à re-router dare-dare aux échelons centraux. Force est de reconnaître que tout le monde se défonçait littéralement pour la réussite de la mission. Cela n'empêchera pas un général de passage de nous crucifier sur place en nous assénant un laconique mais néanmoins lapidaire :

« De toute façon, vous à la "Reco", vous travaillez pour la préhistoire. » (textuel)

Mais j'y reviendrai. L'activité du détachement fut régulière et soutenue, égrenant les missions cadencées par les échelons centraux de la coalition. Les vols s'accumulaient, avec différents pods de reconnaissance (donnant d'ailleurs des remarquables résultats, notamment en matière de recueil et d'analyse des signaux électromagnétiques), une disponibilité du feu de Dieu grâce à la motivation du personnel... et aussi quelques anecdotes et actions d'éclat...

*Dialogue technico-opérationnel au pied de l'avion avant l'action...*

13. Le Mirage IV était équipé de caméras aux performances remarquables par beau temps, qui permettaient de faire des clichés en haute altitude d'une précision redoutable... et c'était encore de l'argentique !

Je passerai toutefois sous silence les nouveaux marquages du parking que les mécanos crurent judicieux de faire à leur main de façon à ranger les avions dans un bel alignement militaire, mais qui, indépendamment du fait que cette expression artistique était totalement prohibée[14], avait le bon goût de pointer deux avions (et donc les axes de leurs canons et de leurs lance-missiles) vers une soute de carburant de la base…

Je resterai tout aussi discret sur le mot d'esprit que je sortais à chaque arrosage de fin de journée lorsque, en réponse à la cruelle question : « Vous prenez quelque chose mon Commandant ? », je répondais inévitablement : « Vous n'avez pas de jus de goyave ? » Cette subtilité me confirma que l'on trouve bien du jus de goyave en Corse… et qu'il est des litres plus longs que d'autres…

Je ne m'étendrai pas non plus sur le coffre-fort destiné aux éléments de cryptophonie ultra-classifiés, qui se referme par mégarde et que l'on n'arrive plus à ouvrir (heureusement, il était vide à ce moment précis de l'histoire de l'humanité !)…

Je retiendrai cependant un petit « incident » qui faillit me valoir maille à partir avec le chef du soutien technique de la base.

Un de nos F1 avait quelques problèmes sur le circuit d'appauvrisseur de tir[15], crois-je me souvenir. En tout état de cause, il nous fallait procéder à un point fixe nécessitant de « pousser » un peu le moteur, aux alentours de 70 % de la poussée maximale.

La difficulté venait du fait qu'il aurait fallu pour cela disposer d'une aire de point fixe adaptée, avec notamment des cales bien ancrées au sol. Mais d'aire de point fixe, point. De cales non plus, d'ailleurs. Bien sûr, on aurait pu faire appel à un pilote, se placer en bout de bande et lui demander de secouer la manette des gaz selon nos directives… Un pilote, ça devait pouvoir se faire, mais il aurait fallu déménager notre avion, les valises de test, les extincteurs et tout le bazar… On sentait bien l'affaire mal emmanchée. Ma décision fut vite prise, à la satisfaction des mécanos. On ferait les tests sur le parking, avec des cales en bois et en mettant un chef d'équipe « chibanne » en cabine.

14. Les marquages au sol et les plans de stationnement des aéronefs sur les bases sont le fruit de solides études visant à minimiser les dangers susceptibles d'exposer personnel et matériels. Il n'est absolument pas question de les modifier.

15. Les avions de combat sont équipés d'un système qui diminue le débit carburant durant les phases de tir, afin d'éviter que le moteur n'absorbe des gaz brûlés et donc soit perturbé dans son fonctionnement.

Accessoirement, on vote une petite pensée à saint Pierre pour qu'il ne se passe rien, d'autant plus que le parking est mouillé du fait d'une ondée passagère, et donc légèrement glissant. *Mais bon*, me dis-je *in petto*, *l'aire devant l'avion est dégagée, l'avion est lourd avec ses pleins, avec doubles cales et l'Adjudant D. aux manettes, ça doit passer.* Juste que je demande de désarmer l'appareil en ôtant les missiles, ça ne mange pas de pain. Bon, on n'était « pas tout à fait réglo », mais « à la guerre comme... l'a décidé l'officier mécano[16]» !

L'avion mis en place, bien planté sur des cales doublées, frein de parc mis. Les armuriers installent leur valise de test, les mécanos s'assurent de la mise en place des extincteurs, tout va bien. Avant de donner le feu vert, je décide de passer un coup de fil à l'OPO[17], histoire que le directeur des vols soit au courant.

— Bonjour, ici le Commandant Roux du détachement F1. Je vous appelle pour vous dire qu'on a besoin de faire un petit point fixe sur le parking.

— Oui... (interrogation, stupeur : que nous veut-il ?...) euh... vous en avez pour longtemps ?

— Oh non, c'est juste une mise en route (mensonge), et un petit test sur le moteur (demi-mensonge)... quelques minutes (demi-vérité).

— Et euh... vous tournez pleins gaz ?

— Offf nooon (gêné), à peine au-dessus du ralenti (mensonge).

— OK, allez-y.

— Je vous rappelle quand on a fini.

Et c'est comme ça que le F1 a pu commencer de cracher des flammes après le sifflement strident du Microturbo et le tac-tac-tac des bougies de démarrage...

Cela faisait déjà un moment que l'adjudant D. perturbait la quiétude des oiseaux et la sieste des locaux, en *boostant* le fidèle ATAR 09 qui ne se laissait pas soigner facilement. Je commençais à craindre que le contrôle local d'aérodrome ne trouve la plaisanterie un peu longuette, d'autant plus que vu le barouf qu'on faisait, on ne risquait pas de passer inaperçus...

16. Ces dispositions « exceptionnelles » laissant le soin au responsable technique d'apprécier les caractéristiques d'une situation dégradée étaient prévues par les règlements.

17. OPO : officier de permanence opérationnelle, chargé entre autres de suivre les activités de la plate-forme.

C'est alors que de loin, je vis arriver à grandes enjambées le chef du soutien technique de la base, l'air furibard comme un pou peint en vert…

*Mauvaise limonade*, me dis-je, *tu vas t'en prendre une que tu vas sentir passer.*

Je fais signe à D. de mettre au ralenti, et autant devancer l'appel et me présenter tel un bourgeois de Calais, avec la corde pour me faire pendre.

Il commence en hurlant, pour couvrir le bruit de l'avion :

— Bon, mon Commandant, ça ne va pas du tout !!!! (je m'en doutais un peu)

— Oui, mon colonel, c'est-à-dire…

— Il faudra dire à vos pilotes qu'ils arrêtent !

— On a bientôt fini de tourner et…

— Non, non, c'est pas ça ! Il faut qu'ils arrêtent de commander des cornières métalliques !

— Ah ?!… (Stupeur ? Je savais que les pilotes étaient capables de bien des facéties, mais les cornières métalliques ne s'inscrivaient dans aucun référentiel festif ou professionnel du PN standard)

Et le CST de me montrer des bons de commande :

« Regardez les bons de commande, il y en a pour des kilomètres de cornières ! Moi, je veux bien vous aider, mais je ne vais pas y passer tout mon budget !! Alors dites-leur bien ! »

Et aussi sec le voilà qui tourne les talons, et s'en va aussi vite qu'il était apparu…

Une fois le point fixe terminé, j'entamai donc ma petite enquête auprès des uns et des autres pour savoir si un farceur avait commandé quoi que ce soit. Chose qui m'étonnerait de toute façon, sachant que la logistique technique est une chose qui échappe totalement aux chevaliers du ciel…

Quelle ne fut pas ma surprise de découvrir qu'il s'agissait en fait du chaudronnier – le « choumak » – qui n'ayant pas de travail sur avion (ce qui est toujours préférable !) ni sur aucun matériel, avait pris sur lui de commander des cornières et du bois pour confectionner des étagères pour ranger correctement notre matériel dans le hangar. D'un autre côté, comme je me plais à le dire, il vaut mieux que les choumaks n'aient rien à faire sur avion, c'est plutôt un signe de bonne santé des machines ! Recroisant le CST au mess officiers, je me gardais bien de lui rendre compte du fait que les mécanos F1 étaient la cause de la fonte de son budget !

— Vous leur avez dit à vos pilotes ?

— Oui, bien sûr, je leur ai expliqué… on ne les y reprendra plus…[18] (demi-mensonge/vérité)

— Tant mieux. C'est vrai qu'ils n'y ont pas trop réfléchi, sans doute…

— Vous savez, ce sont « de petits oiseaux sur la branche » ! (textuel)

***

Au-delà de ces quelques farces, je voudrais quand même retenir une action remarquable de la part d'un mécano (du 01.033), qu'avec le recul je regrette sincèrement de ne pas avoir récompensé. Si le hasard veut qu'il lise ces lignes, j'espère qu'il ne m'en voudra pas rétrospectivement.

Cela faisait quelques vols que nous connaissions des problèmes de signalisation de transfert de carburant sur un appareil. Cette panne n'était pas franche en ce sens que l'on avait du mal à la reproduire au sol, mais après quelques investigations, nous étions arrivés à la conclusion que ces problèmes provenaient de l'environnement des réservoirs pendulaires externes plutôt que des avions eux-mêmes. Plus précisément, un clapet de surpression dans la « poutre[19] » assurant l'interface entre le bidon proprement dit et l'aile de l'avion faisait vraisemblablement des siennes. Loin de la maison mère, procéder à des échanges de poutres s'avérait compliqué, d'autant plus que cela s'accompagnait de fastidieuses opérations de dépose des bidons. Certes, nous avions pu en faire venir une paire grâce à une liaison logistique par F1 (les flottes de transport avaient d'autres chats à fouetter, et nous étions bien évidemment toujours dans l'urgence), mais ce n'était là qu'un pis-aller et il nous fallait de toute façon des emports sûrs… ou alors trouver la cause de la panne. Ainsi donc, les mécanos – notamment sous l'impulsion d'un sergent-chef du 01.033 – avaient assez rapidement échafaudé une

18. Je ne me suis jamais expliqué comment les commandes avaient pu être passées sous le code du personnel navigant…

19. Cet équipement s'appelait la PUF4, pour « pylône universel », qui servait à l'accrochage de divers emports, notamment des réservoirs pendulaires.

hypothèse plausible, incriminant ce fameux clapet de surpression, mais cette réflexion se devait d'être confirmée par l'expérience. Là était le point dur, car nous avions tout pour faire la guerre, mais pas grand-chose pour jouer les bricoleurs du dimanche... J'ajoute que la perspective de pouvoir confirmer ou infirmer les pannes éventuelles nous paraissait séduisante en ce sens qu'en l'absence d'éléments probants, nous en étions réduits à appliquer les consignes dans ce cas de figure, c'est-à-dire renvoyer le bidon aux échelons supérieurs de maintenance, ce qui augurait d'un coût financier certain... Néanmoins, il aurait en aucun cas été admis que nous eussions empiété sur le domaine de compétence d'un industriel le cas échéant...

Nous en étions là de nos conjectures, quand ledit mécano me présenta son affaire, de laquelle je ne retins qu'il lui aurait fallu un clapet provenant d'un pylône afin de procéder à un lever de doute, chose que nous n'avions pas, bien entendu. J'ajoute qu'il n'était pas envisageable de sacrifier un matériel réputé « bon état » pour jouer au petit expérimentateur éclairé.

Peu de temps après, le chef des armuriers, le Géant vert, vint me chercher à mon bureau de fortune pour m'expliquer « qu'ils » pensaient avoir trouvé « un truc »...

Dans le secret d'un hangar, je retrouvai mon sergent-chef et un autre mécano avion devant un petit montage bien intrigant : ayant récupéré la fameuse pièce qui leur faisait défaut, ils avaient réussi à mettre sur pied une espèce de séance de travaux pratiques sur la fée électricité, simulant le circuit avion à l'aide d'une batterie prélevée dans le lot, d'une boîte de coupure, de quelques fils et interrupteurs... Qui plus est, en élèves bien appliqués, ils avaient assorti leur « bidouille » d'une documentation faisant la synthèse des schémas des différents circuits. Stupéfiant. Une brève étude du montage suscita mon plus vif intérêt et les premiers essais ne furent pas moins épatants, avec la démonstration effective que l'on pouvait séparer le bon grain de l'ivraie et dédouaner les éléments sains. Ma seule question fut d'ordre logistique, quand je m'enquis de savoir d'où sortait le « modèle étalon » qui avait servi à valider le montage... question à laquelle le Géant vert eut cette réponse définitive et sans appel (à laquelle d'ailleurs je ne cherchais à en émettre aucun) :

« Voyez-vous chef (c'était sa formule), vous n'êtes pas obligé de tout savoir. » (textuel)

Mais bon, je me doutais qu'il avait dû se mettre en rapport avec quelque atelier traitant les emports. Alors soit, on fit avec. Avec le recul, je pense qu'une lettre de félicitations aurait été de bon aloi, même si nous étions un tant soit peu hors réglementation. Je fais ici mon *mea culpa*. Mais je signale ici à la face du monde qu'au cours d'une opération militaire réelle, sur un terrain extérieur avec fort peu de moyens sauf de l'initiative, de la matière grise et de la compétence professionnelle, des mécanos dans un coin de hangar avaient trouvé une solution ingénieuse pour se sortir d'affaire, que tout industriel aurait facturée « un certain prix » à l'État... Ne boudons pas notre bon plaisir. Ce ne sera pas la dernière fois de ma carrière que j'éprouverais une telle satisfaction, mais ce sera pour un peu plus tard...

***

Une petite anecdote au passage survenue durant l'opération *Trident*. L'escadron étant en Corse (donc « on oublie » la solde Opex ou la médaille de l'OTAN, même si les PN pouvaient se faire dézinguer... tant pis pour eux, ils n'avaient qu'à faire mécanos...). On vit passer pas mal de généraux sur la plate-forme de Solenzara durant trois semaines. D'abord un grand ponte pour lequel on s'était préparé, tout rangé, tout nettoyé, bien aligné, et qui n'est même pas venu car son souci était ailleurs... Puis un autre (je l'ai déjà évoqué), grand, mince, un peu froid et un tantinet ombrageux, qui ne trouva rien de mieux pour nous encourager (PN et mécanos) que de nous dire : « Vous à la Reco, vous travaillez pour la préhistoire » (textuel). C'était sympa vu comme on se défonçait comme des malades tous les jours. Voilà une belle façon de galvaniser ses troupes en opérations ! À enseigner dans les écoles d'officiers !... Sa communication, pour maladroite qu'elle était, fut assez mal reçue. Le fait est qu'avant l'ère du numérique, les délais de transmission de l'information pouvaient être prohibitifs. Néanmoins il y a le fond et la forme...

Puis le super *big boss himself*... Alors là, motus, ça causait gras... Ou plutôt, ça causait pas du tout ! Silence de mort et juste le bruit des couverts au cours du repas... Ah c'était pas Roger Couderc encourageant le XV de France... Il y eut juste une réflexion au sujet des BGL[20] larguées par les M2000D qui avaient un comportement erratique. Je m'autorisai une hypothèse – avec une toute petite voix – mais je compris vite qu'un petit commandant mécano n'était pas au niveau... forcément... Sauf que mon hypothèse n'était pas totalement fausse d'après ce que j'ai pu en lire ultérieurement...

Mon temps de présence touchait à sa fin, car pour des raisons de gestion, j'étais obligé de rentrer à Reims. Néanmoins la machine était lancée et je pense pouvoir affirmer que toute l'unité pouvait être fière du travail accompli.

Une cérémonie ponctuera ces derniers jours, et l'escadron changea de commandant. Une page se tournait et nous entamions une autre époque par une entrée en matière fracassante, puisque je ne pense pas qu'il y ait eu beaucoup de prises de commandement sur un théâtre d'opérations en cours depuis la Seconde Guerre mondiale. Moments toujours poignants de voir un chef partir, relevé par un autre. Moments d'autant plus poignants que j'avais été désigné comme maître de ballet, c'est-à-dire commandant des troupes. Moments d'autant plus motivants qu'un Mirage IV nous gratifia d'un passage assez bas, adoubant notre nouveau patron en imposant sa majesté... Puis ce fut le retour sur Reims en Morane Paris, charmant petit quadriplace de liaison. Je laissais mes hommes, les montagnes, la mer et le soleil pour retrouver la région champenoise... sous une pluie battante !

20. BGL : bombes guidées laser : armement de précision, un incontournable de nos jours... pour des frappes dites chirurgicales.

# La peinture

S'il est un domaine dans lequel les services techniques du 02.033 ne se sont pas spécialement couverts de gloire, c'est bien celui de l'expression artistique. Alors que je rentrais un soir d'une réunion à Metz, je fus surpris de découvrir un Epsilon[1] stationné dans le hangar. D'ordinaire, les avions de passage restaient à camper à l'escale aérienne et dans le cas d'une panne éventuelle, n'étaient jamais stationnés au sein des escadrons. Aussi me renseignai-je auprès de l'OAT1, qui m'annonça que ce petit avion-école en provenance de Cognac, a été amené par un équipage du 2e escadron de ladite école, et qu'il devait y avoir plus ou moins une histoire de jumelage ou de parrainage avec le 02.033, histoire de motiver les jeunes. Bref, une histoire de PN...

Il fait beau et chaud en cette fin de journée, et bien qu'il soit environ 18 heures, il y a du monde dans les ateliers. Notamment chez les pétafs où le Géant vert anime une réunion-discussion, tout en mangeant des pommes, car il vient d'entamer un énième régime.

De fil en aiguille, on en vient à parler de l'Epsilon, et dans la plus parfaite insouciance (voire inconscience), mais en voulant quelque part me poser en gardien des grandes traditions de l'Armée de l'air, j'en viens à émettre une idée saugrenue :

« Alors quoi, un escadron école prétend vouloir se jumeler avec le Grand 02.033 ? Qui rentre juste du Kosovo ! Qui sent encore la poudre ! Moi, cet avion, je le verrais bien repartir avec un petit « tag »... *discret.* »

Réponse du chef de service :

— Oh mon Commandant, vous savez que ça ne se fait plus...

— Oui, bon certes... Mais un petit souvenir du 02.033, *simple et de bon goût* ne peut pas nuire...

— Bien, alors si c'est vous qui donnez l'ordre, c'est différent.

— Bon, je ne vous ai rien dit... Mais un petit « zizi » sur une trappe de train, dans la plus pure des traditions... Attention, c'est

1. Petit avion-école biplace, utilisé pour la formation initiale des pilotes.

un avion fragile. Vous m'évitez les parties entoilées. On se limite à un petit truc dans un coin, sur une partie métallique.

— Vous pouvez compter sur nous.

Il était (passé révolu) une tradition qui voulait que, lorsque l'on avait sous la main un avion isolé d'une autre unité, on lui appliquait quelques peintures de guerre ou quelques graffitis, souvent de mauvais goût. Ainsi par exemple, un « phallus ailé » était un grand classique. Les marins usaient souvent d'une astuce fort savoureuse, en apposant une ancre de marine sur nos cocardes, transformant de fait un avion de l'Armée de l'air en appareil de l'Aéronavale !

Et sur ce, l'OAT1 et moi repartons dans l'unité. Et cet homme de sagesse de me dire :

— Tu sais, tu n'aurais pas dû, ça va encore m...r cette affaire-là.

— Penses-tu ! L'adjudant-chef L. est un vieux de la vieille, il sait ce qu'il fait.

— Oui mais, ce n'est jamais apprécié ce genre de truc.

— Ah, mais à perdre nos traditions, on y perd peu à peu notre âme. Un petit dessin sympa dans un petit coin, ça peut motiver les jeunes pilotes.

— On verra, mais moi, je ne l'aurais pas fait.

En fait, ce genre de facétie comporte évidemment le gène de la surenchère à défaut du bon goût, antichambre de l'excès fautif... C'est sans doute ce gène qui me valut un mauvais sommeil cette nuit-là, et un retour à l'escadron de fort bonne heure...

Dès l'ouverture de l'escadron par le permanent, je fonçais dans le hangar pour inspecter l'Epsilon et contempler les œuvres de mes subordonnés... Un « petit tag » avais-je bien pris soin de préciser... « et sur une partie métallique » me répétais-je sans cesse. Trois pas dans le hangar : horreur ! L'Epsilon est barbouillé du nez à la queue, camouflé dans une sorte de tachisme à la queue de vache, recouvert d'un tas de « pastilles », tout comme les avions allemands de la Première Guerre mondiale, pour les férus d'histoire aéronautique... Ah c'est réussi ! On peut dire que j'ai eu une bonne idée !... ce que ne manque pas de me faire remarquer perfidement, mon OAT qui se pointe lui aussi aux nouvelles... Autant un « petit tag » fut-il de mauvais goût, aurait-il pu passer, mais de là à refaire la peinture d'un avion de l'hélice à la dérive... Je suis atterré : on a bousillé un avion ! Je ne sais pas quel châtiment le CFAC me réservera, mais c'est sûr, ça va causer grave... Plus la peine de penser au moindre avancement... une brillante carrière qui s'effondre...

Dès que les pétafs ont embauché, je déboule dans leur callebot et je tombe sur le chef de service, l'œil contrit comme un cocker sous la pluie... Inutile de faire de longs discours, je crois qu'il a compris que ses subordonnés ont commis une « énôôôrme » boulette. Néanmoins, même si c'est inutile, je leur en passe une sévère, histoire de manifester tout à la fois mon mécontentement, ma réprobation, ma colère... et surtout je félicite les « gros » malins qui ont voulu faire du zèle et outrepassé le cadre que je leur avais – certes « sottement »[2] – tracé.

— C'est simple. Vous voyez avec l'ESTS si on peut effacer vos c... !

— Ne vous inquiétez pas, on va s'en occuper – me confie piteusement le Géant vert.

— On a vu ce que ça pouvait donner !...

Aussitôt je tourne des talons et claque la porte, me flagellant derechef, sous la bouille hilare de mon OAT... La matinée se passe, classiquement mais avec une certaine tension nerveuse, et forcément je repasse fréquemment vers ce maudit Epsilon.

Enfin ! Un peu avant midi, l'avion a retrouvé ses couleurs d'origine, je respire un peu. Le problème est que j'avais encore sottement cru bon de prévenir l'école de Cognac, pour leur signifier que leur bel appareil aurait juste « quelques retouches minimes » de peinture... Ce faisant, l'info diffusa rapidement chez eux, et l'affaire connut un rebond inattendu... Le problème n'était pas tant que les pétafs ou je ne sais pas qui, aient repeint l'avion en blanc comme il aurait dû toujours rester. Mais, car il y a un gros « mais », Cognac s'enquit de la qualité de la peinture employée. Renseignement pris, cette dernière n'était *a priori* pas conforme, notamment pour les parties entoilées, comme la dérive par exemple ! Elle risquait même de réagir avec celle d'origine et ronger la toile ! S'il avait fallu changer la dérive pour la faire remettre en état par les échelons supérieurs de maintenance – industriel notamment – je n'ose penser aux coûts et au retour de bâton... Bref, on se mit à surveiller la queue de l'avion pour voir si quelque mousse, émulsion ou exfoliation se produisait. Pour comble de malchance, l'équipage voulut récupérer sa monture pour rentrer sur Cognac. Il a bien fallu lui faire comprendre qu'il

2. Je pense qu'ici un adverbe commençant par « c » mais plus grossier serait plus approprié !

faudrait qu'il attende un moment, car suite à nos exploits, on ne savait pas si son « tagapouët » n'allait pas partir en brioche, ce qui aurait fait un peu désordre en vol... On peut dire que l'on avait réussi notre coup devant le jeune élève pilote qui nous considérait d'un œil mi-goguenard, mi-interdit... Ah il était joli le 02.033 sur ce coup-là ! Couvert de gloire !... pour couronner le tout, le même jour devait avoir lieu une remise d'insigne pour de nouveaux arrivés, le tout couplé à un barbecue... Comme ça l'image de clowns fantaisistes était complète ! Et pour finir, je devais partir en détam le surlendemain. Si l'affaire « faisait de la mousse », j'étais bon pour défaire ma valise !

L'angoisse dura une bonne partie de l'après-midi mais finalement, la chimie des peintures semblait nous laisser tranquilles et l'Epsilon put décoller... dans un premier temps. L'attente du coup de fil de l'équipage nous signifiant son posé sain et sauf fut longue !

Épilogue de l'Epsilon : les mécanos de Cognac se cognèrent de démontage de la dérive. Grâce à leur savoir-faire, ils réussirent à délicatement éliminer les différentes couches de peinture, dont notre couche de « gouache maléfique », et purent finalement tout remettre à neuf. Le commandant local eut le bon goût de ne pas faire monter la mayonnaise vis-à-vis des états-majors. Le fait qu'il connut le commandant d'escadron et surtout qu'il fut un ancien de la 33 nous avait sauvé la mise !

L'affaire se solda avec panache dans un ultime geste chevaleresque : le Géant vert, ses acolytes et moi-même nous fendîmes d'une caisse de champagne pour les mécanos de Cognac, autant pour les remercier que pour expier notre faute inexpiable. Finalement, remballant notre arrogance et maudissant les traditions, le seul mot d'ordre qui prévalu fut « plus jamais ça »... Dire qu'il y en a pour se plaindre que les traditions se perdent...

© SIRPA Air

# Dernier regard

Après trois années plus qu'intenses, je m'apprêtais à quitter ce formidable outil de combat qu'était le 02.033, à la fois comblé, fier, triste et heureux. Comblé, car sur un plan professionnel et humain, je ne pense pas que l'on puisse trouver beaucoup d'expériences aussi enrichissantes. Fier je l'étais, au regard des nombreuses missions détachements et exercices que nous avions exécutés, quasiment sans faute. Triste, je l'étais forcément car je quittais presque une famille, en tout cas j'abandonnais une fois de plus « mes » mécanos à un avenir sur lequel je n'avais plus d'influence. Heureux, car au-delà de la satisfaction du travail accompli, ces années, pour intenses qu'elles aient pu être, ne furent pas de tout repos, et un changement d'air tombait finalement à pic. Une petite phase de « respiration » était la bienvenue. C'était le cas, car malgré l'agitation brownienne de l'unité, j'avais réussi un an auparavant le concours d'entrée à l'École de guerre...

*Dans le panier aux souvenirs...*

# L'École de guerre

L'École de guerre, parlons-en au passage. À cette époque, ce prestigieux établissement avait changé de nom, optant pour le confondant Collège Interarmées de Défense, alias CID (prononcer « céhidé »), qu'absolument personne ne retiendrait jamais, au point qu'il fallut en revenir à l'étiquette initiale ! S'agissait pas de faire de l'ombre à Corneille...

La réussite au concours de cette noble institution revêtait une importance accrue car elle était censée être le point de passage obligé pour commander une unité, voire accéder aux galons de colonel, hypothétiquement aux étoiles de général... C'est dire si l'on était tenu de prendre les choses avec sérieux. Pour les mécanos, ce devait être *la* voie à suivre pour commander un ESTS, mon but premier (l'histoire montrera que cette condition n'était ni nécessaire ni suffisante). Considérant mon parcours relativement accidenté à la 93, je pensais que mon lourd dossier avait eu raison de mes maigres chances de réussite[1]. Aussi allai-je à l'écrit décontracté et serein, presque sans aucune pression, certain du résultat. Tel n'était pas le cas de mes camarades de tout corps, que cette première étape de sélection mettait en transe. Les épreuves écrites me permirent de tutoyer le bonheur car les sujets me plurent. Je me suis senti d'humeur inspirée et sans prétention aucune, j'étais assez content de mes copies, certes remplies avec un esprit totalement dégagé. À mon sens, j'avais juste coché la case de l'écrit, l'important étant de participer, certain que j'étais de ne pas être reçu. Je partis donc en permission le cœur léger. Et c'est comme ça, que par un bel après-midi du mois d'août, je fus brutalement sorti de la torpeur estivale par un coup de fil de mon OAT m'annonçant que j'étais

1. Une note d'appréciation globale (sorte de « note de gueule ») faisait partie des critères de sélection.

admissible ! J'ai d'abord cru à une farce, mais le garçon n'était pas connu pour son esprit primesautier. Cette nouvelle me perturba car je me suis vu contraint d'adopter dans l'urgence une stratégie de combat afin de préparer l'oral avec sérieux, des fois que j'eusse une infime chance d'être admis.

Je commençais donc tout seul dans mon coin à bosser quelques problématiques et sujets que je trouvais intéressants, jusqu'à ce que me parviennent des bribes d'annales de l'année précédente me plongeant alors dans un abîme de désolation : je faisais fausse route complète ! Totalement à côté de la plaque ! Changement de cap et recalibrage ciblé donc, le tout aiguillonné par le calendrier qui égrenait les jours de plus en plus vite.

Mais un de mes plus vifs soucis venait de la tenue. Ayant été accroché au tableau d'avancement de commandant, j'avais confié ma veste de grande tenue au maître-tailleur à toutes fins de galonnage (mon autre veste était toujours galonnée en lieutenant et en était restée à des dimensions morphologiques plus modestes...). Il me fallait donc trouver une veste de capitaine mécanicien, à ma taille si possible. Pas facile en période estivale durant laquelle la moitié de la base est en permission (accessoirement en détam) surtout qu'en plus, mes jeunes camarades avaient le mauvais goût d'être beaucoup plus sylphides que moi. Coup de chance, je croise par hasard le patron de l'ESRT qui rentre de vacances... Ce vieux soldat est capitaine et mécano (car les logisticiens le sont), et la courbure de sa réussite sociale correspond sensiblement à la mienne. Bref, je lui pique sa veste sauf qu'étant un tantinet gêné aux épaules, j'ai le plus grand mal à respirer une fois ladite veste boutonnée !

Les épreuves orales furent éreintantes. Tout d'abord l'anglais, que j'abordais de bon matin, premier candidat du jour. Quelle ne fut pas ma surprise de voir que mon ancien chef de promotion de Salon composait la moitié du jury (qui comptait deux examinateurs !). Cela aurait pu constituer un avantage, sauf que la chair est faible, et que la veille au soir j'avais par malheur croisé la route d'un vieux camarade médecin (militaire) avec qui nous avons longuement fait l'exégèse de la maxime de Pasteur, énonçant que « le vin est la plus saine des boissons »... Ce qui fait qu'après avoir dormi à grande vitesse, je n'étais pas spécialement d'une forme olympique. Ainsi me présentai-je à l'épreuve, boudiné dans ma veste mal ajustée, pâle comme un évier, le front perlé de sueurs froides, avec en prime l'Armée rouge en manœuvres dans mon pauvre crâne... Pour autant, j'avais dû rayonner comme jamais, car à l'issue de l'entretien, mon ancien chef observa :

« Mais... je ne savais pas que vous parliez si bien anglais. » (textuel)

J'aurais presque pu lui répondre : « moi non plus », mais il ne s'agissait pas d'être inconvenant... J'étais en fait comme une ampoule qu'un simple choc fait briller de mille feux avant de s'éteindre brusquement... et c'est ce qui m'arriva l'après-midi, pour un repos réparateur en vue des épreuves suivantes.

Vint ensuite un oral relatif à l'organisation de l'Armée de l'air (de mémoire). Un des membres du jury était cette fois mon ancien sous-directeur technique du CFAC, d'où forcément une gêne accrue... La lecture du sujet m'emplit d'aisance, puisqu'il s'agissait de « la concertation dans l'Armée de l'air ». Il se trouve qu'à l'issue des résultats d'admissibilité, mon commandant d'escadron m'avait organisé un oral blanc, devant le commandant de base, le commandant de l'ESTS, le commissaire de base et lui-même, oral au cours duquel je dus plancher sur quasiment le même sujet, sauf que je m'étais littéralement « vautré », faute d'avoir su préparer suffisamment sérieusement cette affaire. Bref, au-delà de la blessure d'amour-propre, de l'échec avait jailli une expérience qui me permit de faire un exposé à peu près correct. Je pensais donc être potentiellement toujours en course, au moins jusqu'à l'étape suivante, qui réservait encore bien des surprises. On abordait là le cœur du métier d'aviateur, à savoir l'emploi des forces. Pas de chance, le jury était composé d'un certain nombre de généraux d'assez forte personnalité, plus mon premier chef de détam en Arabie avec qui la communication restait électrique. Manque de bol, la seconde partie du sujet que je tirais ne m'était absolument pas familière et je sentais bien qu'il me faudrait réaliser une sorte de « numéro de claquettes » pour faire illusion...

Mon premier topo se passa plutôt bien, mais fit réagir le jury, suscitant commentaires, réactions et force discussions. Dès lors, je n'étais pas spécialement à mon aise, d'autant plus qu'indépendamment du fait d'être saucissonné dans ma veste d'adoption, la salle était petite et basse de plafond, ce qui fait que j'étais quasiment rôti par les spots halogènes d'éclairage, le jury m'apparaissant à contre-jour. La discussion s'anima, un général fameux m'objecta un argument que je réfutai d'un royal « Je ne suis absolument pas d'accord avec vous mon Général » (textuel), avant d'exposer plus avant mon point de vue... On m'invita ensuite à passer à la seconde partie que je voyais plutôt comme une espèce d'exercice de funambulisme en échasses au-dessus de la cage aux lions ! Coup de bol cette fois, après avoir (vaguement) exposé mon plan bancal et annoncé deux-trois idées à la robustesse contestable, on me remercia, tout en observant que c'était un peu la faute du jury si le temps manquait, considérant qu'il m'avait grignoté mon temps de parole avec ses coupages de cheveux en quatre ! Ouf, je saluai donc réglementairement tout ce beau linge et disparus sans demander mon reste, avec la petite idée que les choses étaient peut-être encore jouables pour la dernière épreuve tant redoutée, celle de culture générale.

Épreuve effectivement redoutée car après un premier exposé qui pouvait potentiellement tomber sur des sujets exotiques, sans doute moins courus que les escadrons, les Mirage et les Opex, le candidat était soumis à une mitraille de questions à spectre large, histoire de savoir s'il lisait autre chose que *L'Équipe*[2] ou *Air Actualités*[3]... Le jury était impressionnant, avec à sa tête un général mécano quatre étoiles, autant dire qu'on tutoyait les sommets.

Chance, je tire un sujet assez bateau, sur une problématique de défense qui avait fait l'objet d'un article dans l'hebdomadaire *Air et Cosmos* que j'avais lu quelque temps auparavant. J'avais donc de la matière et les idées claires.

Re-chance, au cours de la rafale de questions à cent sous, on me titilla sur des auteurs russes et là je remercie *a posteriori* mon père de m'avoir fait étudier la langue de Tolstoï, même si je ne suis pas sûr d'avoir eu souvent la moyenne à l'époque. Qu'importe, le peu de culture que j'avais pu glaner me fut fort utile.

Troisième signe divin, on vint me chatouiller sur un aspect des tribunaux prud'homaux et de commerce, sujet qui avait fait l'objet d'une chronique fort intéressante sur France Inter peu de temps auparavant.

2. Sans aucune connotation péjorative, je suis d'ailleurs un friand lecteur des résultats des championnats de basket et de rugby...
3. Vecteur de communication édité par l'Armée de l'air.

La plaisanterie commençait à durer, et moi je commençais à suer sang et eau, à force d'être mis sur le gril, surtout dans ma veste ultra-cintrée... Le président du jury eut alors ces mots (textuel) :

« Une toute dernière question car l'heure tourne... Sauriez-vous me dire quels sont les moteurs qui présentent la plus grande puissance, rapportée à leur cylindrée ?... »

Là, je me suis dit qu'il n'avait pas été inutile d'avoir fait Sup'Aéro, dans la spécialité de motoriste...

N'est-ce pas encore Pasteur qui nous dit que « La chance sourit aux intelligences qui sont prêtes » ?

Et c'est ainsi que j'eus mon passeport pour faire ma rentrée des classes dans la grande académie de défense, au sein de laquelle j'aurais à cœur de promouvoir l'image de l'aviateur et la fonction technique de l'Armée de l'air, tout en cherchant un point de chute plus exaltant qu'un centre de planification des opérations, fussent-elles aériennes...

# Quatrième partie

# Cap au sud

Le parcours au sein de ce prestigieux établissement, temple de la réflexion de la Défense, me permit de changer d'horizon, de réfléchir à d'autres problématiques, de faire un peu d'ethnologie en découvrant mes camarades des autres armées... Par une chance inouïe, une conjoncture des astres comme il en existe qu'une fois par millénaire, comme si une bonne fée s'était penchée sur mon dossier, mes aspirations personnelles coïncidèrent avec le bon vouloir de la direction du personnel. Ne faisons pas la fine bouche, j'avais manifesté le désir de retourner en unité opérationnelle, sur le terrain, si possible comme commandant en second d'un ESTS (poste qui correspondait à mes qualifications et mon ancienneté). Fidèle à une certaine éthique personnelle, d'ailleurs en accord avec les principes militaires, mes souhaits quant à la géographie de ma possible affectation passaient au second plan, même si je priais tous les dieux pour que la balance penchât en faveur du poste qui se libérait à Orange... L'homme propose, la direction des ressources humaines dispose... Et par chance, nos intérêts mutuels convergèrent, les planètes étaient bien alignées... On me proposa donc de rejoindre la base d'Orange, lieu magique s'il en est, adossé au majestueux mont Ventoux et bordé par une production viticole de premier choix... Il était temps de découvrir en profondeur le Mirage 2000, avion que je n'avais finalement abordé qu'en détachement à l'époque de l'Arabie.

*La magnifique entrée de la BA 115 d'Orange sous la neige... occasion rare (coll. BA 115)*

Mes souvenirs en unité de maintenance de deuxième niveau commençaient à dater un peu car remontant à mon début de carrière. Beaucoup d'eau avait coulé sous les ponts et les choses avaient sans doute dû évoluer. Je craignais un peu de tomber dans une boutique « ronronnante », chérissant la pendule annonciatrice de la fin du travail, qui plus est au soleil du sud de la France avec tout ce que cela avait pu véhiculer comme clichés simplistes à une certaine époque, allant du « parasol » au « concours de boules » en passant par les « apéritifs anisés »... Je m'annonçais donc une fois de plus en observateur, et force m'est de reconnaître que je fus rapidement rassuré et comblé. Je trouvais là une unité dynamique et motivée, dont le personnel faisait montre d'une compétence technique redoutable, et finalement bigrement réactive et notoirement opérationnelle. Très classiquement, cet ESTS avait en charge le soutien des Mirage 2000 de la plate-forme de la BA 115 et se devait d'apporter son concours aux deux escadrons de « la 5 » (on change encore de numéro d'escadre...) et incidemment l'escadron de Mirage 2000N implanté à Istres. Quelque part, je gardais un peu le contact avec l'esprit d'escadron, et il me fallait faire en sorte que celui-ci se prolonge dans ma nouvelle et belle unité.

Pour faire simple, les ESTS avaient à l'époque deux grands secteurs d'activité : les maintenances programmées des avions (ce que l'on appelle les VP, pour « visites périodiques »), mais surtout l'entretien et la remise en état de tout ce qui pouvait se démonter sur l'avion. Ainsi, à l'aide d'une caisse à outils standard (et accessoirement de quelques matériels « spécifiques »... donc fort chers), les ESTS en charge des avions de combat savaient tout déposer du radar au moteur, des organes hydrauliques aux calculateurs électroniques, du siège éjectable aux trains d'atterrissage... Et tout ce bazar se trouvait démonté, décortiqué, nettoyé, bichonné, reconditionné, testé pour être remis au service, au profit des unités navigantes. Accessoirement, les ESTS se devaient d'avoir suffisamment de « ventre mou » pour absorber les à-coups de production des escadrons, voire leur venir en renfort le cas échéant pour des exercices en métropole ou des Opex[1].

De ces trois années passées dans ces hangars ouvrant sur le Ventoux, je ne retiendrai que trois anecdotes, même si l'histoire fut bien évidemment beaucoup plus riche...

1. À l'ESTS 2E.005, la régénération des OAE (organes-accessoires-équipements) représentait 80 % du plan de charge.

# Le Mirage 2000 C n°17

Le pauvre Mirage 2000 C n°17 avait sans doute un jour été un bel avion, zébrant l'azur infini telle une flèche d'argent... mais était devenu une sombre épave prenant tranquillement la poussière dans la première des trois immenses travées de l'ESTS... Ce bel oiseau bleu (à l'origine !) avait connu un « léger problème » en Opex, puisqu'un début d'incendie s'était déclaré à l'emplanture d'une aile, vraisemblablement du fait d'un court-circuit dans un câblage. Incident assurément rarissime s'il en est, mais assez néfaste tout de même... Toujours est-il que l'avion était bien évidemment devenu indisponible pour sa mission sur place et qu'il avait fallu le rapatrier en France. Pour cela, il n'y avait pas 36 méthodes : en démontant le moteur et les ailes, on ramena le tout en pièces détachées par avion de transport et camion ! Excellent exercice pour un jeune officier que de s'occuper d'une telle manip, puisqu'il faut tout à la fois gérer l'équipe adéquate, organiser les transports, se plonger dans la documentation pour connaître les matériels à emporter – notamment les bâtis de transport – se renseigner sur leur localisation en France et partir chercher ce qu'il faut bien appeler une « presque épave », à l'autre bout du monde. Ce qui fut fait. À l'issue de quoi, une inspection minutieuse de l'appareil montra que le malade n'était pas tout à fait à l'article de la mort et quelques spécialistes étatiques de haut niveau vinrent refaire le câblage farceur. Et puis on en resta là... Fin du premier épisode.

Je trouvais donc dans le hangar un avion en kit, sans pointe avant (i.e. coque et radar), sans moteur, sans siège éjectable, une palanquée d'équipements en moins, le fuselage posé sur vérins, les ailes démontées, entreposées un peu plus loin. D'ailleurs, et sans relation avec cet incident, l'ESTS d'Orange s'était fait une spécialité de la dépose des voilures du Mirage 2000 à cette époque (notamment pour les inspections des attaches), et une fois passée l'angoisse des premiers chantiers, l'affaire allait bon train si bien que l'aile fut rapidement considérée comme une simple pièce détachée comme les autres[1]. Pas tout à fait neutre, quand même...

Revenons à notre épave. La poussière ne s'accumulait pas autant qu'on aurait pu le croire de prime abord. En effet, du fait d'un certain nombre de spécificités logistiques conjoncturelles, cet avion faisait l'objet de prélèvements réguliers de pièces détachées, pas seulement pour nous ou les escadrons de la base, mais pour toute la communauté logistique[2]. Ce faisant, cette belle machine ressemblait de plus en plus à un gruyère... et encore, juste la croûte ! On pouvait voir le jour à travers ! Le fuselage n'était plus qu'un tube vide, percé de trous telle une flûte à bec, à telle enseigne que l'on se demandait jusqu'à quel point on pouvait encore continuer de baptiser ce tas de ferraille du nom « d'avion ». On en arrivait bientôt à tangenter le point de non-retour... À ce train-là, on en serait bientôt rendu au niveau des particules élémentaires ! Sûr que des souris devaient nicher là-dedans !

Avec le commandant de la DATA, nous étions d'accord sur le fait qu'il fallait rééquiper cet appareil au plus tôt, d'autant plus que son vieillissement calendaire n'était plus du tout en harmonie avec son taux d'utilisation, indicateur que tout bon officier mécano – pardon, officier des systèmes aéronautiques – surveille comme le lait sur le feu. Nous étions d'autant plus convaincus de l'affaire qu'un autre Mirage 2000 était prochainement promis à un arrêt de vol prolongé. La question était simple dans le fond : il fallait trouver un créneau (significatif tout de même) dans notre plan de charge, une équipe musclée et homogène, capable de s'attaquer à ce « Meccano », en évitant les permutations de personnel autant qu'il en était possible... Mais il fallait surtout des pièces détachées pour boucher les trous ! Finalement, le « nouveau malade » qui allait intégrer l'infirmerie qu'était devenue l'ESTS allait nous être utile... Nous espérions juste ne pas aller jusqu'au stade de la morgue !

1. Cette spécificité est due au fait qu'à l'époque, la base d'Orange était dotée des Mirage 2000 les plus anciens, et avait donc la primeur de défricher certaines opérations de maintenance inhérentes au vieillissement des cellules.

2. Dans le jargon, on appelle cela un « avion magasin ».

Ainsi fut fait : une « Task Force spéciale C17 » fut mise sur pied, sous la houlette d'un chef d'équipe « retaillé », bien que parfois un peu bourru... mais ce dernier critère n'était pas réellement rédhibitoire. Pilotée de concert avec la DATA, la récupération des *très* nombreuses pièces, organes et accessoires qui manquaient à notre puzzle donna pas mal de travail, et notre équipe eut assurément fort à faire. Mais l'essentiel était que le chantier prît son essor, on ajusterait le régime en fonction des aléas.

Le premier temps fort survint lors du déplacement du fuselage, quand il fallut accrocher ce dernier à une grue, la fameuse grue Pinguely que même la NASA nous enviait, et qui avait fait les beaux jours de l'Armée de l'air depuis... des lustres. Celle d'Orange fonctionnait bien... sauf qu'elle n'avait plus de marche arrière ! Ce qui compliquait un peu les manœuvres dans le hangar... Et ce pauvre C17 de pendouiller mollement au bout des câbles, balançant doucement le temps du transport jusqu'au lieu choisi pour l'assemblage final de l'appareil. C'était la première étape, un peu tendue au niveau de l'atmosphère ambiante, car il ne s'agissait pas d'aller emplâtrer notre poisson au bout de son fil contre un poteau, ou pire qu'il se décroche et tombe par terre... Un rien aurait pu endommager gravement notre « bout d'avion »... Mais on y arriva. On immortalisa même l'instant, histoire de décorer le bar du mess des officiers. Entre les deux cadres aux couleurs de telle ou telle unité navigante prestigieuse qui avait dû stationner sur la base, présentant des jets de combat dans les positions les plus acrobatiques, nous transmettions « l'amical souvenir de l'ESTS » avec la photo pied de nez d'une boîte de conserve rouillée au bout d'une canne à pêche hors d'âge[3]...

Puis on approcha les ailes, ou ce qu'il en restait, c'est-à-dire deux pelles à tarte ajourées. Le train d'atterrissage était aux abonnés absents, il fallut le dénicher, s'assurer que ses câblages étaient restés intègres. La dérive ?! Où diable pouvait-elle être ? Plantée dans l'herbe comme objet de décoration ? Dieu merci, elle se cachait dans un recoin sombre du hangar. Par chance, elle n'était pas recouverte de crottes d'oiseaux...

3. Même si la photo en question ne resta pas longtemps sur les murs du mess. On se demande bien pourquoi...

Bon an mal an, la créature composite de l'équipe du Pr. Frankenstein prenait corps et les morceaux épars s'agrégeaient peu à peu, passant du statut de bibelot de collectionneur à celui de partie intégrante d'une bête de course, bientôt une bête de guerre. D'une vague esquisse on aboutissait à un début de brouillon, c'était déjà ça... Mais au prix de belles heures de mécanique et de quelques litres de sueur...

Et finalement, en prélevant par-là, en réassemblant ici, en démontant sur celui-là, en remontant sur celui-ci, le C17 était redevenu un Mirage 2000, fier sur ses ergots, tendu pour fendre l'air encore immobile, prêt à « péter » le feu par-derrière, cracher des flammes par-devant... Les premiers essais allaient pouvoir commencer, notamment les essais hydrauliques et carburant. J'insistais pour que ces derniers fussent prolongés de façon « significative », afin de ne pas se faire surprendre par une fuite maligne ou un gommage interne des différents organes, fruit de l'assèchement éventuel des joints ou des revêtements internes des réservoirs. Quant aux essais électriques et les tests électroniques, j'espérais que la poussière accumulée au fil des mois avait eu le bon goût de s'éclipser discrètement. Pourvu que les souris n'aient pas boulotté les câblages... On aurait dû adopter des chats à l'ESTS. Encore qu'avec notre bol, ces félidés félons auraient bien été capables de préférer les cuisines des mess !

Branché à son cœur artificiel, le Mirage revivait peu à peu. Les pompes tournaient, signe de reprise de vie. Alors le mécano en cabine commença d'actionner les commandes, et Ô Miracle, l'avion bougea des nageoires ! Nous étions sur la bonne voie. En définitive, le nouveau C17 retrouva l'air frais du parking avion devant l'ESTS, où l'équipe allait procéder au point fixe, test ultime avant l'épreuve de vérité, à savoir un nouveau « premier vol »... Le grabataire allait-il rester ce cacochyme souffreteux ou redevenir cet athlète qu'il était ?... Cri de stentor ou toussotement d'asthmatique ? Roulements d'épaules ou rhumatismes ? Finalement, les premiers essais laissaient à penser que la convalescence touchait à sa fin... Le moteur « craqua » son jet assourdissant, les flammes de la tuyère redonnaient vie à la créature endormie qui ne demandait qu'à avancer en butant sur ses cales... Stupéfiant.

***

Comme nous en avions exprimé le souhait, le pilote qui aurait la charge délicate de repartir en vol avec cet avion était un « chibanne », il valait mieux. Avant d'aller signer la Formule 11, on briefa l'intéressé. Mais il ne semblait pas réaliser tout à fait d'où l'on était partis. Tout au plus s'inquiéta-t-il de savoir si on était sûrs de notre fait... Comme si l'on aurait osé sciemment mettre un pilote en l'air sur un avion douteux. Il savait juste où l'on était arrivés, c'est-à-dire un Mirage 2000 qui avait l'air tout à fait potable... vu de l'extérieur ! Pour ce qui était des réactions de la bête, seraient-elles celles du lion piqué aux fesses par un frelon, où celle du chat qui ronronne à côté de la cheminée ? À voir. Et on a vu, on ne fut pas déçus. Premier essai, premier coup de maître. Démarrage au quart de tour, test des commandes de vol comme dans le manuel, décollage à l'heure dite, dans le rugissement du M53 qui s'exprimait à pleins poumons...

Et ce n'est pas sans une petite appréhension que nous vîmes, depuis notre parking, l'avion décoller. Cela dit, je ne connais pas un seul officier mécanicien qui n'a pas connu, à un moment donné de sa carrière, la petite lampe rouge de l'angoisse de l'attente du retour du vol... Mais une heure plus tard, l'avion revenait au parking : RAS !

Ces débuts fracassants sur un avion fracassé finirent de me convaincre du réel potentiel de l'ESTS. Rien ne pouvait plus nous arriver...

*Mirage 2000 C (ici appartenant à la base de Cambrai) et un Mirage F1 CR en patrouille, au retour d'une mission au-dessus de l'Irak.*

# Quand on démontre que l'on sait ventiler

C'est bien connu, dans le sud de la France, il fait chaud, et le climatiseur est certainement la plus belle invention pour qui veut ne pas cuire comme un œuf dur dès les premiers mois du printemps. Il faut dire que l'ESTS d'Orange, comme d'ailleurs bien des installations techniques aéronautiques, est implanté dans des hangars immenses, mais en tôle, pas isolé compte tenu de l'âge des bâtiments, et qui se transforment allègrement en four dès que le soleil s'attarde un peu... Bien évidemment, il n'était pas possible de refroidir une telle enceinte, sauf à tenter désespérément de favoriser quelques courants d'air. Et même malgré mes hautes fonctions qui m'amenaient à présider aux destinées de cette communauté, mon bureau devenait une fournaise aux heures chaudes de la journée. Malheureusement, ces mêmes hautes fonctions m'imposaient de conserver la tenue réglementaire qui sied à tout officier qui se respecte, à savoir le « pantalon-qui-gratte » et les fameuses chaussures « noires-à-coutures-non-apparentes » que le monde entier nous envie, bien conçues pour transformer les pieds en beignets frits... Car pas question de mettre des espadrilles ! Heureusement pour eux, les mécanos ont des vêtements de travail adaptés, qui leur permettent de moins « baigner dans leur jus » après quelques heures de travail sur avion ou en atelier... Cependant, deux services bénéficiaient du luxe inouï que de jouir des frigories à satiété. Il s'agissait des ateliers Radar et Atec[1], en charge de la maintenance des principaux équipements électroniques de l'avion. Bien évidemment, ces ateliers se devaient d'être climatisés, car les matériels de pointe qui y étaient implantés, fortement informatisés, nécessitaient une température adaptée et régulée. Le personnel travaillant dans ces services bénéficiait donc de conditions de travail agréables par temps chaud,

1. Atec : du nom de bancs de « test des équipements complexes », comme les calculateurs de commande de vol, les enregistreurs de vol, etc.

comparé aux « graisseux » qui cuisaient gentiment dans le four. De fait, j'allais fréquemment rendre visite à ces services... forcément dans le cadre de mes prérogatives de commandant d'unité, responsable de la surveillance technique des activités !...

Néanmoins, indépendamment de ces considérations de températures des locaux et des hommes, un réel travail de réflexion s'opérait dans ces enceintes rafraîchissantes...

***

L'atelier Atec assurait entre autres charges, la maintenance du brouilleur de queue de l'avion, c'est-à-dire l'équipement électronique destiné à leurrer les radars et autres conduites de tir des systèmes offensifs d'adversaires éventuels. Ce brouilleur situé au pied de la dérive de l'avion, a une forme oblongue et comme tous ces appareillages électroniques complexes, est testé à l'aide d'un banc informatique très sophistiqué. Naturellement, compte tenu des puissances et des énergies mises en jeu, l'appareil dégageait lors de ces phases de test une chaleur importante qu'il convenait d'évacuer. Pour ce faire, ledit brouilleur était placé dans un berceau adapté, et voyait se refermer sur lui une sorte de couvercle. Cette espèce de sarcophage miniature était parcourue par un fluide frigorigène qui circulait depuis un groupe de conditionnement. Bref, une sorte de « frigo »... Forcément, ce genre d'installation justifie amplement la locution « d'usine à gaz », compte tenu du bazar nécessaire à la circulation du frigol. Las ! Tout allait bien tant que cette machine infernale fonctionnait correctement. Bien évidemment, vint un jour où cette « bouzine farceuse » nous fit le coup de la panne... Et bien évidemment, c'est là que les choses se compliquèrent, car il fallut alors mettre en œuvre le contrat de soutien propre à l'équipement. Pour je ne sais plus quelles considérations techniques, financières ou contractuelles, la remise en état de la machine à froid prenait du temps. La conséquence en était un empilement de brouilleurs en attente d'intervention, ce qui augurait forcément d'un surcroît d'activité lorsque les choses reviendraient dans l'ordre. Sans compter les escadrons qui réclamaient – à juste titre – des équipements pour leurs avions, ce qui nous astreignait à vivre aux crochets d'autres unités.

On vint me chercher un beau matin dans mon bureau, en m'annonçant qu'un mécano du service en question avait trouvé un « truc » pour se sortir d'affaire. C'est toujours inquiétant ce genre de formule... De quel « bidouillage » infernal va-t-il encore s'agir ? Les pensées les plus noires obscurcissent l'esprit : va-t-on mettre le feu aux bâtiments ? Risque-t-on d'électrocuter Pierre, Paul ou Jacques ?... Chassant ces nuées obscures, j'allais bien évidemment me rendre compte de l'affaire *in situ*, ce qui me permettait au passage de profiter d'un coup de clim'.

Le chef de service, homme d'expérience s'il en est, m'accueillit et fit mander un de ses jeunes sergents. On alla ensuite voir « la bête ». Tout d'abord, l'ancienne machine à froid avait été remisée dans un coin, le sarcophage refermé, les tuyaux pendouillant lamentablement... On aurait dit une espèce d'Alien « flytoxé[2] ». Manifestement, une benne à ordures aurait permis de gagner de la place. Puis on me tira par la manche pour m'exposer et m'expliquer le fonctionnement d'un nouveau « proto »...

Voyant que le matériel d'origine ne fonctionnait pas et que rien ne se passait, le jeune sergent mit ses méninges en surmultipliée et se lança tout seul comme un grand, dans la réalisation d'un petit montage : récupérant de petits ventilateurs un peu semblables à ceux qui équipent les micro-ordinateurs, il avait essayé de voir si un simple refroidissement par convection forcée suffirait à refroidir le brouilleur lors des phases de tests. Si effectivement on pouvait s'attendre à un résultat, encore aurait-il fallu qu'il ne nécessitât pas l'installation de 150 ventilos ! Fort heureusement, les premiers essais furent très encourageants avec finalement peu de ces petits appareils. Petits appareils qui avaient en plus le bon goût d'être ravitaillés par les circuits logistiques classiques, ce qui n'augurait d'aucune dépense sur le budget de la base. Ma culture de thermicien refaisant surface, je fus très intéressé par l'affaire, et je notais qu'il ne fallait pas grand-chose pour aboutir à un produit digne d'éloge. Dans la foulée, je convoquai le capitaine responsable de la division du service ATEC :

— Bon, L., vous êtes ingénieur, n'est-ce pas ?

— Euh... oui mon Colonel.

— Bien, il faut aider le jeune sergent à peaufiner son affaire.

— Il va voir ce que ça donne en mettant plus de ventilateurs, y compris en dessous.

2. Du nom de la célèbre marque d'insecticide Flytox.

— Voyez le nombre qu'il faut, tout en restant dans le domaine du réaliste. Si vous avez des difficultés logistiques, prévenez-moi, je traiterai avec le CST. Plusieurs choses : vous essayez de me faire une cartographie des températures sur la peau du brouilleur, sans ventilo, avec ventilos, à quelques centimètres du brouilleur… Vous comparez avec les spécifications de la documentation de maintenance durant les différentes phases de test, vous me faites faire un châssis par les « choumaks », vous voyez pour implanter un boîtier et une logique de commande dignes de ce nom, vous me préparez avec le service un compte rendu complet avec courbes en couleurs, calculs des perfos, vous me…

Et ainsi de suite. Le pauvre capitaine repartit avec son pensum sous le bras, intéressé par l'affaire car la technique le motivait, mais sans doute un peu maussade de se récupérer un « saucisson » de cet acabit qui lui donnait du boulot en plus. Néanmoins, je ne fus pas déçu… Le capitaine en question revint me voir quelques jours après, le visage illuminé du sourire béat de l'homme heureux. Il me remit un joli document relié dans lequel tout le détail de l'opération « ventilateur » était consigné, avec force schémas, diagrammes, courbes en couleurs et explications de texte. La lecture du document fleurait bon le travail motivé, et dans la foulée, j'embarquai le capitaine pour me rendre compte sur place de l'allure de ce bijou de technologie. Effectivement, le « bidouillage » originel de quatre moulinettes reliées à deux fils électriques avait donné lieu à un appareil au design soigné : les choumaks avaient confectionné un châssis du plus bel effet, les ventilateurs étaient magnifiquement encastrés dans leurs alvéoles, le tout commandé par un petit boîtier *home made*. Et le plus fort, c'est que la démonstration fut époustouflante ! Il fallait bien évidemment que je me rende compte par moi-même de l'intérêt de « la bête » pour l'Armée de l'air et « bien évidemment », le service avait tout prévu, devinant mes attentes par avance. Aussitôt dit, aussitôt fait, l'installation fut branchée sur un brouilleur en attente de maintenance, et les premières opérations de test furent lancées. Succès total ! On peut même dire que ça marchait mieux qu'avant ! Comme quoi un petit « pouët-pouët » artisanal devenait plus performant qu'une usine à gaz industrielle, pour peu que l'on y mette un soupçon de matière grise…

L'affaire n'en resta pas là. Le dossier fut encore quelque peu étoffé puis proposé à notre commandement de tutelle à Metz.

Dans un premier temps, le concept fut retenu, au point d'étudier la possibilité d'en faire la nouvelle norme pour tous les ESTS en charge de ce type de matériel ! Une *Instruction technique*[3] fut proposée, donnant les plans de montage et les références des matériels nécessaires... Assurément, notre sergent avait su faire fonctionner ses méninges pour le succès des armes de la France... et la préservation des finances publiques !... Même si *in fine*, le projet ne connut pas le succès « commercial » de la diffusion en grande série (y aurait-il eu un lobby quelconque, un brin chagrin ?...), il avait atteint au moins un succès d'estime, ce qui déjà n'était pas si mal...

***

Mais l'histoire ne s'arrête pas là ! Le sergent fut bien évidemment félicité sur le plan militaire, pour son sens de l'initiative et ses compétences techniques. Toujours bon à prendre pour une carrière. Mais un autre dossier fut monté, cette fois dans le cadre de la Mission pour l'innovation, sorte de commission qui récompense les travaux originaux pour la Défense. Je ne devais pas regretter de m'être investi dans ce dernier dossier, moins technique et plus administratif, certes un peu rébarbatif à constituer, mais quelle satisfaction que de voir notre sergent recevoir son prix en espèces sonnantes et trébuchantes... de quoi faire « un pot » avec ses camarades d'atelier ! Comme quoi, parfois ça sert de savoir ventiler...

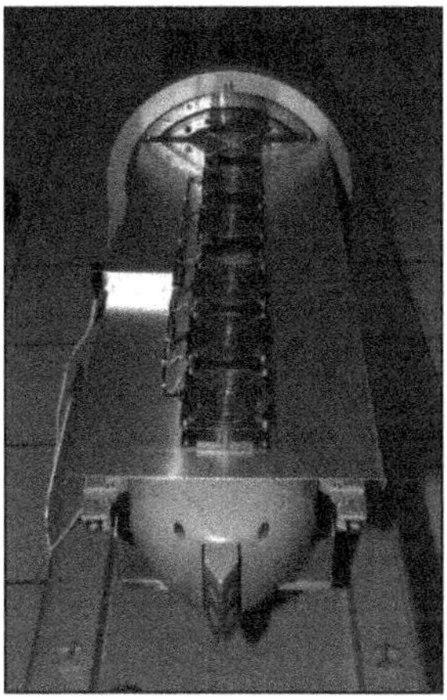

*La rampe de ventilateurs refroidissant le brouilleur dont l'extrémité dépasse en dessous (en bleu)*

3. Document technique diffusé à l'adresse de l'ensemble des utilisateurs d'un matériel précis, sorte de vadémécum pour résoudre un problème technique bien défini.

# La mer et les poissons

C'est bien connu, dans le Vaucluse, il fait chaud. Mais parfois il pleut… Curieusement, cette magnifique région est sujette à un climat assez binaire, limite manichéen : soit il y règne un mistral à décorner les bœufs (ou les cocus, c'est selon) et là, le soleil est éblouissant, c'est « la tempête de ciel bleu », et la poussière file droit vers la Méditerranée, ou bien il ne vente plus et les nuages ne tardent pas à remonter la vallée du Rhône, pour des « rinces » parfois violentes. Et dans ce cas, les conséquences sont parfois impressionnantes.

Comme de bien entendu, ce qui devait arriver arriva, et début décembre 2003, le département connut un « beau » jour un déluge comme il en avait le secret. Comme se plaisait à le souligner un des OAT d'escadrons, il pleuvait « la mer et les poissons »… sans doute était-ce une adaptation de la fameuse locution anglaise « *it rains cats and dogs* » ?… Toujours est-il que dès le matin, les routes furent inondées et l'accès à la base – tout comme la circulation en fait – était devenu plus que problématique. Les réseaux téléphoniques fonctionnèrent plus ou moins bien, heureusement il restait le « téléphone arabe », et bon nombre de personnes indiquaient qu'elles arriveraient en retard… si toutefois elles arrivaient ! Moi-même, je « ramais » un peu (c'est le cas de le dire) pour essayer de rejoindre la BA 115 par une route la moins inondée possible. Je croisais même en cours de route un de mes chefs de service m'enjoignant de faire demi-tour, car par endroits, on ne distinguait plus les routes des champs, et bon nombre de voitures étaient déjà dans les fossés débordants. Au cours de cette croisière matinale, j'ai même pu assister à une scène cocasse, où un piéton encapuchonné disparut d'un coup dans une immense flaque, un peu à la manière de Louis de Funès dans le film *Le petit baigneur*. Fort heureusement, ce disciple de

Cousteau refit surface dans l'instant, je craignis un instant qu'il ne fût aspiré dans une buse. Au-delà de cet épisode burlesque, la situation n'était pas rose, et alla même en empirant, car les eaux de ruissellement du Ventoux commençaient à sérieusement gonfler les cours d'eau. D'ailleurs plus tard dans la soirée, cet épisode d'inondation devait donner l'occasion à plusieurs militaires (légionnaires mais aussi aviateurs) de se distinguer en venant spontanément en aide aux populations, parfois en détresse. J'arrivai quand même à la base presque à l'heure, recensant pour lors mon personnel et essayant d'appréhender la journée humide qui s'annonçait. Bien évidemment, toute activité aérienne était exclue, d'autant plus que la piste était plus que détrempée car déjà sous les eaux. Les avions étaient à l'abri, il n'y avait pas trop de fuites de toitures, on était tranquilles pour l'instant...

Dans l'après-midi, les choses commencèrent à singulièrement se gâter. La pluie tombait fort sans discontinuer, les réseaux busés – forcément pas toujours nettoyés – dégorgeaient tant et plus, la base voyait les eaux monter. Par chance, les feuilles mortes soufflées du temps du mistral étaient venues s'agglutiner contre le grillage longeant la partie nord de l'ESTS, à savoir les ateliers moteur. L'eau marron déboulant d'un peu plus haut, du côté de la zone nord de la base, venait ainsi buter sur cette espèce de barrage improvisé, et se trouvait en partie déviée dans la rue longeant l'entrée principale de l'ESTS. Déjà les trottoirs étaient submergés, et un véritable torrent passait devant l'unité. J'aurais pris des cuissardes et une canne à lancer, il y aurait vraiment eu une photo à faire... j'aurais pu ramener des truites, mais le temps n'était pas à la rigolade. Déjà, la base avait annoncé la débauche pour les unités qui ne connaissaient pas d'ennuis d'infiltration, sauf que chacun devait se débrouiller seul pour rentrer chez soi. Pour ma part, il était exclu de partir si tôt, tant que les choses évoluaient, et pas dans le bon sens. Je me préparais mentalement à passer une nuit sur la base, histoire de me rappeler mon jeune temps où la chose était fréquente, quasiment à chaque exercice. Mon bureau était au premier étage – *a priori* j'avais de la marge, ou alors il faudrait vraiment s'inquiéter – j'avais les sanitaires et du linge de rechange, trouver quelque chose à grignoter ne serait pas le plus difficile, mais là aussi j'avais de la marge, depuis que la Faculté avait émis son diagnostic définitif vingt ans plus tôt...

Les premières difficultés apparurent en milieu d'après-midi, car tel le *Titanic*, l'ESTS avait des voies d'eau qui risquaient de le faire courir à sa perte... La pluie tombait à seaux, et le fin barrage de feuilles n'était bien évidemment qu'une illusion. Le niveau des eaux montant, de sournoises infiltrations par le sol ne tardèrent pas, et les premières rigoles commencèrent de serpenter sur le sol de l'atelier réacteur tels des reptiles menaçants... Pour comble de chance, un coup de fil affolé du chef de service de l'atelier radar m'apprit que le niveau des eaux atteignait sa cote d'alerte. Le sous-sol du faux plancher était inondé, et les baies électroniques commençaient à avoir les pieds dans l'eau... Sans compter que c'était sous le faux plancher que tous les câblages électriques transitaient, ce qui laissait augurer de courts-jus « maison ». Les seules choses à faire étaient de couper le courant, mettre hors d'eau ce qui pouvait l'être... et prier !

J'étais passablement inquiet pour l'atelier réacteur. En effet, le moteur M53 du Mirage 2000 est un moteur modulaire, composé de l'empilement d'un certain nombre de « tranches » que l'on remplace en fonction de leur état ou de leur taux d'utilisation[1]. Certaines opérations « d'empilage de tranches » s'effectuent avec le moteur placé à la verticale, manœuvré sur un bâti descendant dans une fosse. Le mécanicien peut donc travailler debout, dans un souci d'ergonomie. Et ce sont bien ces fosses qui me causaient du souci. Outre le fait que les petits serpents d'eau s'étaient mus en rus, à deux doigts de franchir les bords de plongeoir des fosses, on entendait nettement le clapotis des eaux d'infiltration commençant à remplir les fosses... par le bas ! Le parking extérieur, la zone des ateliers et la maçonnerie desdites fosses n'étaient manifestement pas étanches ! C'est sûr, l'Armée de l'air travaille dans des hangars, pas dans des sous-marins ! Heureusement, les mécanos prévoyants avaient préventivement relevé les moteurs en fosse, ça faisait un problème de moins. En revanche, les groupes hydrauliques censés relever lesdits moteurs étaient implantés en fond de cuves : autant dire que nous assistions impuissants à la chronique d'une noyade annoncée...

En début de soirée, la pluie cessa un peu, et les quelques valeureux encore en poste purent tenter de rentrer chez eux. Le retour fut épique, heureusement que la prise d'air de la

1. En effet, certaines parties s'usent plus vite que d'autres : ainsi la turbine souffre-t-elle plus que la partie basse pression du compresseur. Cette disposition, retenue sur tous les moteurs modernes, est un incontestable progrès par rapport aux moteurs d'anciennes générations.

voiture de service était haut placée ! Je parvenais donc à regagner mes pénates... pour lutter contre la montée des eaux dans mon jardin cette fois, en essayant de rendre ma propre maisonnée étanche !!

***

Le lendemain avait un air de fin du monde. La pluie continuait mollement, mais de toute façon, le mal était fait. Un rapide tour de l'unité me glaça les sangs : les ateliers Radar et Atec, si délicats avec leurs appareillages électroniques, étaient inondés... De même que les ateliers réacteurs où (de mémoire) six fosses sur huit étaient complètement noyées. Nous avions enfin nos piscines désirées, sauf qu'elles étaient pleines d'eau marron à la surface de laquelle surnageaient des yeux bien gras, comme des morceaux de beurre dans une assiette de soupe... et les moteurs de relevage étaient au fond des puits !... Le premier réflexe fut de rendre compte à la hiérarchie de la base puis à notre commandement à Metz que notre ESTS voyait sa capacité de production considérablement réduite. Le message de confirmation dressant un bilan précis de l'affaire était apocalyptique. Mais cela ne servait à rien de se lamenter, l'heure était venue de se retrousser les manches.

Ce qui fut fait assez rapidement je dois le dire. Tout d'abord un bref coup d'œil depuis la fenêtre de mon bureau me permit de voir qu'il y avait force agitation chez les électroniciens[2]. Tout le mobilier avait été sorti, et le personnel semblait sous l'emprise d'une frénésie du nettoyage, *a priori* suscitée et pilotée par « Madame la » chef de service, maîtresse-femme s'il en est, un peu câblée à l'ancienne comme je les aimais bien, pour qui les tâches ménagères n'avaient aucune raison de rester étrangères aux plus jeunes. Et donc « l'adjudante-cheffe » en survêtement-baskets, manches retroussées et fichu sur la tête de *driver* tout son petit monde à la baguette, qui à la raclette, qui au balai, qui à la serpillière... Les portes des ateliers grandes ouvertes histoire de faire courant d'air, la clim à fond histoire de ventiler sous le faux plancher... On peut dire que ça ne chômait pas dans la carrée. S'il y en avait un qui avait le malheur de bayer

2. Qu'on appelle aussi parfois les « petites mains », par opposition aux « vrais » mécanos purs et durs, qu'on surnomme les « gros doigts »... en toute délicatesse.

aux corneilles, il se prenait une volée de bois vert « maison », assortie du coup de balai pédagogique, de celui qui fait reprendre goût à la vie un peu plus vite que prévu... Chez les réacteurs, la vie reprenait doucement. Le même ballet de balais évacuait les eaux sombres et la boutasse qui couvraient les sols. Les pompiers avaient pris en charge de vidanger les fosses, mais la vacuité d'icelles ne pouvait que nous faire constater la noyade de nos moteurs de relevée...

En fin de journée, on pouvait dresser un premier bilan un peu moins alarmiste : les ateliers Atec-Radar avaient retrouvé une seconde jeunesse et étaient tout propres (finalement, l'inondation avait fait du bien !), mais surtout, aucun dysfonctionnement électrique n'était constaté ! Épatant ! Plus fort encore, les baies électroniques n'avaient pas trop souffert. Hosanna ! Chez les motoristes, les fosses inondées étaient inutilisables sauf à stocker un moteur HS en position haute, mais il nous restait trois fosses avec lesquelles on pouvait travailler en s'organisant astucieusement, c'est-à-dire plus vite, plus intelligemment (était-ce possible ?) et en horaires décalés (plus tôt, plus tard...).

L'histoire se termina assez bien. On proposa astucieusement de faire démonter les groupes hydrauliques des moteurs de relevage des fosses (de toute façon ils étaient foutus) et d'implanter les neufs... en surface ! Pourquoi ne pas y avoir pensé plus tôt ?! Les nouveaux ensembles de relevage furent livrés assez vite (divine surprise) et l'atelier retrouva assez vite une cadence de combat pour sortir des moulins. En définitive, je restais assez admiratif devant notre grosse unité technique qui s'était vue notablement affaiblie, mais qui avait démontré une capacité de résilience insoupçonnée, recouvrant en un temps record sa pleine capacité de production. Chapeau pour la motivation !

Mais je retiendrais une autre morale de cette histoire humide, finalement pas bien différente de l'inondation d'un camping au mois d'août. Certains sous-officiers de l'unité virent leur maison inondée, et comme tout le monde le sait, l'eau fait plus de dégâts que le feu (sauf si tout brûle, j'entends bien). Certains eurent donc de gros problèmes à domicile, de chauffage, d'électroménager, de vêtements... Or la société militaire est encore porteuse de valeurs et s'il est un mot qui n'est pas vain, c'est bien celui de solidarité. Dès l'école de formation initiale on inculque aux jeunes militaires les vertus de l'action en commun, pour le bien de tous. L'individualisme ne pénètre encore que difficilement les bastions des enceintes militaires, et c'est tant mieux. C'est dans cet esprit que très rapidement et tout naturellement, ceux qui avaient échappé au déluge se portèrent au secours des démunis. Tout un chacun avait chez soi ou dans son garage un chauffage au fioul, des draps des couvertures, une machine à laver... si bien que la douleur des malheureux s'en trouva quelque peu soulagée.

Les eaux étaient montées puis s'étaient retirées laissant derrière elles désolation des lieux et tristesse des hommes. Les hommes se serrèrent les coudes et nettoyèrent les lieux, car c'était leur outil de travail pour exécuter leur mission qui était de fournir des pièces d'avions. Ils vinrent en aide aux démunis. En un sens, l'ESTS d'Orange, c'était vraiment l'arche de Noé à cette époque. C'est vrai qu'il y avait quand même pas mal d'animaux : surtout des drôles de zèbres, des vieux singes... et pas trop d'oies blanches !

*L'ESTS les pieds dans l'eau.*
*Les fosses moteur inondées sont*
*dans le grand bâtiment kaki.*

# L'État-major

Partir de l'ESTS au bout de trois ans – certes avec le galon de lieutenant-colonel – ne fut pas chose facile car je quittais tout à la fois l'action de terrain pour le monde plus feutré des états-majors, mais aussi le sud de la France ensoleillé pour la grisaille parisienne. Inutile de dire que c'est bien la gorge nouée que je signais mon ordre de mutation. Une fois de plus, j'abandonnais mes chers mécanos, avec à cette occasion un pincement au cœur tout particulier. Outre le fait de prendre conscience que je terminais là ma carrière opérationnelle, je gardais en mémoire les témoignages de sympathie qui m'avaient accompagné au cours d'une convalescence inhérente à un accident assez grave. Les visites que j'avais reçues à l'hôpital (où l'on vint m'offrir mes nouveaux galons !) ou en maison de rééducation avaient été pour moi source d'émotions et m'avaient assurément fait chaud au cœur. Avec le recul, je ne veux pas croire que ceux qui firent le déplacement sacrifièrent là à une corvée imposée.

Bien évidemment, il y eut au cours de ces trois années bien d'autres aventures que celles que j'ai brièvement narrées. La vie de l'ESTS était régulièrement scandée par diverses petites anecdotes savoureuses, il a bien fallu faire des choix. J'aurais ainsi pu évoquer l'épisode cocasse de la peinture de l'avion pour le film *Les chevaliers du ciel*, à l'issue duquel il fallut repeindre l'avion pour le remettre aux normes... Faire et défaire : chose dont les mécanos ont une sainte horreur... et le chef de service des choumaks, homme généreux quoique taiseux, de conclure par cette remarque définitive : « Ils font ch... r avec leurs co... ies ». Simple et sans appel. J'aurais tout aussi bien pu faire mention de l'épisode fameux de la mise en peinture de plusieurs Mirage pour célébrer un anniversaire des FAFL ; épisode au cours duquel il y eut force atermoiements de la part des états-majors sur les nuances de bleu foncé à badigeonner... À croire que c'était le seul sujet qui importait à l'époque ! Fait étrange, devant l'urgence et l'importance de la chose, personne ne nous fit reproche de noyer notre hangar sous des volutes de peinture bleue, blanche et rouge... volutes qui se fondaient en un joli brouillard rose délicat, qui avait le bon goût de bien adhérer aux chemises blanches ! (on devait être assez loin des normes HSCT en la matière, mais l'intérêt supérieur primait). Mais cela n'empêcha pas le célébrissime chef de service des choumaks, homme parfois rude bien que généreux, de clore le chantier par cette maxime laconique bien que lapidaire : « Font ch... r avec leurs c... ies ! » Sobre, mais sans équivoque. Passons à autre chose, on n'en finirait pas.

Une affectation en administration centrale, comme l'état-major de l'Armée de l'air (EMAA), est plus ou moins un passage obligé pour tout officier en fin de parcours opérationnel. Car forcément, vient inéluctablement l'heure maudite à laquelle l'homme d'action et de terrain doit céder le pas à l'homme de réflexion et de synthèse... Le stylo remplace le casque antibruit... Par chance, j'étais affecté dans un service (on dit un « Bureau ») à vocation essentiellement technique, le fameux Bureau des systèmes d'armes, alias le BSA. Cette entité était une espèce d'État dans l'État qui s'autorisait à fourrer son nez partout, dans la technique, les organisations, les programmes d'armement, le soutien aux forces ou quoi que ce soit... Il y avait là une collection d'experts propre à s'attaquer à toute problématique technico-financiaro-quelque chose, et le fait est que tout ce qui pouvait concerner les matériels de l'Armée de l'air passait par le filtre de ce « Bureau ».

Personnellement, j'étais principalement responsable du suivi de l'ensemble des moteurs en service dans l'Armée de l'air (sauf le M88 du Rafale qui n'en était qu'à ses balbutiements en unité), ainsi que des cellules de tout ce qui volait dans l'Armée de l'air, planeurs compris. De quoi s'occuper tout de même. Je troquais donc mon beau bureau de commandant d'unité, lequel affichait au moins 30 m² au soleil de Provence, pour un « ultra narrow space » ridiculement minuscule, sous la pluie parisienne, dans la fameuse place de Balard qui à l'époque, était loin de la construction futuriste d'aujourd'hui... J'y avais toutefois gagné la compagnie d'un major motivé, compétent et sympa, ce qui permettait de juguler ma dépression naissante.

Notre pièce commune était effectivement particulièrement exigüe. Si l'on veut bien considérer qu'outre deux bureaux métalliques accolés et une cafetière, il y avait là des dossiers « du sol au plafond », l'expression étant à prendre au pied de la lettre ! Une fois assis, plus question de bouger, sauf à faire des acrobaties pour récupérer un quelconque document, forcément inaccessible, au risque de faire s'écrouler les colonnes du Temple. Outre le côté farce, la chose était parfois difficile à vivre lorsqu'il s'agissait de recevoir un visiteur extérieur, par exemple le représentant d'un industriel : même un strapontin était un luxe !

Le suivi technique du parc de moteurs de l'Armée de l'air était chose passionnante sur le plan technique, mais somme toute bigrement prenante pour les deux protagonistes que nous étions, le major et moi. Entre les nombreuses flottes (chasse, transport, école...), les différents faits techniques impactant l'activité des unités, les impératifs de ces dernières, les problèmes logistiques, le grain de sel de la DGA, les crédits pas forcément aux niveaux souhaités, les relations avec les industriels toujours prêts à vous vendre « à prix d'ami » des prestations hors pair, les soucis sur les hélices, les aubes de turbines, les régulateurs, les roulements de pompe ou que sais-je, on ne peut pas dire que l'on s'ennuyait. Il est vrai que sans moteur, il n'est pas d'avion qui vaille...

Vint un jour où nous apprîmes que nos amis espagnols avaient connu un très gros problème sur Mirage F1, puisqu'un de leurs avions avait pris feu à la mise en puissance juste avant de s'élancer pour la course au décollage. L'affaire avait été maîtrisée *in extremis*, mais l'avion avait bel et bien été carbonisé du croupion, et à quelques secondes près, c'était la catastrophe en vol. Forcément, avec le F1... j'en étais tout retourné !

L'affaire émut beaucoup de notre côté des Pyrénées et rapidement, les utilisateurs de l'avion menèrent les premières investigations. L'information remonta rapidement des unités *via* le CFAC : une défaillance avait été trouvée au niveau des turbines de certains moteurs. Oh trois fois rien : comme toujours, une petite déchirure insignifiante (on appelle cela des criques), mais qui ne demandait qu'à se transformer en diaclase, ouvrant le moteur comme une boîte de conserve avant l'explosion finale... Toute la flotte n'était pas impactée, mais il n'était pas évident d'y voir clair et de savoir quel moteur était réputé sain, quel autre était à rebuter. Sans compter que la définition d'un processus curatif était loin d'être évident : mettre en place un diagnostic exhaustif et infaillible sur l'ensemble des moteurs en service ou dans le circuit de réparation, identifier des solutions de réparations (complexes d'ailleurs), savoir qui allait traiter, combien de temps cela allait prendre, combien cela allait coûter et surtout, était-on archi-sûrs des moteurs que l'on avait identifiés comme « bons de vol » ? C'était d'ailleurs « la » question cruciale car la sécurité des vols était en jeu (certes ce n'était pas la première fois), mais l'était également l'emploi des avions qui avaient des missions d'importance, de défense aérienne ou en opération extérieure... Clouer une flotte au sol n'est pas une décision anodine qui se prend autour de la machine à café !

Fort classiquement, l'affaire se solda dès le début par la rédaction de « quelques » fiches de synthèse à l'adresse du commandement, en essayant d'être le plus clair possible dans le résumé d'une situation complexe aux multiples tenants et aboutissants. Je rendais compte régulièrement (quasi quotidiennement) de notre avancée dans le bourbier à mon chef de bureau qui par chance, m'aidait à conserver une certaine hauteur de vue alors que l'on s'enfonçait de jour en jour dans la crise.

Bien évidemment, l'affaire était montée en très hauts lieux, compte tenu de l'impact de ces petites « criquounettes » sur l'emploi des F1. C'est alors qu'un beau matin, mon chef de bureau me dit tout de go :

« Venez, nous avons rendez-vous immédiatement chez le CEMAA[1], il veut qu'on lui fasse un point de situation. »

Je comprenais qu'en tant qu'expert technique, je pouvais évidemment être d'un secours utile à mon chef, si d'aventure quelques précisions étaient nécessaires. C'est ainsi que nous nous retrouvâmes dans le bureau du CEMAA après être passés par le sas du secrétariat. J'étais impressionné, car c'était la première fois que je m'approchais de ces lieux saints et feutrés. En tant qu'officier rédacteur obscur, je n'avais logiquement pas à accéder aux étages étoilés de l'EMAA, quasiment la Grande Ourse, encore moins être invité dans la crypte que constituait l'espace de travail du plus gradé d'entre nous... J'étais donc un brin

1. CEMAA : le chef d'état-major en personne. Le n°1 de l'Armée de l'air en somme.

ému et une fois les sangs glacés par l'émotion, je commençai par lustrer mes chaussures sur l'arrière de mon pantalon, resserrer mon nœud de cravate et emboîter le pas de mon chef de bureau, les mains moites serrant mon petit cahier d'écolier me servant à prendre des notes[2]... L'espace était vaste, au niveau des responsabilités du grand homme, la décoration plus que sobre. Le mobilier était simple et de bon goût, quoiqu'un brin démodé, fidèle aux canons de l'Armée de l'air.

Le CEMAA nous reçut de façon affable et chaleureuse, ce qui me permit de me décrisper un brin, rabaissant ma tension de 29 à 18... Je restais pour autant admiratif devant les cinq étoiles ceignant ses épaulettes...

« Alors Messieurs, vous venez me parler de nos problèmes sur le F1 ? Ça me rappellera mon jeune temps. »

Mon chef de bureau embraya aussi sec :

« Tout à fait mon Général, et je crois que le mieux est que le LCL Roux, notre spécialiste, vous explique la situation. »

Crac, passe à l'aile en direct ! Ni une ni deux, le colonel s'éclipsa en souplesse, me propulsant *de facto* en première ligne, assis à côté du CEMAA en personne, avec pour mission de synthétiser au mieux ce qui m'occupait depuis pas mal de temps et avait fait couler beaucoup d'encre et noircir des tonnes de papier. En définitive, c'était moi, minuscule petit lieutenant-colonel, mécano de surcroît, qui allais éclairer notre Grand Maître à tous ! Aussitôt, j'essayai de m'armer de hardiesse et j'attaquai avec une mâle assurance :

— Le plus simple mon Général, ce serait que je vous fasse un p'tit dessin. (textuel)

— Ah oui, j'aime bien les petits dessins. (textuel !)

Inconscient que j'étais, face à un chef heureusement abordable ! Par chance, il se trouve que j'avais alors quelques qualités de dessinateur, certes plutôt orientées BD et caricatures, mais me permettant de facilement esquisser un croquis. Et c'est ainsi que mon chef de bureau disparut des écrans radars, et que je m'évertuais à dessiner sur mon cahier d'écolier (petit format et gros carreaux je précise), et sous les yeux attentifs du CEMAA, un schéma de l'ATAR 09 (le moteur du F1), avec notamment les fissures observées, leurs évolutions probables et les conséquences

2. Je confesse que j'ai toujours été un peu « old fashion », préférant un carnet à toute gadgetterie électronique...

possibles. Ah, on était loin du briefing magistral sous PPT avec diapos couleurs et animations en tout genre ! Je fus bref mais concis (il ne s'agissait pas de noyer le CEMAA sous des détails abstrus) ; le général m'écouta religieusement. Le silence se fit. Tel un bachelier passant l'oral de rattrapage, j'attendais le verdict... Un bref silence d'éternité suspendit le cours du temps, puis le général me fixa droit dans les yeux... Cette fois, c'était plutôt l'angoisse du gardien de but au moment du pénalty ! Son regard se plissa, à la manière de Charles Bronson dans *Il était une fois dans l'Ouest*, puis dégainant aussi sec, il m'asséna LA question qui tue :

« Alors que proposez-vous ? On arrête la flotte ? » (textuel)

Le genre de question qui vous plonge à peu près dans le même état d'esprit que le plongeur de haut vol au tremplin de 10 mètres... avec peu d'eau en dessous ! Forcément, je me doutais que le CEMAA avait dû être abreuvé de conseils, de présentations, de synthèses, de perspectives, de projections... mais là, il fallait bien que je réponde quelque chose... Pas question de dire « je ne sais pas » ou « vous faites comme vous voulez » ou de lui balancer des salades ! En une fraction de seconde, il s'est agi de savoir si la balance penchait plus du côté de la sécurité et du parapluie ouvert par protectionnisme sécurité, ou de celui du risque maîtrisé garantissant l'activité opérationnelle.

« Bien sûr que non mon Général, m'entendis-je répondre, car nous avons une possible solution... »

C'est à cette occasion que je louai l'Armée de l'air de m'avoir donné une formation technique de bon niveau, de m'avoir permis de poursuivre des études dans le domaine des turbomachines, d'avoir en son sein des unités redoutables de compétences techniques capables de damer le pion aux escouades des industriels réputés infaillibles, mais aussi d'avoir su faire en sorte que le dialogue s'affranchisse des hiérarchies quand les plus hauts intérêts opérationnels étaient en jeu.

La situation n'était pour autant pas inhabituelle. Tous les appareils connaissent au cours de leur vie, des faits techniques plus ou moins graves, plus ou moins maîtrisés, souvent bénins, parfois gravissimes, qui conduisent à la mise sur pied de solutions de réparation. La vraie question est de savoir si l'on peut continuer à mettre un bonhomme ou un équipage dans ledit avion, et si ce dernier ne risque pas un jour d'être épris de liberté pour terminer son vol dans une salle à manger d'un pavillon de banlieue ! D'un autre côté, si à chaque grincement de charnière, on cloue les flottes au sol, il y aurait à redire côté opérationnel... Ce ne sont quand même pas les avions du Musée de l'air du Bourget qui vont assurer les Opex ! C'est bien la maîtrise de ce genre d'exercice d'équilibriste qui permet de juger de la maturité de la fonction technique d'une armée de l'air (ou d'une compagnie aérienne, ne soyons pas exclusifs...).

Puis on trouva une solution. Une unité de l'Armée de l'air, discrète mais bigrement affûtée car spécialisée dans les « contrôles non destructifs[3] » avait mis au point une technique de diagnostic des moteurs particulièrement ingénieuse, efficace et surtout à bas coût ce qui avait pour vertu de sérieusement agacer notre motoriste national qui proposait sa solution (moins bien, plus chère...), avec qui néanmoins on trouva le moyen de sauver les moteurs. Certes, tout ne se fit pas en cinq minutes, il fallut parfois distiller avec parcimonie un flux anémique de moteurs réputés sains, mais on y arriva... et le vieux guerrier qu'était devenu le F1 continua de monter la garde et d'assurer ses missions, fidèle au poste[4].

Et c'est ainsi que le major et moi pûmes nous attaquer au « pot de pus » suivant, pour lequel ma mémoire me fait défaut. Était-ce le fameux roulement « delta P » équipant le M53 du Mirage 2000 ? Était-ce le moteur du C-130 ? Peu importe, ce qui est certain, c'est que tous les jours, le major et moi avons continué d'éplucher consciencieusement tous les comptes rendus de faits techniques remontant des unités, avec chaque fois la même question : « qu'est-ce qui va encore nous tomber dessus... ? »

Dire qu'il y en a qui croient que le travail en état-major est un truc de rond-de-cuir... Alors que dans notre petit bureau minuscule, la devise était : « À chaque jour suffit sa fiche » !

3. CND : méthodes d'investigation, de diagnostic et d'analyse de défauts sans procéder à la destruction d'une pièce mécanique.

4. Pour être honnête, ce problème impactait aussi les Super Étendard de l'Aéronavale (les deux avions ont presque le même moteur).

# Cinquième partie

# Un autre monde

Après deux ans passés à l'état-major de l'Armée de l'air à devenir un virtuose du clavier d'ordinateur, noircir des tonnes de papier, rédiger un nombre conséquent de documents, tous plus profonds les uns que les autres, et réfléchir à des concepts qui assurément devaient faire date, comme la refonte de la surveillance technique des unités ou les premières déclinaisons des exigences de la Navigabilité des aéronefs, j'eus la chance insigne de pouvoir retrouver le sud de la France, en tant que Grand Manitou de la fonction technique sur une des plus grosses plates-formes de l'Armée de l'air, à savoir la BA 125 d'Istres, si chère à mes débuts. À ce nouveau poste, j'étais principalement chargé de l'animation de la fonction technico-logistique... au « sens large », car à Istres, tout est plus gros : la piste (une des plus longues d'Europe), les avions (en l'occurrence les vieux C-135, mais aussi parfois de passage les énormes avions de transport géants, type Antonov 124 ou Airbus A380), l'escale aérienne (j'en ai déjà parlé), la consommation de carburant du même ordre de grandeur que celle d'un aéroport civil d'une grande ville (sans parler des carburants terrestres), les flux logistiques... et moi-même qui confessais quelques bourrelets, car malheureusement l'âge aidant, le diagnostic initial de la Faculté se confirmait. Pour faire simple, mon champ d'activités était des plus étendus qui soit : j'avais droit de regard sur tout ce qui touchait de près ou de loin à un mécanicien, qu'il fût « aéronautique » ou « sol », j'avais en compte la gestion d'un budget coquet dévolu aux achats des matériels courants indispensables aux unités, je supervisais les actions dans les domaines de la maintenance, du parc de véhicules routiers, du ravitaillement technique, de l'infrastructure, du chauffage, de l'énergie, du stockage des armes et munitions... accessoirement, je devais jeter les bases nouvelles d'une politique d'assurance qualité... et j'en oublie[1]. En clair : pas le temps de s'ennuyer, mais passionnant. Sur le plan aéronautique, j'étais comblé. La base d'Istres restait cet aérodrome majeur où l'on peut croiser à peu près tout ce qui vole : des avions de combat bien sûr, stationnés ou de passage, des avions de transport de tout poil, des ravitailleurs en vol des hélicoptères... mais aussi des prototypes des constructeurs ou du Centre d'essais en vol... Et pourquoi pas des (très) gros porteurs comme ceux qui sont parfois affétés par les Armées pour des transports lointains... et même potentiellement la navette spatiale américaine[2] ! Néanmoins, c'était la première fois que j'avais sous mes ordres directs des unités « sol », constituées en tant que telles. Toutes étaient assurément remarquables dans la performance, mettant à mal les préjugés antédiluviens sur les bases du Sud. Sans vouloir blesser personne, je garde un souvenir vivace de l'ESTC[3] d'alors, unité dynamique et sympathique, qui plus est qui partageait le même bâtiment que mes services.

Cette boutique était assimilable à un « gros garage ». De ce fait, elle ne devait certainement jamais faire l'objet d'une quelconque mise en avant sur le plan médiatique. Il est vrai que comme vecteur de communication, l'Armée de l'air à mieux à faire avec le Rafale ou la Patrouille de France qu'avec un camion de pompiers ou un groupe électrogène ! Pourtant, des matériels, ils en réparaient les bougres. Tout ce qui roulait était décortiqué de fond en comble : autocars, véhicules de pompiers, véhicules blindés, chariots élévateurs, groupes électrogènes, ensembles d'éclairages, plate-formes de chargement aéroportuaires... des automobiles aussi – surtout celle du colonel... et la mienne[4] ! – du temps où les armées n'avaient pas encore externalisé leurs gammes... mais aussi des bateaux et leurs moteurs (militaires !), il faut le faire ! On trouvait de tout dans leur capharnaüm : des boîtes de vitesses démontées, des ponts, des embrayages, des

1. Depuis les choses ont radicalement changé puisque la fonction « soutien », à l'époque intégrée et concentrée entre les mains d'un seul chef, est de nos jours fragmentée en autant de domaines d'expertises, avec autant de chaînes hiérarchiques. L'organisation des bases aériennes a de ce fait été largement remaniée.

2. À cette époque, la base d'Istres constituait l'un des terrains de déroutement possible pour la navette spatiale américaine en cas de problème lors de certaines phases de vol. Heureusement, elle n'est pas venue car l'exercice aurait été sans doute passionnant, mais redoutable ! Pour autant, se préparer à l'exercice était incontournable.

3. Escadron de soutien technique (des matériels) communs. Cette unité était le pendant « sol » des ESTS. Leur dénomination et leur champ d'action ont d'ailleurs largement évolué depuis.

4. Véhicules militaires de service, s'entend !

roues, des batteries... parfois des mécanismes étranges, inaccessibles au novice... Je n'oublie pas les « choumaks sol » qui travaillaient le fer et savaient absolument *tout* faire, ni les bourreliers et les menuisiers, véritables artisans, passionnés par leurs métiers. Qui plus est, cette unité assez jeune de moyenne d'âge, avait une « pêche » phénoménale et savait répondre « présent » à la moindre sollicitation. Vu la taille de la BA 125, celles-ci ne manquaient pas ! Assurément, il y avait là un trésor qui permettait de faire face à toutes les difficultés techniques non strictement aéronautiques. Du beau travail[5]...

5. Je n'oublie pas le personnel du service en charge de l'infrastructure, mais je ne peux pas décerner des lauriers à tout le monde, on se douterait de quelque chose...

# Sous le règne des faucons

La carrière avançant, mon champ de responsabilités s'élargissait et même si j'ai eu la chance de pouvoir conserver un lien fort avec l'aéronautique, force était de constater que mon poste de responsable technique de la base d'Istres m'amenait à devoir me frotter aux exercices de gestion comptable et financière, et ce dans le cadre du soutien de toutes les unités et organismes implantés sur la base.

Parmi cette foultitude[1], il était une unité qui, bien qu'atypique et confidentielle, avait un rôle de tout premier plan à jouer en matière de sécurité aérienne[2]. Quiconque s'est intéressé un jour à la chose aéronautique, sait bien que la sécurité « au sens large » en constitue l'alpha et l'oméga. L'unité en question s'appelait « la fauconnerie ». Il s'agissait d'un véritable escadron, mais constitué de vrais rapaces, chargés de faire régner la terreur parmi tous les volatiles indésirables peu bercés de circulation aérienne, en transit sur la BA 125, notamment aux abords des zones aéronautiques. En effet, qu'il soit isolé ou en bande, l'oiseau est l'ennemi de l'avion, qui pourtant a cherché à le copier. Au voisinage du sol, donc lors des phases critiques de décollage ou d'approche, la collision avec une quelconque mouette ou un vol d'étourneaux peut avoir des conséquences dramatiques... Les pare-brises et les réacteurs ne sont pas très friands de viande blanche. Chaque impact causé par un oiseau conduit souvent à la rédaction d'un « compte rendu de fait technique » (CFRT) dont le titre chapeau en est « collision volatile », avant la description des dommages et les mesures prises à l'issue de l'incident. Ces

1. À cette époque, la BA 125 comptait un peu plus de 5 000 personnes.

2. À mon niveau, le soutien de la fauconnerie consistait d'une part à m'assurer que l'infrastructure était en bon état, que le personnel avait de quoi travailler... et d'autre part d'acheter force filets de poulets pour nourrir toute cette basse-cour de luxe !

messages ont aussi pour but de mener des statistiques afin de connaître les différentes populations d'oiseaux, et essayer de savoir si par exemple le C-135 digère bien la fauvette aux yeux nacrés ou si le Mirage 2000 N résiste bien à l'agression du macareux à col roulé[3]...

Le péril aviaire est chose connue depuis longtemps en aéronautique, civile ou militaire. Nombreuses furent les méthodes essayées de par le monde pour tenter de faire fuir les volatiles indésirables : diffusion par haut-parleurs de cris de prédateurs ou de cris d'effroi des espèces endémiques, coups de feu à l'aide de fusils effaroucheurs (on ne cherchera jamais à éradiquer directement les oiseaux !) mais force est de constater, que seule une conjonction des efforts porte ses fruits. L'utilisation de rapaces prédateurs est donc un moyen haut de gamme, complétant les méthodes artisanales que je viens d'évoquer. Le but est d'intégrer dans le circuit de vol des oiseaux gêneurs (souvent tôt le matin, avant le début de l'activité aéronautique « humaine ») un ou des rapaces propres à faire déguerpir les indésirables. Il faut pour cela que le « chasseur » conserve son instinct de prédation et ne soit donc pas rassasié par un petit-déjeuner trop copieux, et qu'il ne soit ainsi mû que par le désir de la chasse et pas de la gastronomie ! (en effet, l'oiseau repu digère et n'est plus efficace...). Il ne faut pas non plus qu'il ait peur et soit brutalement effrayé par une cible soudainement rebelle... Ce difficile apprentissage relevait de la responsabilité d'une équipe de passionnés animant la fameuse fauconnerie, laquelle était en fait un bestiaire particulièrement intéressant car jolie collection de rapaces de « toutes plumes », chaque espèce ayant sa spécificité et ses qualités intrinsèques. En effet, les différentes espèces d'oiseaux gêneurs présents sur la base avaient chacune leur propre prédateur, certains œuvrant plutôt en hauteur, d'autres plutôt au ras du sol. Une affaire de spécialistes en somme.

Et puis un jour survint le drame...

3. Je garde le souvenir bien vivace d'un C-135 appartenant alors au 02.093 d'Avord qui, ayant été percuté par une outarde africaine lors d'un détachement à N'Djaména, dû voir sa planche de bord intégralement échangée. Ne subsistèrent pendant quelque temps qu'une affreuse odeur et quelques problèmes électriques. J'ai aussi en mémoire le Mirage 2000N n°324 à Istres qui, après avoir ingéré quelque volatile (des mouettes de mémoire ?), imposa à son équipage de s'éjecter, avant de finir sa vie, certes bien à plat, mais dans la plaine de la Crau...

*Conséquence d'une collision volatile sur un Mirage F1 (coll. Armée de l'air)*

Par un beau matin au soleil généreux, les fauconniers commencèrent de faire patrouiller leurs oiseaux afin de dégager l'espace proche de la piste. Un jeune faucon partit donc plein d'allant tel un FW 190 au-dessus de la Manche en 43... Malheureusement, l'instinct du fauve ailé reprit le dessus car depuis sa haute altitude, notre champion repéra... un lapin ! Il faut dire que ce ne sont pas ces derniers qui manquent sur les vastes prairies des terrains d'aviation. Et notre oiseau rapide de fondre sur sa nouvelle proie, la pourchassant à tire d'ailes en basse altitude... trop basse même. Notre faucon fut sans doute victime d'un syndrome que peuvent connaître nos propres pilotes, à savoir le *target fascination.* En d'autres termes, obnubilé par la cible ou l'objectif, on en oublie l'environnement proche, la proximité du sol ou les obstacles éventuels. Et c'est ce qui arriva à notre faucon impétueux qui, décidé à enserrer notre lapin(e) de Camargue, oublia de surveiller la situation environnante et percuta de plein fouet le 4X4 d'une patrouille de commandos. Mort en service aérien commandé en quelque sorte. Pour cocasse qu'il soit, ce regrettable incident mit en émoi le personnel de la fauconnerie, légitimement très attaché à son parc aviaire.

À l'instar de l'Armée de l'air qui anticipe les taux d'attrition de ses flottes et en conséquence prévoit le remplacement des appareils éventuellement accidentés, il fallut procéder au renouvellement du parc et acquérir un nouveau faucon.

Et c'est là que j'intervins, car je dus rapidement amputer mon budget de fonctionnement d'une somme d'environ 1 000 euros afin d'acheter une boule de plumes promise au rang d'oiseau de proie sur le périmètre de la BA 125. Ce fut rapidement chose faite, mais l'histoire connut un dénouement tragique. En effet, l'année suivante, notre jeune oiseau avait grandi et tout auréolé de son diplôme de « traqueur de mouette[4] », patrouillait régulièrement dans notre espace aérien... Espace aérien qu'il dut partager un beau jour avec un C-135 venu de nulle part et qui, en toute logique car étant en approche, sortit son train d'atterrissage... transformant notre oiseau fougueux en tache rouge et souvenir douloureux.

Le renouvellement de notre chasseur se solda alors au prix d'âpres marchandages avec la fauconnerie de Villacoublay.

Mais d'autres oiseaux nous causaient soucis, sans pour autant pouvoir être chassés par nos méthodes de prédations ornithologiques. En effet, certaines espèces intrépides (entre pies et corbeaux, on se croirait chez Hitchcock !) avaient élu domicile dans quelques hangars, notamment ceux abritant les C-135. Ce n'était pas tant l'effet disgracieux d'une éventuelle déjection aviaire qui inquiétait, que les débris métalliques lâchés parfois d'assez haut par des oiseaux ayant ramassé une vis ou un axe métallique au sol et qui voulaient s'en servir de paille pour faire un nid ! Parfois la paille était trop lourde (ou jugée inadaptée ?) et lâchée en plein vol. Un éventuel impact sur le dos d'un C-135 aurait pu avoir des conséquences néfastes, car potentiellement générateur de crique, donc de déchirure. La parade consista en l'adoption de filets de protection, semblables à ceux protégeant les trapézistes du cirque[5] !

Cependant, d'autres variétés animales nous ont posé quelques problèmes. Je passe rapidement sur un véritable élevage de chats que nous devions à un civil de la base amoureux des félidés, pour revenir au lapin, ce joli petit lapin à queue blanche semblable à celui que l'on éblouit de nos phares les soirs d'été...

Effet, le lapin pullule sur les bases car assez peu chassé par l'homme, et sans trop de prédateurs naturels non plus. En outre, la nourriture abonde et est de bonne qualité, car les armées sont on ne peut plus soucieuses d'écologie[6]. On le retrouve donc partout, y compris là où il ne devrait pas trop traîner, à savoir les pistes et les aires aéronautiques. Et c'est ainsi qu'un de mes camarades navigateur sur Mirage 2000 N (l'élève-pilote P. dont

4. Je dis cela sans vraiment savoir si la mouette faisait partie des espèces chassées par l'oiseau. Il faudrait s'adresser à des spécialistes pour cela.

5. D'aucuns proposèrent des mesures bien plus radicales, mais peu compatibles avec la déontologie ou les règles de sécurité prévalant dans un hangar !

6. À telle enseigne qu'une partie de la BA 125 est classée en zone Natura 2000.

j'ai parlé voici quelques chapitres), connut le désagrément de percuter un lapin après le touché des roues, au retour d'un vol de nuit. Sans doute que La Bête (comme disent les marins) fut éblouie par le phare d'atterrissage et resta pétrifiée. Ce furent les mécaniciens de l'escadron qui constatèrent la chose lors de la visite après-vol, car ils découvrirent des poils là où logiquement il ne devait pas y en avoir. En fait, le lapin avait sans doute dû être malheureusement écrasé par le train avant, et le risque était grand qu'il fût ensuite projeté dans l'entrée d'air, donc absorbé par le réacteur...

Les investigations prouvèrent que le malheureux lapin avait sans doute dû balayer le ventre de l'avion, laissant quelques malheureuses touffes de poils accrochées aux lèvres de l'entrée d'air, comme simple témoignage de son passage sur Terre et sur la piste de la BA 125. Néanmoins, réglementation oblige, l'incident donna lieu à la rédaction du classique CRFT, avec la mention « collision lapin », une première dans l'Armée de l'air... et ce n'était pas un poisson d'avril !

# Retour aux sources

Mais deux ans ont passé comme un souffle, et on me fit comprendre qu'il ne fallait pas compter rester une année de plus à me chauffer au soleil istréen. L'épaulette de colonel me rendait *a priori* top capé pour mon poste. Regrets. Je me mis donc en quête d'une affectation susceptible de m'intéresser et je ne fus pas long à lever le doigt pour un retour dans les FAS... « Encore ! » me dira-t-on. Assurément, et sans la moindre arrière-pensée. Mais cette fois c'était un poste de « sous-directeur technique » (puis plus tard de directeur) qui m'attendait. Je devenais enfin l'égal des plus grands, des Chamanes, de ceux que j'admirais quand j'étais jeune lieutenant, de par leur sapience, leur maîtrise de sujets complexes... Cela dit, autant qu'il m'en souvienne, ces personnages m'étaient à l'époque parfois apparus comme de vénérables ancêtres. Ce serait donc certainement l'image que je véhiculerai aux plus jeunes désormais...

Et c'est ainsi que je terminerai ma carrière au sein de l'Armée de l'air, dans ce monde confidentiel de la dissuasion, assez peu enclin aux changements disruptifs pour prendre un mot à la mode, mais ô combien fascinant pour qui a droit « d'en connaître ». Il est vrai qu'à cette époque un peu turbulente (aux alentours de 2010), la Défense en général et l'Armée de l'air en particulier connaissaient de nombreux soubresauts et restructurations d'envergure, ce qui nous faisait dire que les FAS constituaient un îlot de stabilité au milieu des flots déchaînés, forts du vieil adage : « un chef (que j'adore), une mission (claire), des moyens (adaptés) ». Bref, quelque chose de « carré » qui tournait « rond » !... Au passage, je retrouvais la tutelle des C-135 (et des Mirage 2000 N), la boucle était bouclée.

*Le nouvel état-major des FAS en région parisienne (on est loin du soleil africain...)*

# Aux Afriques

Après avoir compté les points pendant des années et observé toute l'Armée de l'air s'ébaudir à N'Djaména, capitale du Tchad, je réussis enfin en février 2012 à m'y faire affecter pour six mois en tant qu'ASIA, acronyme farceur pour adjoint soutien interarmées. Il s'agit rien de moins, dans le cadre de l'opération *Épervier* dans laquelle les armées sont engagées depuis plusieurs années, que d'être responsable vis-à-vis du commandement et de l'état-major des armées, de tout le soutien qui concourt à la réussite des forces combattantes. Et globalement, le spectre est assez large, puisqu'allant de la simple disponibilité des matériels (eux-mêmes se déclinant entre avions gros-porteurs, chasseurs, hélicoptères, véhicules de l'Armée de terre, armements individuels...) au soutien du service médical en passant par les carburants, les munitions, l'infrastructure, la distribution électrique, le parc de véhicules, le transport (par voie routière, aérienne voire maritime), le soutien des hommes (Internet, téléphone, rations de combat...), la gestion de l'eau et même la démoustication, et j'en passe !... Certes, une équipe robuste sur qui je peux m'appuyer gravite autour de moi, mais globalement, il n'y a pas de quoi s'ennuyer, et les journées sont bien remplies, souvent marquées par deux temps forts : la sieste réparatrice en début d'après-midi car il faut reconnaître qu'il fait chaud en Afrique, et le débriefing du soir autour d'une bière locale, à l'heure où les grands fauves vont boire (car il faut veiller à bien s'hydrater...). Effectivement, je suis heureux d'être là, sorti pour un temps de mes problématiques nucléaires. Que ce soit à la 93e escadre ou au 02.033, je n'ai jamais eu ni l'occasion ni l'autorisation de venir au Tchad, alors que toute l'armée française y défilait, y compris mes subordonnés ! Que de frustrations ai-je ainsi pu nourrir durant ces années... Mais désormais c'est oublié, et la tenue camouflée « café crème-chocolat » me donne du baume au cœur et de l'énergie pour me frotter à toutes les problématiques parfois complexes qui ne manquent pas de se faire jour, comme l'accueil d'un détachement de Rafale dans le respect des normes de Navigabilité[1]...

Bien évidemment, je retrouve sur le terrain mon vieux C-135 dont le personnel de maintenance est parfois surpris de ma venue lorsque je me baguenaude sur les parkings avec l'air inquisiteur, ainsi que mes chers F1 qui mènent là leurs derniers combats[2]... C'est pour moi l'occasion de faire connaissance avec de jeunes officiers mécaniciens, et de parfois les sensibiliser sur quelques fondamentaux du métier (notamment d'aller sur le terrain et de ne pas céder aux douceurs du bureau climatisé). Je m'intéresse aussi au Transall, increvable tracteur des pays chauds, ainsi qu'au Casa, sorte de Transall miniature aux performantes intéressantes, et incidemment au C-130 Hercules qui lui aussi est de la fête puisque le ballet des avions de transport est incessant... Les hélicoptères m'accaparent également un peu (relevant pour le coup de l'Armée de terre), car malgré leur rusticité, les machines souffrent dans ces ambiances chaudes et poussiéreuses et ont besoin qu'on en prenne soin. Et puis il y a *tout* le reste, un vrai catalogue à la Prévert[3], dont je ne retiendrai que deux petites anecdotes non aéronautiques, pour sensibiliser le lecteur sur le champ d'activité de l'officier mécanicien...

*Travail en hauteur sur le parking de N'Djaména : respect des consignes HSCT !*

1. Règlement régissant la bonne exploitation des aéronefs, civils ou militaires. Parfois un peu compliqué dans le cadre d'une opération militaire sur le sol africain.

2. Le Mirage F1 sera progressivement retiré des théâtres d'opérations pour être remplacé par le Mirage 2000D et le Rafale.

3. Observer et collaborer aux activités d'entraînement de l'Armée de terre fut très riche d'enseignements, mais il faudrait un ouvrage dédié.

Un des problèmes auquel nous étions confrontés était l'entretien des « espaces verts » au niveau de la soute à munitions. Par « espaces verts », il faut comprendre le foisonnement d'épineux et de plantes vivaces s'accommodant du rude climat tchadien, mais qui avaient le mauvais goût de s'épanouir allègrement entre les deux rangées de barbelés délimitant la zone du dépôt. Passer la débroussailleuse aurait relevé des écuries d'Augias et passer un contrat avec une société locale compliquait un peu l'affaire, la soute à munitions constituant une zone sensible, d'accès réservé. Bien évidemment, écologie oblige, il était hors de question de tout noyer au désherbant, et munitions obligent, hors de question de tout brûler au lance-flammes !... Comme souvent, du *brainstorming* jaillit la lumière : il fut décidé qu'à l'instar de ce qui fut parfois pratiqué en métropole, on ferait appel à la puissance animale ! En l'occurrence des chèvres, puisqu'il est bien connu que ce genre de bestiole boulotte tout ce qui passe à portée de barbichette. Il fut donc assez rapide d'acquérir (moyennant finances, bien sûr) un bouc et deux (ou trois ?) chèvres que l'on conduisit avec ménagement dans la zone herbacée, espérant que leur appétit vorace nous rendrait place nette. Alors on observa, comme dans une séquence animalière... Le premier réflexe de notre petit cheptel fut de se placer à l'ombre, sous la citerne d'eau auprès de laquelle il pouvait se désaltérer. Puis les jours passèrent. Effectivement, nos nouveaux amis broutaient incidemment quelques feuilles, voire quelques tiges creuses, parfois des petites branches épineuses... mais on était loin de l'efficacité de l'agent orange ! En revanche, nos camarades caprins eurent une passion pour les sièges de la voiture des armuriers, voire quelques papiers, cahiers et étiquettes qui traînaient par-là (sans doute que la porte de l'enclos fut mal fermée ?). Ce fut donc un fiasco quasi complet, mais qui se compliquait d'une autre problématique : comment se séparer dudit troupeau ? Pas question de l'occire et de le transformer en méchoui : cela restait contraire à l'éthique et à l'hygiène, d'autant plus que le vétérinaire de l'opération s'était enquis de l'affaire en tant que gardien du Temple et des procédures. De surcroît, ces animaux appartenaient désormais au registre des biens de l'État français, et l'élimination par voie bouchère n'était pas dans nos attributions. Néanmoins, les rétrocéder sans précaution n'était pas non plus immédiat, car nos amis brouteurs (bouc et chèvres) étaient susceptibles d'être porteurs de germes ou de maladies. Il fallut donc attendre le feu vert du « Dr. Daktari[4] » pour revendre le tout à prix d'ami, à un Tchadien qui pour le coup, a dû faire fructifier le troupeau... ou organiser un repas festif, on ne saura jamais. Les chèvres (du moins celles-là) avaient quitté le registre de l'État...

Autre problématique étonnante : celle des DASRI[5]. La base de N'Djaména était dotée d'un hôpital certes « vintage » dans sa décoration, mais bigrement actif et performant. Toutes les équipes du personnel de santé s'occupaient bien évidemment de nos troupes déployées, mais aussi de la population locale auprès de qui elles apportaient un soutien et un réconfort appréciés. Tradition des armées Françaises que de garder un contact étroit avec les autochtones, d'autant plus dans ce pays qui gardait un lien étroit avec la France. L'équipe de chirurgie était particulièrement à l'œuvre, opérant sans relâche pour soulager douleurs et souffrances. Au bilan, le service médical générait un volume assez conséquent de DASRI qu'il convenait d'éliminer selon un protocole réglementaire, géré par les médecins.

Ces fameux DASRI devaient être éliminés par crémation, à l'aide d'une espèce de four infernal, assez sinistre, isolé dans un coin de la base. Ce four venait juste d'être installé sur la base et comme tout matériel neuf, devait être rodé et réglé aussi bizarre que cela puisse paraître. Ce qui devait arriver arriva : il tomba en panne dès les premiers allumages. Ce qui ne pourrait constituer qu'une anecdote en métropole devint vite problématique dans notre bout d'Afrique. Du fait d'une activité hospitalière débordante (au propre comme au figuré), les sacs de DASRI se sont rapidement accumulés (d'où de réels problèmes d'hygiène). L'entreprise vendeuse du four fut assez prompte à nous dépêcher un spécialiste du réglage de la flamme, mais en attendant... certains acteurs locaux se trimbalèrent à l'arrière des 4x4 des sacs-poubelles dont nous préférions ignorer le contenu... Les carabins souvent farceurs, nous évoquaient des pieds, des mains, des membres... un inventaire à la Dr Petiot, peu compatible d'ailleurs avec les températures que nous connaissions !

4. Du nom d'une célèbre série TV des années 70 mettant en scène un vétérinaire et son équipe en Afrique.

5. Dasri : déchets d'activités de soins à risques infectieux. Il pouvait s'agir par exemple de pansements, cotons et compresses, mais aussi de résultats d'amputations légères... ou pas.

Il fallut quelque temps pour que notre torchère assainissante fonctionne correctement. Mais dès qu'elle trouva son régime de croisière, ce fut le four d'élimination des munitions de petits calibres qui fit des siennes !... Je repartais vers d'autres soucis de crémation, mais cette fois pour des cartouches de 5,56 mm, c'était tout de même moins rebutant !...

*Ambiance matinale sur un parking en Opex (Coll. Armée de l'air)*

# Dernier zoom

Juste un dernier zoom, afin de ne pas lasser et me faire accuser de tirer à la ligne, mais aussi pour rendre justice à certains.

Base aérienne d'Istres, un jour de 2010... Si je suis descendu de Taverny, base historique du commandement des FAS[1], pour revenir sur « mes » terres, ce n'est pas pour le plaisir de faire bonne chère (car la table y est bonne) ou croiser quelques figures sympathiques. Non, aujourd'hui il s'agit d'assister à une phase élémentaire de qualification d'opérations dites « sensibles ». Soyons clairs, nous touchons là au monde somme toute confidentiel du *nucléaire*... Étrange, mystérieux et inquiétant pour le béotien. Forcément, ce qui est méconnu fait toujours un peu peur. Et béotien, je le suis un peu, car la « vraie » culture nucléaire est affaire de professionnels et ne s'acquiert pas par la simple lecture de *Science et Vie Junior* ! C'est ce qui motive ma venue à Istres aujourd'hui. Apprendre, comprendre, connaître les hommes et leurs méthodes, mettre un pied dans cette crypte secrète de l'atome militaire...

Depuis que la France s'est dotée d'une force de frappe, elle n'a eu de cesse que de moderniser cet outil afin de le rendre plus performant et plus sûr. L'Armée de l'air a ainsi successivement intégré dans son arsenal le Mirage IV, les missiles du plateau d'Albion, le Mirage 2000N, puis dernièrement ce magnifique biréacteur très fin qu'est le Rafale. Mais ces systèmes éblouissants ne seraient rien sans un environnement adapté, calibré, dimensionné, apte à accueillir en toute sécurité leur

1. Depuis, l'état-major des FAS est installé à Villacoublay en région parisienne, mais le centre d'opérations (le COFAS) demeure à Taverny... le fameux bouton rouge...

armement très particulier, pour la réussite de LA mission, « la seule, la vraie, l'unique »... Ce sont des choses dont on parle peu. C'est normal, pas besoin d'être grand clerc pour comprendre que la communication en matière de dissuasion est plus que savamment distillée et que l'on ne va pas trouver des reportages en Phantasmacolor dans la presse de grande diffusion...

Nous sommes donc là, ma pomme et quelques experts, observateurs désireux de mieux connaître les nouvelles procédures très strictes auxquelles nous allons assister, des gendarmes aussi, garants de l'autorité de l'État et de la maîtrise du Gouvernement sur son arsenal. Plus des spécialistes de l'unité, l'escadron de chasse 03.004 « Limousin », en charge d'armements très, très spéciaux...

***

L'instant est grave et solennel. Silencieux, quasi-religieux. L'affaire se passe dans l'environnement confiné de bâtiments « étudiés pour », aurait dit Fernand Raynaud. Nous sommes ici dans un haut lieu de l'indépendance nationale. Accès plus que réglementé et patte blanche de rigueur, svp. Il y règne un calme et une sérénité étonnants... Bien que l'on pourrait se croire dans une église de par le recueillement ambiant, les hosties que l'on s'apprête à déstocker ici sont plutôt du genre indigeste, farcies aux champignons atomiques...

L'opération à laquelle nous allons assister peut sembler simple sur le papier. Il ne s'agit ni plus ni moins que d'accrocher une arme nucléaire[2] sous un avion.

En fait, cette opération élémentaire est partie intégrante d'un long processus assez complexe de développement et de mise au point des méthodes, qui concourt à la mise en œuvre du nouveau missile dont l'Armée de l'air va être dotée : l'ASMPA[3], bijou de technologie, novateur par ses performances et sa sûreté... Sans oublier un certain « coffre »... par ce qu'il ne faut pas en douter, ce genre d'engin « envoie du bois » !

C'est ce qui justifie en fait notre présence en ces lieux d'ailleurs... Le commun des mortels pourrait croire benoîtement que l'affaire se solde en « deux coups les gros », sauf que là,

2. En fait une maquette car les autorisations de présence avec une arme réelle sont sévèrement comptées. Cependant, une maquette est considérée à l'égal d'une arme « bonne de guerre » quant à la manutention.
3. Air sol moyenne portée amélioré.

on est dans le nucléaire et ça change tout ! En effet, indépendamment du fait qu'aujourd'hui on va défricher de nouvelles procédures à toutes fins de validation, « le nucléaire » justement, impose une méthodologie simple à comprendre : « tout ce qui n'est pas écrit noir sur blanc est interdit ». C'est là le prix de l'excellence. Encore faut-il que les procédures soient claires et sans aucune ambiguïté. Ainsi, il ne faut pas croire que pour changer un simple néon au plafond, il suffise de se pointer avec son escabeau et son tournevis...

Nous sommes en zone d'alerte. L'environnement est déjà austère, invitant à la retenue. L'avion est déjà en place dans sa hangarette d'une propreté chirurgicale, on pourrait manger par terre.

Un camion « particulier » s'est positionné au millimètre près, sur les marquages au sol spécialement implantés. Tout le monde observe, statique et silencieux. C'est qu'il ne s'agit pas de venir perturber l'opération en cours, toute interruption risquant de remettre en cause le processus complet. À ce niveau de la compétition, la façon de travailler peut sembler déroutante. La moindre opération, aussi insignifiante soit-elle, fait l'objet d'un formalisme exacerbé qui pourrait faire croire que l'on a affaire à des demeurés ! Eh bien non, c'est le prix du professionnalisme et de la sécurité que personne ne saurait remettre en cause...

Le chef d'équipe a sa « LO[4] » en mains, et il égrène les opérations élémentaires les unes après les autres, dès qu'il a reçu l'assurance que tout est effectué selon le mode opératoire prévu... pas de place à l'improvisation !

Et il égrène, item après item, ce que doivent faire les différents intervenants :

« L'équipier 1 met en place l'outil dans le réceptacle prévu à cet effet. »

Et l'équipier 1 de dire, dans le plus grand calme :

« L'outil est en place. »

Et pourtant, il le voit bien que ce foutu outil vient d'être mis dans la position qui va bien, il est à un mètre de l'affaire !... et

4. Liste d'opérations.

de toute façon, on ne peut pas faire autrement ! Non, il *faut* que l'opérateur annonce qu'il a fait ce qu'on lui a demandé... C'est lourd, quand même, d'autant plus qu'un autre larron est chargé de contrôler le total ! Et on poursuit :

— L'équipier 2 délove la sangle de retenue[5].

— La sangle de retenue du colis est délovée.

Tout cela prend un certain temps, voire un temps certain. Certes, on n'est pas là pour charger une camionnette avec des cageots de pommes, mais tout de même ! Rien à faire... C'est là que prend tout son sens la locution fameuse : « En nucléaire, tout ce qui n'est pas écrit est interdit »... Finalement, c'est clair ! Il faut dire que c'est justifié. D'ailleurs, la première fois que l'on aborde « en vrai » une arme atomique, il se crée une tension fugace mais bien réelle qui fait prendre conscience que l'on bascule dans un monde réellement à part... Phénomène un peu comparable à ce qui se passerait dans l'esprit d'un *vulgum pecus* qui après avoir joué avec un pistolet d'enfant en plastique se verrait remettre un fusil d'assaut au chargeur bourré à bloc de bastos bonnes de guerre. L'effet n'est pas le même !

L'affaire se poursuit. On touche au but. Les opérations continuent d'être déroulées dans le calme le plus profond, sous la conduite du chef d'équipe qui en suit la chronologie sur sa LO. Et les équipiers répètent à chaque fois l'opération qu'on leur a demandée, attestant de leur bonne compréhension, puis en annoncent la bonne exécution. Et la charge finit par être rendue à destination. La tête est verrouillée, prête à partir. Ouf, pas trop tôt ! Le Mirage 2000N si fin d'ordinaire, a subitement pris une allure résolument guerrière, comme s'il avait brutalement basculé dans un autre univers. Il n'y aurait plus qu'à...

La tension retombe un peu, les visages s'illuminent, les spectateurs sautillent un peu sur place et échangent leurs commentaires. Il faut dire qu'il commence aussi à faire un tantinet frisquet, et il serait temps que tout se termine, le mess a dû ouvrir. Las ! On n'a validé qu'une première phase. Il reste à faire la manœuvre inverse, *step by step* !... Je crains pour le buffet des entrées !

5. Ne pas se leurrer : les indications que je donne ici sont purement fictives, même si l'esprit est bien là.

*Chargement d'un Mirage 2000 N d'un missile ASMP[6].*
*Il est parfois des champignons vénéneux... (© AA)*

***

Si j'ai choisi de narrer brièvement ce petit épisode, qui finalement n'a rien d'extraordinaire et ne prête pas trop à sourire, c'était juste pour rendre hommage à une population méconnue du grand public. Œuvrant dans l'ombre parfois durant des années, dissimulée derrière de hauts barbelés, il est une espèce de mécaniciens qui ne connaîtra que peu les lauriers de la gloire, mais qui assure un rôle absolument capital pour la défense de la France. Tous les spécialistes qui ont travaillé dans le nucléaire, par exemple dans feu les DAMS[7], chargés de l'entretien et la mise en œuvre d'armements titanesques dont l'esprit commun ne peut imaginer la puissance de destruction, ont eu la lourde charge de donner corps à ce fameux concept de « dissuasion » qui préserve les intérêts vitaux de la Nation. D'ordinaire plutôt discrets et faisant montre de simplicité dans leur travail, ces mécanos « pour le Grand Soir où tout s'arrêtera » sont astreints à une rigueur professionnelle démoniaque. La fantaisie n'est pas dans les schémas mentaux qu'on leur inculque. Des moines... la conjonction du sabre et du goupillon ?... Sauf que ces moines-soldats ne connaîtront pas (ou que peu) l'ivresse d'aller sur les théâtres d'opérations extérieures. Les échanges à l'étranger, aux États-Unis, Brésil ou Djibouti ne leur seront accessibles que par les revues spécialisées ou le récit de leurs copains... Ils n'auront pas forcément l'aisance financière

6. ASMP : Air sol moyenne portée. Missile à statoréacteur porteur d'une charge thermonucléaire, prédécesseur de l'ASMPA.
7. DAMS : dépôt atelier de munitions spéciales... « spéciales », c'est le mot !

conférée par la « solde indexée » lors de séjours à l'étranger, permettant d'améliorer l'ordinaire familial… Leurs poitrines resteront souvent vierges de décorations, ou alors si peu… à la différence de leurs camarades qui auront eu sinon la chance, du moins l'occasion d'être affectés dans une unité opérationnelle bourlinguant de par le monde… Pourtant, le militaire n'est pas insensible au charme du hochet, ne serait-ce que pour savourer la reconnaissance du service rendu.

Non ! Il est dit que certains n'auront pas droit à la lumière. Et pourtant, à l'heure où le lecteur parcourt ces lignes, des ogives fuselées sont tapies dans leurs alvéoles, tels des congres dans leurs trous, attendant leur heure… si des fois cette dernière devait malheureusement arriver. Le lecteur peut néanmoins dormir tranquille, tout est prêt… et le personnel aussi…

# Conclusion en guise de fin

Nous voici arrivés au terme de ce voyage au pays de la clef plate et du chiffon gras. Vingt-neuf ans résumés en quelques pages, pas toujours de façon très académique, je le concède. Bien sûr, il me restait plein d'anecdotes dans ma besace : des plus ou moins burlesques qui auraient pu mettre mal à l'aise certains acteurs... De plus acides aussi, qui auraient confirmé la noirceur de la nature humaine... Ne surchargeons pas la barque inutilement, et restons-en là. Néanmoins, au-delà de ces quelques pérégrinations collectives, je souhaite que le lecteur ait pu passer de l'autre côté du miroir, découvrir la face cachée de l'aventure aéronautique, dépeinte de si belle façon dans les ouvrages destinés au grand public ou les films à succès, dans lesquels je le rappelle, on ne trouve pas la moindre goutte de sueur, pas la moindre trace de souffrance des « rampants ». Au moins, le héros n'est-il pas gêné par les odeurs d'aisselles... J'espère avoir montré que sans le « graisseux », il n'y a justement pas d'aventure aéronautique qui tienne, et que sans le sergent « pistard », le général « abonné » qui vient faire un vol en unité ne peut pas mettre en route son bel avion et reste un aigle aux ailes rognées. Il en est ainsi depuis les débuts de l'épopée de l'aviation.

***

Je me souviens d'une intervention du général commandant l'École de l'air du temps où j'étais élève de 3e année qui, pour nous inculquer les rudiments du métier d'officier, et notamment les fondamentaux de l'art de commander, exigea de nous « *que l'on aimât nos subordonnés* ». À l'époque, la réelle portée de son assertion m'avait bien évidemment échappé compte tenu de mon inexpérience et du fait que je n'avais pas assez relu Saint-Exupéry. Avec le temps, sa sagesse d'alors me paraît d'une évidence aveuglante. Ce monde des mécanos, je l'ai aimé. Cette espèce de bestiaire où se côtoient de curieux spécimens (du rang desquels je n'exclus toutefois pas certains officiers) qui, je l'ai déjà dit, restent tant attachants de par leur diversité, leur abnégation, leur professionnalisme discret, et leur souhait avoué que chacun puisse devenir un rouage indéfectible de cette machine infernale qu'est l'Armée de l'air. Avec un peu de chance et de réussite, et je suppose un soupçon de compétence technique, je pense avoir réussi à quelques occasions à tisser des liens qui furent d'une tout autre nature que hiérarchiques, en dépit du monolithisme d'une institution militaire. Parfois subtil mélange de complicité voire affection ; ce put être incidemment un réel bonheur que de voir les deux rives de la hiérarchie – officiers et sous-officiers – se fondre dans un même accomplissement de la mission, au profit exclusif du personnel navigant.

# Derniers râles

Cependant, le monde que j'ai dépeint n'existe plus comme tel. Les armées ont changé. L'Armée de l'air s'est transformée. Les escadrons ont vu leurs formats évoluer et perdre « leurs » mécanos. D'ailleurs, bien des escadrons d'alors n'existent plus aujourd'hui. Leur souvenir et leurs traditions persistent parfois, ailleurs et différemment, mais l'histoire collective ne s'écrit plus de la même façon. C'est ainsi. D'autres structures ont été mises en place. D'autres façons de travailler aussi. Les mécanos (pour ce qu'il en reste) vivent désormais entre eux, et les PN cessent peu à peu d'être « leurs » PN. Tout change.

Le C-135 si cher à mes débuts accuse le poids des ans, puisque nous avons presque le même âge. On parle de son remplaçant depuis quelque temps. Le Mirage F1 CR n'est plus, et seuls quelques exemplaires ont été stockés sur la base de Châteaudun (elle-même promise à fermeture), dans le cadre d'une vente à l'export aux États-Unis. Le Mirage 2000 commence à être retiré des premières lignes, les premiers exemplaires ont été « ferraillés », également à Châteaudun ou dans quelques musées. Même le Mirage 2000N a vécu et cédé sa place au Rafale. Toute une époque... De la nostalgie assurément, car l'aventure de l'Armée de l'air c'est aussi des liens entre les anciens, qui en ont connu tant de choses, le présent qui est « forcément » toujours moins bien, et le futur qui paraît plein de promesses, tendu vers de nouvelles aventures, avec des avions fabuleux, des territoires nouveaux, des horizons à découvrir... Mais l'Armée de l'air, c'est aussi une culture, avec des histoires et des aventures que l'on a entendu raconter, et que finalement on a « presque » vécu, même si l'on n'a pas été témoin direct de l'action. L'homme qui a vu l'homme qui a vu l'ours ? Possible. Mais ce qu'ont fait les anciens ou les camarades lors d'activités opérationnelles, on l'a forcément sans doute un peu vécu par personne interposée.

Alexandre Adler intitula un de ses livres : *J'ai vu changer le monde ancien.* J'aurais dû m'en servir de sous-titre. Mais je reste persuadé que le monde à venir a tout pour être merveilleux...

***

Au terme de ce récit, je ne peux m'empêcher d'évoquer un dernier témoignage. Croisant voici quelque temps par hasard un de mes anciens subordonnés, j'apprends que l'intéressé a quitté l'uniforme pour se reconvertir dans le monde civil, où ses nouvelles activités sont assez similaires à ce que furent les siennes dans l'Armée de l'air. Notre discussion s'arrêta sur ce constat que chacun appréciera :

« Vous savez mon Colonel, j'ai quitté un métier *passionnant* pour un métier... (pause)... *intéressant.* » (textuel)

Je crois que tout est dit...

# Addendum : Les bruits et les odeurs

Cet univers de mécanos m'a constamment surpris par la puissance et la persistance de ses odeurs. Certes, pas toujours des parfums des plus subtils, mais en revanche un paysage olfactif permettant d'immédiatement retrouver « ses marques » au détour d'un couloir ou au sortir d'un hangar. Une espèce de madeleine de Proust des senteurs...

Je passerai assez vite sur l'odeur suave des vestiaires... Le lecteur aura vite saisi qu'en ces lieux sombres et secrets, les émanations corporelles le disputent à celles des « chaussettes-qui-sèchent », et que la fragrance délicate du produit douche ou de l'après-rasage a parfois du mal à régénérer l'atmosphère de locaux généralement pas trop aérés... Mais tous ceux qui auront fait du sport comprendront.

Retenons vite fait au passage le fumet plus agréable du « barbeuc' » que le mécano aime à organiser dans un souci de convivialité, de maintien de l'indispensable esprit de corps, et de quête roborative. L'odeur de la saucisse qui transpire son gras au-dessus des braises est non seulement revigorante pour qui n'a pas de problème de cholestérol, mais fait partie du patrimoine culturel de la mécanique. Lorsque j'étais en poste à Mont-de-Marsan, c'était plutôt la ventrêche qui était mise sur le gril. À Reims, c'était bien la fumée des saucisses et andouillettes qui venait nous chatouiller les naseaux, et de fait nous tirait hors des bureaux, agacés que nous étions par cette sollicitation perfide... Dans les petits matins froids plombés de nuages, le traditionnel « casse-dalle » que le 01.033 (notre *sister squadron*) organisait les mercredis matin après le départ des premières patrouilles, avait le don de nous redonner un coup de *boost*[1] en milieu de semaine.

1. Approx. « donner la pêche » - De l'anglais to boost.

Les services techniques des deux unités se retrouvaient « vite fait, bien fait » autour d'un rapide casse-croûte, histoire de briser la glace, partager quelques informations sur les uns et les autres, les détachements extérieurs, les échanges d'avions... J'y assistais d'autant plus volontiers que c'était là un excellent baromètre pour mesurer le moral des troupes, glaner quelques remarques ou requêtes, rompre un peu les barrières et échanger avec les sous-officiers. Néanmoins, tous mes collègues ne partageaient pas mon point de vue, estimant sans doute qu'il s'agissait là d'une perte de temps inutile... à tort, à mon sens. L'expérience que je retire des centaines de « petites bouffes » qui ont émaillé ma carrière, outre le fait de conforter les instances médicales dans le constat apocalyptique de mon incrément pondéral, c'est que le monde de la mécanique aime bien cultiver son côté franchouillard, et se fédère dans la mastication. Mais ce sont là des choses que l'on n'apprend pas dans les écoles de management, pour employer un mot qui (malheureusement) commence à être à la mode dans les armées...

*Photo prise à Cazaux lors d'une campagne de tir. On ne se refait pas...*

Mais d'autres odeurs, infiniment plus « professionnelles », m'ont toujours accompagné. La première d'entre elles, celle qui m'a vraiment fait comprendre que j'étais entré dans la vie aéronautique, c'est celle du kérosène brûlé. Le « kéro » n'est rien d'autre qu'un produit pétrolier banal, pas très loin du gazole finalement. Renifler un réservoir ou un bac de récupération de trop-plein n'offre rien d'extraordinaire, on se croit à la station-service du coin. En revanche, une fois brûlé par les réacteurs, après mise en route, au point fixe ou au décollage, c'est toute une atmosphère qui vous enveloppe et vous transporte par-delà le temps et les continents... Les yeux fermés, une bouffée de kéro brûlé, et on se retrouve en campagne de tir sur

Mirage III dans les années 70... en détam en Afrique sur Jaguar dans les années 80, au point fixe sur Mirage IV à deux heures du matin à Saint-Dizier, face à la menace soviétique... Un bon snif de kéro, et c'est la mise en route d'un hélico le matin de bonne heure à Papeete, ébloui par les reflets du soleil dans l'océan... ou bien le décollage d'un T-33 à Tours dans les années 60... pourquoi pas le flux d'un moteur de Transall quelque part dans un trou perdu du monde... C'est finalement toute l'Armée de l'air, dans son histoire et ses histoires que vous embrassez le temps d'une inspiration. Une sorte de vertige qui entre par le nez pour embrumer le cerveau, vous transportant par-delà le temps et les époques. Quelle merveille, quel plaisir, quel contentement que de se sniffer du kéro brûlé en arpentant un parking avion !... Puéril ? Sans doute. Mais étonnant de constater combien l'impalpable et le fugace puissent à ce point vous faire instantanément embrasser ce à quoi vous avez choisi de consacrer votre existence... Caresse mutine d'un souffle trop fluide pour être retenu.

D'autres odeurs moins courantes font également partie du patrimoine culturel. Il en est ainsi du « fluide hydraulique » – couramment appelé « l'hydraulique » – ou H 515 dans l'OTAN, voire FHS. Ce liquide rouge écarlate, d'apparence semblable à celle de certains bains de bouche de grande diffusion, est le composant essentiel des circuits sanguins des avions contemporains. Pulsé par une pompe à 200 bars, il serpente dans les tuyauteries internes, avant d'aller délivrer son énergie dans les organes de puissance qui actionnent les différentes gouvernes ou accessoires. Une odeur à la fois pétrolière et sucrée vous gratifie immédiatement les naseaux d'un sentiment de « reviens-y » des plus délectables, qui vous chavire dès qu'un bidon est ouvert ou qu'un banc hydraulique est en fonctionnement. Une drogue ? Assurément, à telle enseigne que j'en conserve un échantillon dans une petite fiole, pour me faire de temps en temps le « snif » à la recherche des temps perdus...

Les ambiances sonores font également partie du package culturel du mécanicien. Bien évidemment, l'esprit béotien se focalise immédiatement sur le bruit des moteurs. C'est effectivement un bon début. Le sifflement des turbines et le déchirement des jets des tuyères martèlent les oreilles au point de faire profiter l'industrie des sonotones (je peux en témoigner !).

Chaque avion produit sa musique caractéristique, et avec le temps, on arrive clairement à faire le tri entre miaulements, feulements et hurlements... même si l'acuité auditive s'en ressent à la longue. Le sifflement ultra-strident du Fouga, le « bouwonwouonbouwon » du Transall, ou le feulement mâle du Mirage 2000...

Mais le mécanicien baigne dans d'autres échos qui le replacent immédiatement dans son monde. Il en est ainsi de l'inquiétant « breloumbreloum » des lourdes portes métalliques que l'on pousse avec peine pour ouvrir un hangar. Concomitamment, pénètre alors la lumière extérieure qui vient réveiller la cathédrale sombre où sont généralement tapis les avions, et la perspective des parkings donne l'espace qui manque à cette boîte de conserve...

D'autres musiques mettent ses sens en éveil. Par exemple le chuintement des organes hydrauliques, lorsque l'on procède à des essais sur avion. Les tchiiii–tssssi-pfuuiii-pchiiii des trains d'atterrissage qui entrent et qui sortent, alors que l'avion porteur est planté sur vérins... Puis vient un claquement sec, le « cloc » des trappes de train qui se ferment, redonnant alors à l'avion sa vraie ligne faite pour le vol, même si dans l'instant, le fringant coursier des airs est sur béquilles.

Il ne faut pas oublier non plus le *staccato* des riveteuses des chaudronniers, qui viennent écraser les rivets sur les « tas », avec leurs « braaaatatatata », complétées d'un « pfuuuiiii » gémi par l'air qui s'échappe de l'outil. On pourrait disserter à l'envi sur cette cacophonie générale, puisqu'en définitive, chaque corps de métier, chaque spécialité, dans son petit univers, produit sa propre chansonnette.

***

De fait, je m'aperçois que ce sont bien les cinq sens que j'ai eu le bonheur de voir sollicités durant des années. L'ouïe et l'odorat bien sûr, on vient d'en parler. La vue, grâce à laquelle je ne me lassais pas d'admirer les lignes des machines qui m'étaient confiées... Le goût ensuite, en rendant grâce au passage aux mécanos qui m'ont si souvent associé à partager leurs nourritures terrestres, certes de façon parfois un peu éloignée des cocktails mondains, mais tellement plus authentique... Et puis finalement le toucher, car que ce soit sur chasseur ou gros porteur, je ne connais pas grand monde qui, œuvrant dans cet univers si particulier, ne se soit pas laissé surprendre à caresser le flanc ou le ventre de ces merveilleux « oiseaux de fer »...

Orange – Mars 2019

# Glossaire

BA : Base aérienne

BSA : Bureau des systèmes d'armes

Chibane : Homme d'expérience (la même chose que « moustachu »)

CME : Contre-mesures électroniques

CST : Chef des services techniques (d'un escadron ou d'une escadre) ou alors chef du soutien technique d'une base aérienne (notions aujourd'hui caduques)

DATA : Division des activités techniques aéronautiques (organisme aujourd'hui disparu)

DCT : Division de coordination technique (organisme sis à Taverny, en région parisienne)

DETAM : Détachement militaire (voir OPEX)

EB : Escadron de bombardement

EC : Escadron de chasse

EMA : État-major des Armées

EMAA : État-major de l'Armée de l'air

ERV : Escadron de ravitaillement en vol

ESTS : Escadron de soutien technique spécialisé (voir GERMaS)

FAS : Forces aériennes stratégiques

FAC : Force aérienne de combat (organisme aujourd'hui disparu)

GERMaS : Groupe d'entretien et de réparation de matériels spécialisés (voir ESTS)

NRBC : Nucléaire radiologique bactériologique et chimique

OPEX : Opérations extérieures

OPS : Les « opérations » : univers de travail du personnel navigant

Pétaf : Mécanicien armurier

PN : Personnel navigant (pilote, navigateur)

PNN : Personnel non navigant (mécaniciens, personnel des bases, commissaires)

SEA : Service des essences des armées

VJ : Visite journalière

VP : Visite périodique

# Sommaire

## Quatrième partie



## Cinquième partie

## Collection LIVRES TECHNIQUES

# DE L'ÉCOLE DE PILOTAGE À L'A380

**Par Claude Lelaie**

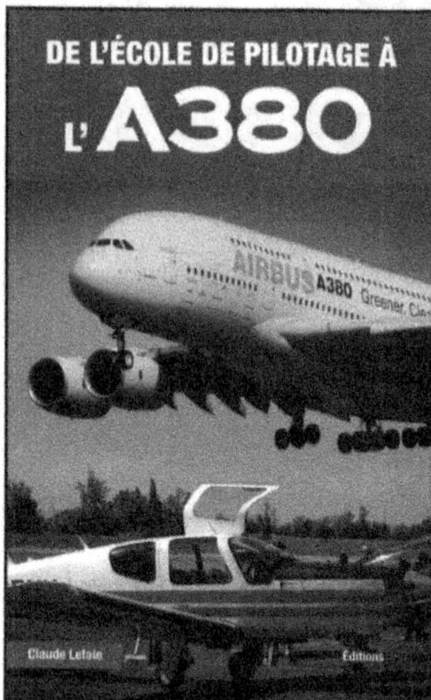


En atterrissant avec leur petit monomoteur, les jeunes pilotes s'imaginent certainement en train d'effectuer la même manoeuvre aux commandes d'un A380...

***Est-ce aussi facile ?***

La réponse est « oui », même s'il y a quelques légères différences dues à l'inertie de l'avion et à la position du pilote à plus de dix mètres du sol avant l'arrondi.
En revanche, les procédures de décollage d'un avion de transport diffèrent de celles d'un avion léger car il faut impérativement éviter que la panne d'un moteur ne provoque un accident.

Ce livre explique les similitudes et les différences entre les opérations d'un monomoteur et celles d'un jumbo jet comme l'A380 :
- pilotage,
- préparation,
- gestion du vol,
- formation,
- conception des appareils
- et bien entendu, la sécurité.

## LIVRES EN ANGLAIS PAR CLAUDE LELAIE

**Consulter notre site**

# www.editions-jpo.com

retrouvez-nous aussi
sur facebook et twitter

*Également, dans la*

# COLLECTION JACQUES PRADEL

## EN PLEIN CŒUR, le rapt d'Orange

### Complice de l'horreur, malgré elle !

**Témoignage exceptionnel sur les coulisses d'un fait divers qui a fait le tour du monde au début des années 60. Le 26 septembre 1961, à Orange, une fillette de 8 ans, Louise, est enlevée par un camionneur d'une quarantaine d'années, André Berthaud, avec la complicité de sa propre fille, une adolescente de 17 ans.**
**Le « rapt d'Orange » fait aussitôt la une de la presse nationale et internationale. La France est bouleversée... Le 4 octobre suivant, le ravisseur est interpellé dans la région parisienne. La petite Louise est saine et sauve. Elle n'a pas été violée.**

**André Berthaud, en garde à vue, demande à aller aux toilettes... Soudain, en passant près d'un bureau sur lequel se trouvent étalées ses affaires personnelles, il se saisit d'un couteau à cran d'arrêt, et se porte un coup mortel en plein cœur !**

**La fille d'André Berthaud, Danièle, contrainte par son père, sous menace de mort, de participer au kidnapping, a été incarcérée à l'époque comme complice de cet homme, victime de ce que Marguerite Duras appellera plus tard, dans une chronique consacrée à ce fait divers qui l'avait fascinée, un « coup de foudre de paternité » pour la fillette enlevée !**

**Dans ce document exceptionnel, Danièle Berthaud, rapidement innocentée à l'époque, raconte cette histoire terrible qui a bouleversé sa vie. Elle aura attendu plus de 50 ans pour rétablir la vérité sur l'acte d'un père qu'elle continue à haïr au-delà de la mort !**

André Berthaud et sa fille, Danièle, en 1961.

**Consulter notre site**

## www.editions-jpo.com

*retrouvez-nous aussi sur* **facebook** *et* **twitter**

## Également, dans la collection
## HISTOIRES AUTHENTIQUES
## aux Éditions JPO

### — JEAN-PIERRE OTELLI —

CATASTROPHES AÉRIENNES - *Les passagers ont le droit de savoir...*
LES MIRACULÉS DU CIEL - *Histoires de survies extraordinaires...*
LE SECRET DES BOÎTES NOIRES - *Enregistrements avant le crash...*
GANGSTERS DU CIEL - *Histoires authentiques de pirateries*
POURQUOI ILS SONT TOMBÉS - *Les faits... la vérité*
LES FOUS DU CIEL - *Ce qui s'est vraiment passé dans les avions, le 11 Septembre*
ERREURS DE PILOTAGE (14 tomes)
PASSAGERS INCONTRÔLABLES - 2 tomes
PILOTES DANS LA TOURMENTE - *Pilotes de chasse & Secret Défense*
CANADAIR - *Ces héros qui nous protègent*
CHARTERS - *Pour ne plus voyager en mauvaises compagnies*
PILOTE D'HÉLICOPTÈRE - *La vie incroyable de Georges Doat*
CARNETS DE VOLS - *Album avec dessins de François BOUSSEAU*
URGENCES À BORD - *Album avec dessins de François BOUSSEAU*
CE JOUR-LÀ - *Album avec dessins de François BOUSSEAU*
ALERTE EN VOL - *Album avec dessins de François BOUSSEAU*

### — GERMAIN CHAMBOST —

LE BEA - *Les enquêteurs du ciel*
MISSIONS DE GUERRE
LE CIEL SOUS CONTRÔLE

### — PAPPY BOYINGTON —

TÊTE BRÛLÉE - *Ma véritable histoire*

### — JEAN-LOUIS BERNARD —

LES HÉROS DE BAGDAD (2 tomes)

### — JEAN-MARC TANGUY —

EJECT ! EJECT ! EJECT !
COMMANDOS DU CIEL - *Les pilotes de l'impossible*
COMMANDOS FRANÇAIS - *Les missions des forces spéciales*

### — DAN PEDERSEN —

TOP GUN - *La véritable histoire*

Achevé d'imprimer en mai 2021
sur les presses de la Nouvelle Imprimerie Laballery
58500 Clamecy
Dépôt légal : mai 2021
Numéro d'impression : 104540

*Imprimé en France*

La Nouvelle Imprimerie Laballery est titulaire de la marque Imprim'Vert®